Andreas Wien

Bürgerliches Recht

Andreas Wien

Bürgerliches Recht
Eine praxisorientierte Einführung

Bibliografische Information der Deutschen Nationalbibliothek
Die Deutsche Nationalbibliothek verzeichnet diese Publikation in der
Deutschen Nationalbibliografie; detaillierte bibliografische Daten sind im Internet über
<http://dnb.d-nb.de> abrufbar.

1. Auflage 2012

Alle Rechte vorbehalten
© Gabler Verlag | Springer Fachmedien Wiesbaden GmbH 2012

Lektorat: Irene Buttkus

Gabler Verlag ist eine Marke von Springer Fachmedien.
Springer Fachmedien ist Teil der Fachverlagsgruppe Springer Science+Business Media.
www.gabler.de

Das Werk einschließlich aller seiner Teile ist urheberrechtlich geschützt. Jede Verwertung außerhalb der engen Grenzen des Urheberrechtsgesetzes ist ohne Zustimmung des Verlags unzulässig und strafbar. Das gilt insbesondere für Vervielfältigungen, Übersetzungen, Mikroverfilmungen und die Einspeicherung und Verarbeitung in elektronischen Systemen.

Die Wiedergabe von Gebrauchsnamen, Handelsnamen, Warenbezeichnungen usw. in diesem Werk berechtigt auch ohne besondere Kennzeichnung nicht zu der Annahme, dass solche Namen im Sinne der Warenzeichen- und Markenschutz-Gesetzgebung als frei zu betrachten wären und daher von jedermann benutzt werden dürften.

Umschlaggestaltung: KünkelLopka Medienentwicklung, Heidelberg
Druck und buchbinderische Verarbeitung: Ten Brink, Meppel
Gedruckt auf säurefreiem und chlorfrei gebleichtem Papier
Printed in the Netherlands

ISBN 978-3-8349-2618-0

Vorwort

Das Bürgerliche Recht gehört zu den wichtigsten Rechtsgebieten im bundesdeutschen Rechtssystem. Denn das Bürgerliche Gesetzbuch regelt Verträge und das Zusammenleben von Unternehmen und Privatpersonen. Wegen der Wichtigkeit des Bürgerlichen Rechts für unser Rechtssystem werden Grundkenntnisse der ersten drei Bücher des BGB in vielen Studienrichtungen gefordert. Studierende der Rechtswissenschaften, der Wirtschaftswissenschaften sowie der Sozialwissenschaften benötigen Grundlagenwissen in diesem Bereich ebenso wie Selbstständige und Führungskräfte in Unternehmen. Das vorliegende Lehrbuch hat sich zum Ziel gesetzt, praxisnah und anschaulich anhand von Beispielfällen die bisweilen komplexe Materie des Bürgerlichen Gesetzbuchs darzustellen und so zu vermitteln, dass auch Personen ohne juristisches Vorwissen in die Lage versetzt werden, sich das Grundlagenwissen des BGB anzueignen. Aus diesem Grunde richtet sich das vorliegende Lehrbuch insbesondere an Studierende mit dem Nebenfach „Recht", an Jura Studenten in den ersten Semestern, sowie an Praktiker, die ihr Wissen gezielt und kompakt auffrischen wollen.

Das vorliegende Buch beschränkt sich auf die studienrelevanten Themengebiete des Allgemeinen Teils, des Schuldrechts und des Sachenrechts. Darüber hinaus wurde der praxisrelevante Bereich des Kreditsicherungsrechts gesondert in einem eigenständigen Kapitel behandelt, um so das Verständnis für die Mechanismen der Kreditsicherung zu erhöhen. Die Themengebiete des Familien- und Erbrechts, die ab §§ 1297 ff. BGB bzw. §§ 1922 ff. BGB ebenfalls im Bürgerlichen Gesetzbuch normiert worden sind, sind bewusst ausgespart worden, um die einführende Darstellung nicht zu überfrachten und um der Lehrkonzeption vieler Hochschulen Rechnung zu tragen.

Hildesheim / Cottbus, August 2011

Professor Dr. Andreas Wien

Inhaltsverzeichnis

Vorwort 5

Inhaltsverzeichnis 7

Abkürzungsverzeichnis 15

1 Einführung 17

    1.1 Zum Umgang mit diesem Buch 17

    1.2 Thematische Einführung 17

    1.3 Entstehung des BGB 18

    1.4 Arbeitsweise 20

        1.4.1 Reihenfolge der Anspruchsgrundlagen 21

        1.4.2 Gutachtenstil und Subsumtionsmethode 22

        1.4.3 Hinweise zur Lösung von Rechtsfällen 23

        1.4.4 Auslegung und Rechtsanwendung 24

2 Allgemeiner Teil 27

    2.1 Rechtssubjekte und Rechtsobjekte 27

        2.1.1 Rechtssubjekte 27

        2.1.2 Rechtsobjekte 30

    2.2 Bedingung und Befristung 33

        2.2.1 Aufschiebende Bedingung 33

        2.2.2 Auflösende Bedingung 34

        2.2.3 Befristung 34

    2.3 Willenserklärung 35

        2.3.1 Handlungswille 35

        2.3.2 Erklärungsbewusstsein 36

        2.3.3 Geschäftswille 37

        2.3.4 Abgrenzung zu anderen Erklärungen 37

Inhaltsverzeichnis

2.3.5	Abgabe von Willenserklärungen	39
2.3.6	Zugang von Willenserklärungen	39
2.3.7	Widerruf und verspätete oder abgeänderte Annahme	41
2.3.8	Auslegung von Willenserklärungen	43
2.4	Stellvertretung	45
2.4.1	Wirkung	46
2.4.2	Vertreter ohne Vertretungsmacht	46
2.4.3	Insichgeschäft	47
2.5	Vertragsfreiheit und Wirksamkeit von Rechtsgeschäften	48
2.5.1	Gesetzliches Verbot	49
2.5.2	Sittenwidriges Rechtsgeschäft und Wucher	50
2.5.3	Geheimer Vorbehalt und Scheingeschäft	51
2.5.4	Mangel der Ernstlichkeit	52
2.6	Anfechtung	53
2.6.1	Anfechtungserklärung	53
2.6.2	Anfechtungsgrund	53
2.6.3	Anfechtungsfrist	56
2.6.4	Folge der Anfechtung	58
2.7	Formerfordernisse	59
2.7.1	Schriftformerfordernis	59
2.7.2	Elektronische Form und digitale Signatur	60
2.7.3	Textform	60
2.7.4	Notarielle Beurkundung	60
2.7.5	Öffentliche bzw. notarielle Beglaubigung	61
2.7.6	Vereinbarte Form	61
2.8	Verjährung	62
2.8.1	Regelmäßige Verjährungsfrist und davon abweichende Fristen	62
2.8.2	Verjährung von Schadensersatzansprüchen	63
2.8.3	Folgen der Verjährung	64

	2.8.4	Verjährungshemmung und Neubeginn	64
3	Allgemeines Schuldrecht		67
	3.1	Schuldverhältnisse	67
	3.1.1	Zustandekommen von Schuldverhältnissen	67
	3.1.2	Inhalt von Schuldverhältnissen	73
	3.1.3	Beendigung von Schuldverhältnissen	75
	3.1.4	Erlöschen von Schuldverhältnissen	80
	3.2	Allgemeine Geschäftsbedingungen	83
	3.3	Verbraucherschutz	94
	3.3.1	Haustürgeschäfte	95
	3.3.2	Fernabsatzgeschäfte	96
	3.4	Positive Vertragsverletzung	98
	3.5	Culpa in contrahendo	100
	3.5.1	Prüfschema	102
	3.5.2	Vorvertragliches Schuldverhältnis	102
	3.5.3	Objektive Pflichtverletzung	102
	3.5.4	Vertretenmüssen	103
	3.5.5	Schaden	103
	3.6	Art und Umfang des Schadensersatzes	103
	3.6.1	Naturalrestitution	104
	3.6.2	Geldersatz	104
	3.6.3	Unverhältnismäßige Aufwendungen	105
	3.6.4	Entgangener Gewinn	106
	3.6.5	Weitere Möglichkeiten des Geschädigten	106
	3.6.6	Mitverschulden des Geschädigten	106
	3.7	Unmöglichkeit	107
	3.8	Verzug	110
	3.8.1	Schuldnerverzug	110
	3.8.2	Rechtsfolgen des Schuldnerverzuges	112

3.8.3	Gläubigerverzug	113
3.8.4	Rechtsfolgen des Gläubigerverzuges	114
3.9	Störung der Geschäftsgrundlage	115
3.10	Der Dritte im Schuldverhältnis	116
3.10.1	Abgrenzung Erfüllungsgehilfe und Verrichtungsgehilfe	117
3.10.2	Vertrag zugunsten Dritter	119
3.10.3	Vertrag mit Schutzwirkung zugunsten Dritter	120
3.10.4	Abtretung	121
4	**Besonderes Schuldrecht**	**123**
4.1	Kaufvertrag	123
4.1.1	Rechte des Käufers bei Mängeln	126
4.1.2	Garantie	129
4.1.3	Umtausch	129
4.2	Dienstvertrag	130
4.2.1	Abgrenzung	130
4.2.2	Vertragsschluss	131
4.2.3	Vergütung	131
4.2.4	Pflichtverletzungen	132
4.2.5	Mängelgewährleistung	132
4.2.6	Beendigung	132
4.3	Werkvertrag	133
4.3.1	Vergütung	133
4.3.2	Abnahme	134
4.3.3	Verletzung von Haupt- und Nebenpflichten	135
4.3.4	Rechtsfolgen bei Sach- und Rechtsmängeln	136
4.3.5	Anwendungsbereich des Werkvertragsrechts	137
4.4	Darlehensvertrag	137
4.4.1	Sachdarlehen	138
4.4.2	Gelddarlehen	138

4.4.3	Verbraucherdarlehen		140
4.5	Miet- und Pachtvertrag		141
	4.5.1	Mietvertrag	142
	4.5.2	Pacht	146
4.6	Leasing		147
4.7	Schenkung		149
4.8	Leihe		151
4.9	Bürgschaft		153
	4.9.1	Formerfordernis	153
	4.9.2	Einrede der Vorausklage	153
	4.9.3	Weitere Rechte des Bürgen	154
4.10	Maklervertrag		154
4.11	Reisevertrag		155
	4.11.1	Mängelgewährleistung	156
	4.11.2	Sicherungsschein	157
4.12	Mischformen und Verträge eigener Art		158
	4.12.1	Gemischte Verträge	158
	4.12.2	Verträge eigener Art	158
4.13	Auftrag		159
4.14	Verwahrung		161
	4.14.1	Der Verwahrungsvertrag	161
	4.14.2	Spezielle Regelungen für Gastwirte	162
4.15	Gesellschaft bürgerlichen Rechts		163
4.16	Gemeinschaft		165
4.17	Geschäftsführung ohne Auftrag		166
4.18	Ungerechtfertigte Bereicherung		169
	4.18.1	Leistungskondiktion	169
	4.18.2	Nichtleistungskondiktion	170
	4.18.3	Verfügung eines Nichtberechtigten	172

4.19		Unerlaubte Handlung	173
	4.19.1	Deliktsfähigkeit	174
	4.19.2	Schadensersatz nach § 823 BGB	174
	4.19.3	Schadensersatz nach § 823 Abs. 2 BGB	178
	4.19.4	Weitere spezielle Haftungstatbestände	179
	4.19.5	Schmerzensgeld	183
	4.19.6	Produkthaftung / Produzentenhaftung	184
5	Sachenrecht		189
	5.1	Grundlagen und Grundprinzipien	189
	5.1.1	Prinzip des Typenzwangs	189
	5.1.2	Publizitätsprinzip	190
	5.1.3	Abstraktionsprinzip	190
	5.1.4	Begriffliche Trennung von Eigentum und Besitz	191
	5.2	Besitz	191
	5.3	Eigentum	192
	5.4	Eigentumsübertragung	193
	5.4.1	Übertragung beweglicher Gegenstände	193
	5.4.2	Gutgläubiger Eigentumserwerb vom Nichtberechtigten	194
	5.4.3	Weitere Möglichkeiten des Eigentumserwerbs	195
	5.4.4	Übertragung von Immobilien	199
	5.5	Eigentums- und Besitzschutzansprüche	201
	5.5.1	Eigentumsschutzansprüche	202
	5.5.2	Besitzschutzansprüche	204
6	Kreditsicherung		207
	6.1	Bürgschaft	207
	6.2	Schuldbeitritt	210
	6.3	Patronatserklärung	212
	6.3.1	Harte Patronatserklärungen	212
	6.3.2	Weiche Patronatserklärungen	213

6.4	Garantievertrag		213
6.5	Hypothek und Grundschuld		214
	6.5.1	Hypothek	214
	6.5.2	Grundschuld	215
	6.5.3	Wesentliche Aspekte und Gemeinsamkeiten	216
6.6	Pfandrecht		217
	6.6.1	Gesetzliches Pfandrecht	217
	6.6.2	Vertragliches Pfandrecht	218
6.7	Sicherungsübereignung		218
6.8	Eigentumsvorbehalt		220

Literatur 223

Stichwortverzeichnis 229

Abkürzungsverzeichnis

Abs.	Absatz
AG	Aktiengesellschaft
AGB	Allgemeine Geschäftsbedingungen
Alt.	Alternative
Art.	Artikel
BGB	Bürgerliches Gesetzbuch
BGH	Bundesgerichtshof
BGHZ	Entscheidungen des Bundesgerichtshofs in Zivilsachen
BVerfG	Bundesverfassungsgericht
BVerfGE	Entscheidungen des Bundesverfassungsgerichts
bzw.	beziehungsweise
c.i.c.	culpa in contrahendo
DB	Der Betrieb (Zeitschrift)
d.h.	das heißt
f.	folgende
ff.	fortfolgende
GBO	Grundbuchordnung
GG	Grundgesetz
GmbH	Gesellschaft mit beschränkter Haftung
GoA	Geschäftsführung ohne Auftrag
HGB	Handelsgesetzbuch
JA	Juristische Arbeitsblätter (Zeitschrift)
JURA	Juristische Ausbildung (Zeitschrift)
JuS	Juristische Schulung (Zeitschrift)
m.w.N.	mit weiteren Nachweisen

Abkürzungsverzeichnis

NRÜ	Nomos Rechtsprechungsübersicht (Zeitschrift)
pVV	positive Vertragsverletzung
Rn.	Randnummer
RÜ	Rechtsprechungs Übersicht (Zeitschrift)
S.	Seite
Vgl.	vergleiche
WuM	Wirtschaftsinformatik & Management (Zeitschrift)
Ziff.	Ziffer
ZPO	Zivilprozessordnung

1 Einführung

1.1 Zum Umgang mit diesem Buch

Das vorliegende Werk hat sich zum Ziel gesetzt, die Grundstrukturen des Bürgerlichen Rechts darzustellen. Das Buch möchte eine praxisnahe und zugleich leicht verständliche Einführung in das Bürgerliche Recht bieten. Hierdurch soll der Leser eine leicht verständliche und dennoch tiefgründige Übersicht über die Themenbereiche des Bürgerlichen Rechts erhalten. Obwohl sich das Werk primär an Studierende der Universitäten, Fachhochschulen und Berufsakademien richtet, ist es stark geprägt vom Praxisbezug des Lehrstoffes, so dass sich das Werk auch ideal als Nachschlagewerk für Selbständige und Unternehmer sowie interessierte Privatpersonen eignet. Die Anwendungsmöglichkeiten und Einsatzfelder des Lehrstoffes werden dem Leser aufgezeigt. Die Inhalte werden durch praktische Beispiele veranschaulicht und vertieft.

Jahrelange Lehrerfahrung hat gezeigt, dass das Arbeiten mit Lehrbüchern dann besonders effektiv ist, wenn der Leser nicht nur den Text des Lehrbuchs liest, sondern sich zugleich die Paragraphen im Gesetz ansieht. Denn was im Lehrbuch so leicht und überzeugend beschrieben wird, wirkt zum Teil unverständlich, wenn es im Originalwortlaut des Gesetzgebers gelesen wird.[1] Aus diesem Grunde sind einige der wichtigen Paragraphen an den entsprechenden, relevanten Stellen im Lehrbuch abgedruckt, so dass der Leser nicht gezwungen ist, bestimmte Paragraphen erst mühselig im Gesetz nachzuschlagen. Es bietet sich an, nach dem vollständigen Durcharbeiten des Lehrbuches, in einem zweiten Durchgang den Lehrstoff mit Hilfe der in den Fußnoten angegebenen Literaturhinweise und Textstellen zu vertiefen.

1.2 Thematische Einführung

Bevor man sich mit den Besonderheiten des Bürgerlichen Rechts auseinandersetzen kann, ist es erforderlich, sich mit der Frage zu beschäftigen, was Recht eigentlich bedeutet. In Rechtsprechung und Literatur finden sich hierzu einige verschiedene Ansät-

---

[1] Vgl. hierzu auch: Schnapp, Warum können juristische Laien Gesetze nicht „verstehen"?, JURA 2011, S. 422 ff.

ze. Im vorliegenden Buch wird die Auffassung vertreten, dass Recht eine *Sollensordnung mit dem Merkmal einer staatlichen Durchsetzbarkeit* darstellt. Es ist eine Sollensordnung, weil das Recht vorgibt, wie man sich verhalten soll. Eine derartige Vorgabe wäre jedoch vollkommen sinnlos, wenn die Vorgabe nicht staatlicherseits durchgesetzt bzw. sanktioniert werden kann. Durch die Zivilprozessordnung (ZPO) und die darin normierten Verfahrensregelungen können die im Bürgerlichen Gesetzbuch verankerten Rechtsvorschriften auch durchgesetzt werden.

Das Bürgerliche Gesetzbuch ist ein Teilgebiet des Zivil- bzw. Privatrechts. Das Zivil- bzw. Privatrecht regelt das Verhältnis von Bürgern untereinander und die Rechtsverhältnisse von privatrechtlichen Zusammenschlüssen wie z.B. Vereinen und Aktiengesellschaften. Damit unterscheidet sich das Bürgerliche Recht deutlich vom Öffentlichen Recht, welches dadurch gekennzeichnet ist, dass auf der einen Seite der Staat und auf der anderen Seite der Bürger steht (wie z.B. beim Steuerrecht oder Strafrecht). Zum Zivil- bzw. Privatrecht gehören neben dem Bürgerlichen Gesetzbuch auch das Handels- und Gesellschaftsrecht, sowie Teile des Wettbewerbsrechts und Teile des Arbeitsrechts. Das Bürgerliche Gesetzbuch kann als das zentrale Gesetzeswerk des Privat- bzw. des Zivilrechts angesehen werden, da dessen Regelungen auch in anderen Rechtsgebieten wie zum Beispiel im Rahmen des Arbeitsrechts und des Handelsrechts eine erhebliche Bedeutung haben. Bevor man sich also mit derartigen Spezialgebieten befassen kann, ist es unumgänglich, sich zunächst mit den Grundlagen des Bürgerlichen Rechts vertraut zu machen. Das Bürgerliche Recht lässt sich aus dem heutigen Geschäfts- und Wirtschaftsleben nicht mehr wegdenken. Es ist die Grundlage für den Abschluss und die Abwicklung von Verträgen. Auch Schadensersatzansprüche werden hiernach erfüllt. Ein grundlegendes Verständnis dieses Rechtsgebietes ist für viele, auch nicht juristisch ausgelegte Studiengänge unabdingbar.

1.3 Entstehung des BGB

Bis zum 19. Jahrhundert galten in Deutschland im Zivilrecht sehr unterschiedliche Rechtssysteme. So herrschte in Deutschland eine klassische Rechtszersplitterung. Es fanden sich hier französische, sächsische, bayerische, preußische, österreichische, römische und dänische Rechtsnormen. Zwar existierten neben den gewohnheitsrechtlichen Regelungen deutschen Ursprungs auch die im „Kaiserrecht" übernommenen Regelungen des im „corpus juris" aufgezeichneten römischen Rechts, doch konnte dieses nur subsidiär, also nur hilfsweise, angewandt werden und konnte dementsprechend die Rechtszersplitterung nicht aufheben sondern nur mildern. Einige der Länder hatten eigene Gesetzeswerke wie beispielsweise das „Allgemeine Landrecht für die preußischen Staaten", das „Bürgerliche Gesetzbuch für das Königreich Sachsen" und der „Codex Maximilianeus Bavaricus" in Bayern. Nachdem die Partikularstaaten sich im Jahre 1871 zum Deutschen Reich zusammenschlossen, entstand die Grundlage zur Schaffung einer einheitlichen Rechtsordnung. So wurden bereits im Jahre 1874 eine Vorkommission und eine erste Kommission eingesetzt, welche im Rahmen einer Vorplanung den Entwurf für ein zusammenhängendes, allgemeingültiges Bürgerliches Gesetzbuch konzipierten. Bis zur Vorlage des so genannten „ersten Entwurfs" dauerte es allerdings noch bis zum Jahre 1887. Da dieser 1888 mit den Motiven veröffentlichte erste Entwurf jedoch als zu lebensfremd und sozial unausgewogen erschien, wurde im Jahre 1890 eine weitere Kommission, die so genannte „zweite Kommission", eingesetzt. In dieser Kommission waren auch Nichtjuristen vertreten und der zweite Entwurf ging auch mehr als der erste Entwurf auf aktuelle und soziale Probleme ein. Die Regelungen waren nicht sehr umfangreich und so kam es nach Beratungen im Justizausschuss zu einem dritten Entwurf eines einheitlichen Bürgerlichen Gesetzbuchs. Nach Beratungen im Parlament und der Ausfertigung des Gesetzes durch den Kaiser im Jahre 1896 ist das Bürgerliche Gesetzbuch dann am 1. Januar 1900 in Kraft getreten. Natürlich ist es im Laufe der Jahre durch Gesetzesnovellen in Teilbereichen verändert und weiterentwickelt worden.

Das Bürgerliche Gesetzbuch hat einen festgelegten Aufbau, der jedem, der sinnvoll mit dem Gesetz arbeiten möchte, bekannt sein sollte. Wird bei einem gewöhnlichen Buch von Kapiteln gesprochen, so wird die Aufteilung im BGB nach Büchern vorgenommen. Das BGB hat fünf Bücher; nämlich den Allgemeinen Teil, das Schuldrecht, das Sachenrecht, das Familienrecht[2] und das Erbrecht[3]. In dem vorliegenden Lehrbuch werden nur die ersten drei Bücher des BGB behandelt, da das Familien- und Erbrecht gewöhnlich im Rahmen der Hochschulausbildung - mit der Ausnahme weniger Studiengänge - eine untergeordnete Rolle spielt. Zum besseren Verständnis orientiert sich das vorliegende Lehrbuch auch am Aufbau des BGB und behandelt ebenso wie das BGB zuerst den Allgemeinen Teil, dann das Schuldrecht und daraufhin das Sachenrecht. Die Regelungen zur Kreditsicherung sind – zum besseren Verständnis - in einem eigenständigen Kapitel dargestellt. Der Allgemeine Teil des BGB ist in den §§ 1 bis 240 BGB geregelt. Er stellt eine Besonderheit dar, denn er wird bei allen folgenden Büchern des BGB vor die Klammer gezogen. Das bedeutet, die im Allgemeinen Teil des BGB enthaltenen Definitionen und Regelungen gelten auch in den übrigen Büchern des BGB. Das zweite Buch des BGB behandelt das Schuldrecht. Innerhalb des Schuldrechts kann zwischen dem Allgemeinen Schuldrecht (§§ 241 bis 432 BGB) und dem Besonderen Schuldrecht (§§ 433 bis 853 BGB) differenziert werden. Während das Allgemeine Schuldrecht eher allgemeine Regeln für alle Verträge und gesetzliche Schuldverhältnisse behandelt, werden im Besonderen Schuldrecht bestimmte im deutschen Rechtssystem wichtige Vertragstypen wie beispielsweise Kauf-, Miet- und Werkvertrag mit deren Haupt- und Nebenpflichten sowie die gesetzlichen Ansprüche zum Ausgleich von ungerechtfertigten Vermögensverschiebungen und Schadensersatzvorschriften

---

2 Vgl. hierzu vertiefend beispielsweise: Brudermüller, Der reformierte Zugewinnausgleich – Erste Praxisprobleme, NJW 2010, S. 401 ff.
3 Vgl. zum Erbrecht vertiefend: Siebert, Die Entwicklung des Erbrechts im Jahr 2009, NJW 2010, S. 657 ff.; Siebert, Die Entwicklung des Erbrechts im Jahr 2010, NJW 2011, 897 ff.

1 Einführung

normiert. Das dritte Buch des BGB regelt mit seinen §§ 854 bis 1296 das Sachenrecht, in welchem der Schwerpunkt bei Eigentum und Besitz sowie den sich daraus ergebenden Ansprüchen liegt. In den Büchern vier und fünf des BGB wird das Familien- und Erbrecht normiert. Das Familienrecht behandelt die Rechtsbeziehungen der verwandten oder durch Eheschließung miteinander verbundenen Personen. Das Erbrecht behandelt die Möglichkeiten einer Person eigenverantwortlich über die Rechte an ihrem Vermögen für die Zeit nach ihrem Tode selbst zu bestimmen. Gegenstand des fünften Buches sind also insbesondere Testament, Erbvertrag und die gesetzliche Erbfolge. Mangels Ausbildungsrelevanz in vielen, vor allem wirtschaftlich geprägten Studiengängen, wird auf eine Darstellung des vierten und fünften Buches BGB in dem vorliegenden Lehrbuch zugunsten einer verständlichen und sinnvollen Darstellung der ersten drei Bücher verzichtet.

1.4 Arbeitsweise

Viele Studierende haben zu Anfang des Studiums Probleme damit, Rechtsfälle zielgenau und sicher zu lösen. Mit der richtigen Methode können diese Probleme jedoch schnell überwunden werden.[4] Zum Abprüfen des Wissensstands der Studierenden bieten sich dem Dozenten mehrere Möglichkeiten an. Seien es nun Multiple-Choice Aufgaben, Fragen, Falllösungen oder Rechtsgutachten. Sofern es sich um Falllösungen oder Rechtsgutachten handelt, bietet es sich an, als erstes die Fallfrage genau zu lesen. Damit wird vermieden, sich auf unwesentliche Aspekte des Falles zu konzentrieren. Danach sollte der Sachverhalt, also die Fallschilderung, genau gelesen werden. Je nach Umfang des Falles kann es auch erforderlich sein, den Sachverhalt mehrfach zu lesen und sich auf einem zusätzlichen Blatt gegebenenfalls eine kleine Übersichtsskizze zu erstellen.

Zur richtigen Lösung von Rechtsfällen sollte sich der Studierende immer fragen: „Wer will was von wem woraus?".[5] Diese Fragestellung hilft dabei, herauszubekommen welche Anspruchsziele verfolgt werden und welche Anspruchsgrundlage hierfür erforderlich ist. In der Praxis ist es nach dem Lesen des Sachverhalts kaum ein Problem herauszubekommen, wer von wem was erreichen möchte. Lediglich die Frage des „woraus", also die Frage nach der hierfür erforderlichen Anspruchsgrundlage, ist gewöhnlich das wirklich Anspruchsvolle an einer Fallbearbeitung. Mit der richtigen Methode kann die geeignete Anspruchsgrundlage jedoch oftmals leicht ermittelt wer-

---

[4] Vgl. zur juristischen Methodik vertiefend: Bitter / Rauhut, Grundzüge zivilrechtlicher Methodik – Schlüssel zu einer gelungenen Fallbearbeitung, JuS 2009, S. 289 ff.
[5] Vgl. zur richtigen juristischen Arbeitsweise auch: Wenzel, Fälle zum Bürgerlichen Recht I, 4. Auflage, Grasberg 2010, S. 1 ff.; Klunzinger, Einführung in das Bürgerliche Recht, 15. Auflage, München 2011, S. 14 ff.

den. Der Studierende sollte zu diesem Zweck gedanklich die „Reihenfolge der Anspruchsgrundlagen" prüfen.

1.4.1 Reihenfolge der Anspruchsgrundlagen

Das Bürgerliche Gesetzbuch enthält unterschiedliche Paragraphen. Viele haben lediglich Definitionen oder nähere Erläuterungen zum Inhalt. Einige Normen sind jedoch die im Rechtsleben wichtigen Anspruchsgrundlagen. Eine Anspruchsgrundlage erkennt man daran, dass sie zunächst Voraussetzungen nennt und diesen dann eine Rechtsfolge zuordnet. Ein Beispiel für eine Anspruchsgrundlage ist der § 812 Abs. 1 Satz 1 BGB. Dort steht „Wer durch die Leistung eines anderen oder in sonstiger Weise auf dessen Kosten etwas ohne rechtlichen Grund erlangt, ist ihm zur Herausgabe verpflichtet". Nachdem hier also die Voraussetzungen „etwas erlangt", „durch Leistung", „ohne rechtlichen Grund" - bzw. in der zweiten Alternative – „etwas erlangt", „in sonstiger Weise auf Kosten eines anderen", „ohne rechtlichen Grund", genannt wurden, schreibt diese Gesetzesnorm als Rechtsfolge die „Herausgabe des Erlangten" vor. Hiermit unterscheiden sich die Anspruchsgrundlagen durch ihren Aufbau mit Tatbestandsvoraussetzungen und Rechtsfolge gravierend von den sonstigen Vorschriften des BGB, welche vorwiegend nur Definitionen oder nähere Erläuterungen enthalten. Ein Beispiel für eine reine Definition ist beispielsweise § 90 BGB, welcher lediglich lautet: „Sachen im Sinne des Gesetzes sind nur körperliche Gegenstände".

Weil lediglich die Anspruchsgrundlagen die Vorschriften sind, aus denen man Ansprüche herleiten kann, kommt diesen in der Praxis und in der Hochschullehre eine besondere Bedeutung zu. Zur Lösung eines unbekannten Falls ist es erforderlich zum Auffinden der besten Anspruchsgrundlage die so genannte „Reihenfolge der Anspruchsgrundlagen" durchzugehen. Es hat sich nämlich herausgestellt, dass ein Fall am besten zu lösen ist, wenn man systematisch die in Frage kommenden Anspruchsgrundlagen durchprüft. Hierbei hat sich das Einhalten einer bestimmten Reihenfolge als vorteilhaft erwiesen. Aus diesem Grunde prüft man in folgender Reihenfolge:

- Ansprüche aus Vertrag oder vertragsähnliche Ansprüche wie positive Vertragsverletzung (§ 280 BGB) und culpa in contrahendo (§ 311 Abs. 2 BGB),
- Ansprüche aus Geschäftsführung ohne Auftrag (GoA),
- Dingliche Ansprüche wie § 985 und § 1004 BGB,
- Ansprüche aus ungerechtfertigter Bereicherung (§ 812 ff. BGB),
- Ansprüche aus Delikt (§ 823 ff. BGB).

Sofern bei der Klausur das Erstellen eines Gutachtens gefordert wird, ist nunmehr nach der Subsumtionsmethode ein Rechtsgutachten zu erstellen.

1.4.2 Gutachtenstil und Subsumtionsmethode

Die Lösung eines Falles im Gutachtenstil bedeutet, dass man nicht von einem Ergebnis ausgeht, sondern sich behutsam an eine Falllösung heranarbeitet. Hierbei wird eine Arbeitshypothese aufgestellt und die Voraussetzungen einer bestimmten Anspruchsgrundlage einzeln daraufhin überprüft, ob sie im konkreten Fall tatsächlich vorliegen. Ein wichtiger Prüfungsschritt hierbei ist die so genannte Subsumtion. Der Begriff „Subsumtion" bedeutet, dass man einen Lebenssachverhalt unter eine Norm zieht. Verkürzt gesagt bedeutet subsumieren also, etwas tatsächlich Geschehenes mit dem Gesetzeswortlaut zu vergleichen. Das Wort „Subsumtion" entstammt dem lateinischen Begriff „subsumere", was mit „einordnen" übersetzt werden kann. Der im Gutachten zu verwendenden Subsumtionsmethode liegt eine ganz bestimmte, festgelegte Arbeitsmethode zu Grunde, die auf Studierende zunächst sehr formalisiert und umständlich wirken kann. Später jedoch wird man erkennen, dass diese Methode dazu führt, einen Rechtsfall sinnvoll und logisch lösen zu können. Vorteil dieser Methode ist nämlich, dass im Rahmen der Rechtsanwendung bei richtiger Handhabung kein Tatbestandsmerkmal übersehen wird. Darüber hinaus hilft diese Arbeitsweise auch dabei, eine Falllösung für andere Personen nachvollziehbar darzustellen. Ein Rechtsgutachten beginnt zunächst mit einer Arbeitshypothese, die – im Konjunktiv formuliert – aus dem Grundschema „wer will was von wem woraus" entwickelt wird. So könnte ein klassischer Einstiegssatz in ein Rechtsgutachten, der mit dem Fachbegriff „Obersatz" bezeichnet wird, beispielsweise lauten: „A könnte gegen B einen Anspruch auf Zahlung des Kaufpreises gemäß § 433 Abs. 2 BGB haben". Nachdem der Obersatz festgelegt worden ist, werden die einzelnen Voraussetzungen, also die Tatbestandsmerkmale des Paragraphen genannt. In dem darauf folgenden Schritt wird der Lebenssachverhalt mit der Rechtsnorm verglichen. Diesen Schritt bezeichnet man deshalb auch als so genannte Subsumtion. Er führt zu einem Ergebnis, welches den Obersatz verifiziert oder falsifiziert. Sofern die Anspruchsgrundlage mehrere Voraussetzungen hat, erhält man nach dem ersten Subsumtionsschritt lediglich ein Zwischenergebnis, nach welchem man die nächste Voraussetzung der Anspruchsgrundlage nennen und unter sie subsumieren muss, bis man zu einem Endergebnis kommt. Insofern ist die gutachterliche Subsumtionstechnik also nach dem Schema Obersatz, Definition, Subsumtion, Zwischenergebnis bzw. Ergebnis aufgebaut. Das Ergebnis wird am Ende dann nicht im Konjunktiv sondern im Indikativ formuliert. Er könnte also beispielsweise lauten: „Somit hat A gegen B einen Anspruch auf Zahlung des Kaufpreises gemäß § 433 Abs. 2 BGB". Im Folgenden soll an einem Beispielfall mit einer kurzen Subsumtion zu einer Anspruchsgrundlage dargestellt werden, wie eine gutachterliche Erörterung nach der Subsumtionsmethode ausformuliert werden könnte:

> *Beispiel:*
>
> *B hat nach einer Vorlesung im Fach Wirtschaftsrecht ungefragt das BGB-Lehrbuch des A mit nach Hause genommen. Als der A einige Tage später sein Buch bei B sieht, fordert er von B die Herausgabe des Buches. B weigert sich, das Buch wieder zurückzugeben. Hat A einen Anspruch auf Herausgabe?*

Mögliche gutachterliche Lösung:

A könnte gegen B einen Anspruch auf Herausgabe des Buches gemäß § 985 BGB haben.

Erste Voraussetzung hierfür ist, dass A im Zeitpunkt der Anspruchstellung Eigentümer des Buches ist. Eigentum ist die rechtliche Zuordnung eines Gegenstandes zu einer Person. Im vorliegenden Fall gehörte das Buch ursprünglich dem A. Eine Eigentumsübertragung an B hat nicht stattgefunden. Folglich ist A im Zeitpunkt der Anspruchstellung noch Eigentümer des Buches.

Zweite Voraussetzung ist, dass der Anspruchsgegner Besitzer der herausverlangten Sache ist. Besitz ist die tatsächliche Herrschaft über einen Gegenstand. Hier verfügt der B nach der Mitnahme des Buches über die tatsächliche Herrschaft. Mithin ist B als Anspruchsgegner im Zeitpunkt der Anspruchstellung auch Besitzer des Buches.

Die dritte Voraussetzung des Anspruchs ist, dass der Anspruchsgegner kein Recht zum Besitz im Sinne des § 986 BGB hat. Ein Recht zum Besitz kann sich aus dem Gesetz oder aus vertraglichen Regelungen ergeben. Vorliegend sind allerdings weder gesetzliche noch vertragliche Regelungen ersichtlich, die dem B ein Besitzrecht an dem Buch des A zubilligen. Mithin hat B kein Recht zum Besitz. Folglich hat A gegen B einen Anspruch auf Herausgabe des Buches aus § 985 BGB.

1.4.3 Hinweise zur Lösung von Rechtsfällen

Bei dem Lesen des Gesetzestextes ist dringend anzuraten, eine Vorschrift die als passend erscheint, immer vollständig zu lesen. Der Gesetzgeber arbeitet nämlich oft nach dem Regel-Ausnahme-Prinzip. Das heißt, wenn in Absatz 1 eines Paragraphen ein Anspruch beschrieben wird, dann steht gelegentlich im nächsten Absatz oder sogar im nächsten Paragraphen ein Ausnahmefall, bei dem die grundsätzliche Regelung bei Vorliegen bestimmter Voraussetzungen nicht gelten soll. Liest der Rechtsanwender einen, ihm als passend erscheinenden Paragraphen also nicht vollständig, so besteht die Gefahr, dass er eine wichtige Ausnahmeregelung übersieht und somit zu einer falschen Falllösung kommt.

Es können bei vielen Fällen mehrere Anspruchsgrundlagen passen. Hier ist es für Studierende besonders wichtig, noch einmal die Fallfrage genau zu lesen. Bisweilen hat der Aufgabensteller im Rahmen der Fallfrage die Lösungsmöglichkeiten eingegrenzt, indem er nur nach bestimmten Ansprüchen fragt. Dies wird beispielsweise in Fragen deutlich wie etwa: „Hat A einen Anspruch auf Schadensersatz?" Das Bearbeiten von Anspruchsgrundlagen, die eine andere Rechtsfolge bieten als „Schadensersatz" wäre somit überflüssig oder sogar falsch. Lautet die Fallfrage hingegen: „Wie ist die Rechtslage?", so erwartet der Aufgabensteller gewöhnlich eine umfassende rechtliche Prüfung aller in Frage kommender Anspruchsgrundlagen.

Einführung

Sind im Gesetzestext mit Ziffern mehrere Punkte aufgeführt, so bietet es sich an, nachzusehen, ob als letztes Wort vor der letzten Ziffer ein „und" oder ein „oder" steht. Steht dort ein „und", wie beispielsweise in § 316a Abs. 5 BGB, so müssen alle in den Ziffern genannten Tatbestandsmerkmale zusammen vorliegen. Steht dort hingegen ein „oder", wie beispielsweise in § 311 Abs. 2 BGB, so genügt es, wenn zumindest einer der im Gesetz genannten Punkte vorliegt.

Wegen der offenen Formulierung von Gesetzestexten ist es bisweilen nicht möglich zu einer Falllösung zu kommen, ohne den Gesetzestext ausgelegt zu haben oder einen juristischen Meinungsstreit diskutiert zu haben. Es ist nicht ungewöhnlich, dass zu bestimmten Themen in Rechtsprechung und Literatur unterschiedliche Auffassungen vertreten werden. Die Aufgabe des Rechtsanwenders ist es dann, an entsprechender Stelle im Rechtsgutachten die unterschiedlichen Auffassungen in angemessenem Umfang darzustellen und sich mit einem guten Argument für eine der Auffassungen zu entscheiden. Eine Entscheidung für eine der Auffassungen ist allerdings dann nicht nötig, wenn die unterschiedlichen Theorien zum selben Ergebnis führen. Dann genügt es, die unterschiedlichen Theorien darzustellen und darauf hinzuweisen, dass sie alle zum selben Ergebnis führen, so dass es hier auf eine Streitentscheidung nicht ankommt.

1.4.4 Auslegung und Rechtsanwendung

Da der Gesetzgeber des BGB in den einzelnen Paragraphen sehr offene Regelungen formuliert hat, unter welche eine Vielzahl von Lebenssituationen gezogen werden können, ist es im Rahmen der juristischen Arbeitsweise bisweilen notwendig, einzelne Gesetzesvorschriften näher auszulegen. Eine derartige Auslegung unterliegt eigenen Regeln, welche in der Praxis bei der Interpretation von Rechtsvorschriften oftmals durch Richter und Anwälte angewandt werden. Bei der Interpretation von Rechtsnormen werden gewöhnlich vier Auslegungsmethoden unterschieden; nämlich die systematische Auslegung, die grammatikalische Auslegung, die historische Auslegung und die teleologische Auslegung.[6] Diese vier Auslegungsmethoden ergänzen sich untereinander. Zwar wird es nicht immer möglich sein, eine Zuordnung auf alle vier Methoden stützen zu können, doch bietet sich bei der Anwendung der Methoden trotz einer fehlenden Hierarchie an, im Rahmen der Auslegungsanwendung grundsätzlich mit der grammatikalischen Auslegung zu beginnen. Dies ist deshalb sinnvoll, weil sich die grammatikalische Auslegung auf den Wortlaut des Gesetzes stützt und ein direktes Ausgehen vom Gesetzestext in den meisten Fällen als geboten erscheint. Als zweite Auslegungsmethode bietet sich die systematische Auslegung an, da die systematische Stellung von Regelungsstrukturen innerhalb eines Gesetzes viel darüber aussagt, welchen Sinngehalt eine Norm aufweist. Nachdem eine Vorschrift auf der Grundlage dieser beiden Auslegungsmethoden hinterfragt worden ist, kann als dritte Ausle-

---

[6] Vgl. Klunzinger, Einführung in das Bürgerliche Recht, 15. Auflage, München 2011, S. 17.

gungsmethode die teleologische Auslegung hinzugezogen werden. Hierbei wird gewöhnlich nach dem Sinn und Zweck der Norm gefragt. Als letztes kann auch die historische Auslegung mit ihrer Frage nach den subjektiven Motiven des Gesetzgebers hinzugezogen werden, wobei die hieraus gewonnenen Erkenntnisse zumeist mit Vorsicht zu genießen sind.

1.4.4.1 Grammatikalische Auslegung

Die grammatikalische Auslegung knüpft am Wortlaut des Gesetzes an. Um mit dieser Methode den Sinn einer Rechtsvorschrift abschätzen zu können, ist es erforderlich, sich mit den Bestimmungen der Sprache und Grammatik sowie mit juristischen Definitionen näher auseinanderzusetzen. Insofern stellt der Wortlaut einer Rechtsvorschrift sowohl den Ausgangspunkt der Auslegung als auch ihre Grenze dar.

1.4.4.2 Systematische Auslegung

Die systematische Auslegung kann dazu verwendet werden, aus dem Standort einer Vorschrift innerhalb eines Gesetzes sowie aus ihrem eigenen Bedeutungszusammenhang herleiten zu können, welchen Sinn eine Gesetzesnorm hat.[7] Dies ist insbesondere dann erforderlich wenn nach der grammatikalischen Auslegung immer noch Unsicherheit darüber besteht, welchen Sinn die Rechtsvorschrift hat. Anknüpfungspunkt einer systematischen Auslegung kann beispielsweise der Abschnitt sein, in welchem sich die Norm befindet. Auch die Überschrift des Abschnitts oder der Vorschrift sowie die Konstruktion der Norm selbst können Auskunft darüber geben, welchen Sinn eine Rechtsnorm verfolgt.

1.4.4.3 Teleologische Auslegung

Die teleologische Auslegung fragt nach dem Sinn und Zweck einer Gesetzesvorschrift. Der Begriff der teleologischen Auslegung geht auf das griechische Wort „telos" zurück, was soviel bedeutet wie Ziel oder Sinn.

1.4.4.4 Historische Auslegung

Anders als die zuvor genannten drei Auslegungsmethoden, ist die historische Auslegung eine so genannte subjektiver Auslegungstheorie. Sie wird deswegen bisweilen auch als subjektive Theorie bezeichnet, weil sie nach dem Willen des Gesetzgebers fragt. Denn diese Theorie fragt nach der historischen Entstehungsgeschichte des auszulegenden Gesetzes und nimmt den Willen des Gesetzgebers dann als Grundlage der Rechtsauslegung. Diese Auslegungsmethode wird in der juristischen Literatur im

---

[7] Vgl. Reich, Einführung in das Bürgerliche Recht, 4. Auflage, Wiesbaden 2007, S. 558.

Einführung

Hinblick auf das BGB mittlerweile mit Zurückhaltung betrachtet. Dies mag zum einen daran liegen, dass Studierende in der juristischen Ausbildung während Klausuren selten Zugriff auf die historischen Unterlagen des ersten Entwurfes nebst den dazugehörigen Motiven sowie auf den zweiten Entwurf des BGB mit seinen Protokollen haben; zum anderen hat es seit Schaffung des BGB erhebliche wirtschaftliche und soziale Veränderungen gegeben, die dazu führen können, dass der ursprüngliche Wille des Gesetzgebers den tatsächlichen Gegebenheiten nicht mehr Rechnung trägt. Wer sich dennoch mit dem Willen des Gesetzgebers näher auseinandersetzen möchte, hat die Möglichkeit, sich diese historischen Materialien als Nachdruck in juristischen Bibliotheken anzusehen bzw. bei neueren Gesetzen die Stenografischen Protokolle des Bundestages sowie die Bundestags- und Bundesrats-Drucksachen einzusehen.

1.4.4.5 Analogie im Rahmen der Rechtsanwendung

Unter einer Analogie kann man die entsprechende Anwendung einer Rechtsvorschrift bzw. eines Rechtsprinzips zum Zweck der Schließung einer Regelungslücke verstehen.[8] Hierbei wird eine bestehende Rechtsvorschrift bzw. ein bestehendes Prinzip auf einen Fall ausgedehnt, der vom Gesetzgeber unbewusst nicht geregelt wurde. Bevor vom Hilfsmittel der Analogie Gebrauch gemacht werden kann, ist jedoch zu beachten, dass die Auslegung von Rechtsnormen – so wie sie oben bereits beschrieben worden ist – der Anwendung einer Analogie vorgeht. Erst wenn eine Auslegung nicht zum gewünschten Ziel einer sinnvollen Rechtsanwendung geführt hat, kann an die analoge Anwendung einer Rechtsvorschrift bzw. die analoge Anwendung eines Rechtskonstrukts gedacht werden.

Im deutschen Rechtssystem versucht der Gesetzgeber eine unbestimmte Vielzahl an Lebenssituationen durch kodifizierte Gesetzesnormen zu regeln. Hierbei kann es jedoch vorkommen, dass er bewusst oder unbewusst eine Regelungslücke gelassen hat. Handelt es sich um eine bewusst unterbliebene Regelung, so ist es nicht zulässig, diese durch entsprechende - also analoge - Anwendung einer Rechtsvorschrift bzw. einer Regelung zu schließen. So sind beispielsweise im Strafrecht Analogien zu Ungunsten des Täters nicht gestattet. Schließlich sollen nur die Taten strafrechtlich verfolgt werden, die alle Tatbestandsvoraussetzungen des Strafgesetzes erfüllen. Somit ist sichergestellt, dass niemand für etwas verurteilt wird, was nicht unter Strafe steht, aber einen ähnlichen Tatbestand erfüllt. Auch im Bürgerlichen Recht sind Analogien nur zulässig, wenn es sich nicht um eine bewusste, sondern um eine vom Gesetzgeber unbewusst belassene Regelungslücke handelt. In derartigen Fällen ist es zulässig, Regelungslücken dadurch zu schließen, dass hierauf Vorschriften bzw. Rechtsregelungen angewandt werden, die ähnlich gelagerte Fälle erfassen. Voraussetzungen für die Anwendung einer Analogie sind also das Vorliegen einer ungeplanten Regelungslücke sowie eine Ähnlichkeit der zu Grunde liegenden Sachverhalte.

---

8 Vgl. Reich, Einführung in das Bürgerliche Recht, 4. Auflage, Wiesbaden 2007, S. 559.

2 Allgemeiner Teil

Wie in der Einleitung dieses Lehrbuchs bereits gesagt, stellt der Allgemeine Teil des BGB wichtige Definitionen und Regelungen zur Verfügung, die auch in allen folgenden Büchern des BGB anzuwenden sind. Diese Ausgestaltung hat den Vorteil, dass im BGB nicht in jedem Buch zu jeder Materie alles neu festgelegt werden muss oder es Doppelungen gibt. Der „Allgemeine Teil" stellt Definitionen zur Verfügung und benennt die Rechtspersonen. Er zeigt Grundsätze der Rechtsgeschäftslehre auf und stellt die Möglichkeiten der Ausübung von Rechten vor. So werden hierbei die Nichtigkeit und die Möglichkeiten der Vernichtbarkeit von Rechtsgeschäften dargestellt. Und weil der Allgemeine Teil für alle ihm folgenden vier Bücher des BGB gilt, wird die Nichtigkeit oder die Anfechtung eines Kaufvertrages, eines Dienstvertrages oder eines Erbvertrages nach den gleichen Grundsätzen zu beurteilen sein. Lediglich Besonderheiten müssen noch in der einzelnen spezialgesetzlichen Regelung genannt werden. Für Anfänger ist es oftmals verwirrend, wenn zur Falllösung im BGB Paragraphen verwendet werden, die weit voneinander entfernt im Gesetz abgedruckt sind. Das Wissen um den Gesetzesaufbau zeigt jedoch deutlich, dass es oftmals nötig ist, für Definitionen oder allgemeine Regelungen in den Allgemeinen Teil zu schauen, obwohl die eigentliche Thematik in einer Systematik in einem der folgenden Bücher behandelt wird. Insofern kommt dem Allgemeinen Teil des BGB beim Erlernen des Umgangs mit dem Gesetz eine besonders wichtige Rolle zu. Da die hierin getroffenen Regelungen bei allen übrigen Büchern zum Einsatz kommen können, sollte beim Lernen hier nicht auf Lücke gesetzt werden.

2.1 Rechtssubjekte und Rechtsobjekte

Das BGB differenziert in Rechtssubjekte und Rechtsobjekte. Beide Themenbereiche werden in diesem Abschnitt näher dargestellt.

2.1.1 Rechtssubjekte

Unter einem Rechtssubjekt sind Personen zu verstehen, welche Träger von Rechten und Pflichten sein können. Sie sind in der Lage Verpflichtungen einzugehen bzw. Verträge abzuschließen und nehmen am Rechtsverkehr teil.

2.1.1.1 Natürliche und juristische Personen

Bei den Rechtssubjekten kann es sich entweder um normale Menschen, also natürliche Personen oder aber um Körperschaften bzw. Personenvereinigungen handeln, welche mit einer eigenen Rechtsfähigkeit ausgestattet sind. Während natürliche Personen also normale Menschen aus Fleisch und Blut sind, stellen die juristischen Personen eine Kreation der Rechtsordnung dar. Es handelt sich nämlich bei juristischen Personen um Personenvereinigungen oder Vermögensmassen, denen durch die Rechtsordnung die Möglichkeit gegeben wurde - ähnlich wie die natürlichen Personen - Träger von Rechten und Pflichten sein zu können. So gehören zu den juristischen Personen des Privatrechts beispielsweise Vereine und Stiftungen sowie Kapitalgesellschaften wie die Aktiengesellschaft (AG) und die Gesellschaft mit beschränkter Haftung (GmbH).

2.1.1.2 Rechtsfähigkeit

Beispiel:

Der 80-jährige Rentner R lebt alleine in einer kleinen Wohnung. Da er keine Kinder hat, beschließt er, sein gesamtes Vermögen per Testament seiner Hauskatze zu vererben. Ist dies rechtlich möglich?

Rechtsfähigkeit bedeutet die Fähigkeit, Träger von Rechten und Pflichten sein zu können. Diese Definition sucht man im Gesetz vergeblich. In § 1 BGB ist lediglich der Beginn der Rechtsfähigkeit normiert. Nach dieser Vorschrift beginnt die Rechtsfähigkeit eines Menschen mit der Vollendung der Geburt. Aber nicht nur natürliche Personen, wie lebende Menschen, können eine Rechtsfähigkeit besitzen. Auch juristische Personen sind in der Lage Träger von Rechten und Pflichten zu sein.[9] Unter juristischen Personen werden die, durch Rechtsverordnung zugelassenen, mit Rechtsfähigkeit ausgestatteten Zusammenschlüsse mehrerer Personen verstanden. Hierzu gehören beispielsweise Kapitalgesellschaften wie die GmbH oder die Aktiengesellschaft sowie rechtsfähige Vereine. Regelungen zu juristischen Personen finden sich im Bürgerlichen Gesetzbuch ab § 21 BGB. Die natürlichen und juristischen Personen als Träger von Rechten und Pflichten werden auch als Rechtssubjekte bezeichnet. Indem ihnen beispielsweise die Fähigkeit beschieden ist, wirksam Willenserklärungen abzugeben, Verträge abzuschließen oder Eigentum zu erwerben, können sie von den Rechtsobjekten abgegrenzt werden, welche lediglich der Beherrschung durch das Rechtssubjekt unterworfen sind. Zu den Rechtsobjekten - also den Gegenständen auf die das Handeln der Rechtssubjekte zielt - gehören beispielsweise Sachen, Rechte und sogar immaterielle Güter, wie Erfindungen. Bereits die im Gesetz verwendeten Formulierungen machen deutlich, dass lediglich rechtsfähige Personen, wie beispielsweise natürliche Personen, ab ihrer Geburt bzw. juristische Personen ab ihrer Eintragung Träger von Rechten und Pflichten sein können. Tiere, wie die im Beispielfall genannte

---

[9] Vgl. hierzu näher: Lorenz, Grundwissen – Zivilrecht: Rechts- und Geschäftsfähigkeit, JuS 2010, S. 11 ff.

Hauskatze des Rentners R sind dementsprechend nicht rechtsfähig, so dass ein Testament zu Gunsten eines Haustiers nicht möglich ist. Tiere sind in § 90a BGB näher beschrieben. Nach dieser Vorschrift sind Tiere zwar keine Sachen, denn sie werden durch besondere Gesetze geschützt; auf sie sind aber die für Sachen geltenden Vorschriften entsprechend anzuwenden[10], soweit im Gesetz nicht etwas anderes bestimmt ist. Eine solche Ausnahmevorschrift findet sich beispielsweise in § 1923 Abs. 2 BGB. Nach dieser Vorschrift gilt ein Kind, welches zur Zeit des Erbfalls noch nicht lebte, aber bereits gezeugt war, als vor dem Erbfall geboren. Diese Vorschrift stellt eine Fiktion auf, die dazu führt, dass trotz Einhalten des Grundsatzes, nach dem nur lebende Personen rechtsfähig sein können, auch ein ungeborenes Kind bereits Erbe sein kann.

Von der Rechtsfähigkeit, welche die Fähigkeit ausdrückt Träger von Rechten und Pflichten zu sein, ist die in §§ 104 ff. BGB geregelte Geschäftsfähigkeit zu unterscheiden. Die Geschäftsfähigkeit gibt Auskunft darüber, ab welchem Alter bzw. unter welchen Voraussetzungen ein Mensch in der Lage ist, sich durch Verträge bzw. Rechtsgeschäfte wirksam zu binden.[11] Ebenfalls von der Rechtsfähigkeit zu unterscheiden ist die so genannte Deliktsfähigkeit im Sinne der §§ 827, 828 BGB.

2.1.1.3 Handlungsfähigkeit juristischer Personen

Da es sich bei juristischen Personen nicht um lebende natürliche Personen, sondern nur um juristische Konstrukte handelt, benötigen sie lebende natürliche Personen, die statt der juristischen Person handeln und deren Handlungen der juristischen Person zugerechnet werden. Derartige Personen werden als „Organe" bezeichnet. Die Organe sind quasi Stellvertreter der juristischen Person. So ist beispielsweise das Organ des Vereins der Vorstand, das Organ einer GmbH der Geschäftsführer. Sofern diese Organe im Rahmen ihrer Tätigkeit eine Handlung ausüben, welche sie zum Schadensersatz verpflichten würde, so haften gewöhnlich die juristischen Personen nach § 31 BGB im Rahmen der so genannten Organhaftung für das Verhalten ihres Vertreters.

2.1.1.4 Das Namensrecht

Der Name dient dazu, den Namensträger identifizieren zu können. Dementsprechend kann er als sprachliches Kennzeichen einer Person verstanden werden. Das Bürgerliche Gesetzbuch gibt mit dem § 12 BGB diesen Personen sowohl einen Schutz gegen Namensleugnung als auch dagegen, dass sich eine andere Person einen Namen anmaßt, der ihr nicht zusteht. Diese Vorschrift sieht nämlich vor, dass in den Fällen, in welchen das Recht zum Gebrauch eines Namens dem Berechtigten von einem anderen bestritten wird oder dass das Interesse des Berechtigten dadurch verletzt wird, dass ein anderer unbefugt den gleichen Namen gebraucht, der Berechtigte von dem ande-

---

[10] Vgl. Palandt / Ellenberger, Bürgerliches Gesetzbuch, 70. Auflage, München 2011, § 90a Rn. 1.
[11] Vgl. Musielak, Grundkurs BGB, 11. Auflage, München 2009, Rn. 285 ff.; Brox / Walker, Allgemeiner Teil des BGB, 34. Auflage, München 2010, Rn. 259 ff.

Allgemeiner Teil

ren Beseitigung der Beeinträchtigung verlangen kann. Diese Vorschrift ist eine echte Anspruchsgrundlage, aus welcher der Betroffene vom Anspruchsgegner ein Unterlassen verlangen kann. Sofern er weitere Beeinträchtigungen zu befürchten hat, ist er nach § 12 Satz 2 BGB sogar berechtigt, den Störer auf Unterlassung zu verklagen. Das Namensrecht des Bürgerlichen Gesetzbuchs präsentiert sich damit also als eine gesetzliche Ausprägung des allgemeinen Persönlichkeitsrechts[12], welches auch der Art. 2 Abs. 1 des Grundgesetzes (GG) jedem Bürger gegenüber verbrieft. Dementsprechend kann der Geschädigte, dessen Namensrecht beeinträchtigt wurde, gegen seinen Schädiger auch einen Schadensersatzanspruch nach § 823 BGB geltend machen, wobei das Namensrecht ein „sonstiges Recht" im Sinne des § 823 Abs. 1 BGB darstellt.

2.1.1.5 Begriff des Verbrauchers und des Unternehmers

Im Allgemeinen Teil des Bürgerlichen Gesetzbuches finden sich auch viele Definitionen. So gibt der § 13 BGB beispielsweise Auskunft darüber, wer als Verbraucher im Sinne des BGB anzusehen ist. Nach dieser Vorschrift ist jede natürliche Person, die ein Rechtsgeschäft zu einem Zweck abschließt, der weder ihrer gewerblichen noch ihrer selbstständigen beruflichen Tätigkeit zugerechnet werden kann, ein Verbraucher. Die Definition des Verbrauchers ist im Bürgerlichen Gesetzbuch deshalb so wichtig, weil in diesem Gesetz viele Vorschriften enthalten sind, die den Schutz des Verbrauchers bezwecken.[13] Diese Normen greifen jedoch oftmals nur ein, wenn der Vertragspartner des Verbrauchers ein Unternehmer ist. Insofern ist es nur folgerichtig, wenn der Gesetzgeber in § 14 BGB auch den Begriff des Unternehmers definiert. Nach § 14 BGB ist ein Unternehmer eine natürliche oder juristische Person bzw. rechtsfähige Personengesellschaft, die bei Abschluss eines Rechtsgeschäfts in Ausübung ihrer gewerblichen oder selbstständigen beruflichen Tätigkeit handelt.

2.1.2 Rechtsobjekte

Nachdem im vorigen Abschnitt die Rechtssubjekte und die damit verbundenen wichtigen Aspekte dargestellt worden sind, fällt es leicht, die in diesem Abschnitt des Lehrbuchs zu betrachtenden Rechtsobjekte näher einzuordnen. Unter Rechtsobjekten werden nämlich diejenigen Gegenstände verstanden, welche von den Rechtssubjekten beherrscht werden. Anders gesagt: Wurden im vorhergehenden Abschnitt über die Rechtssubjekte die möglichen Träger von Rechten und Pflichten dargestellt, so sollen nunmehr unter dem Begriff „Rechtsobjekte" die Gegenstände dargestellt werden, an welchen Rechte bestehen können bzw. welche als Objekte des Rechtsverkehrs benutzt werden können. Das Bürgerliche Gesetzbuch spricht in seinem Allgemeinen Teil ex-

---

[12] Vgl. hierzu allgemein: Ehmann, Das Allgemeine Persönlichkeitsrecht, JURA 2011, S. 437 ff.
[13] Vgl. zur Schutzwürdigkeit des Verbrauchers auch: Pfeiffer, Was kann ein Verbraucher?, NJW 2011, S. 1 ff.

plizit von Sachen und Rechten. Es werden also diejenigen Gegenstände aufgezählt, die durch die so genannten Rechtssubjekte beherrscht werden können. Der Begriff des Rechtsobjekts stellt einen Oberbegriff dar. Ein hiervon erfasster wichtiger Teilaspekt sind beispielsweise die in § 90 ff. BGB genannten Sachen und Tiere. Zu den Rechtsobjekten zählen:

- bewegliche und unbewegliche Sachen,
- so genannte Immaterialgüter, also Werke geistiger Schöpfung,
- Rechte, wie beispielsweise Forderungen.

2.1.2.1 Bewegliche und unbewegliche Sachen

Unter dem Begriff „Sachen" können körperliche Gegenstände im Sinne des § 90 BGB verstanden werden. Dementsprechend gehören unkörperliche Gegenstände wie beispielsweise Strom und fließendes Wasser nicht zu den Sachen im Sinne des § 90 BGB. Während Grundstücke zu den unbeweglichen Sachen zählen, gehören zu den beweglichen Sachen all diejenigen Gegenstände, welche nicht zu den Grundstücken gehören bzw. welche nicht zu den festen Bestandteilen eines Grundstücks gerechnet werden können. Tiere sind nach § 90 a BGB keine Sachen. Sie werden durch besondere Gesetze geschützt. Auf sie sind allerdings die für Sachen geltenden Vorschriften entsprechend anzuwenden, soweit sich aus dem Gesetz nicht etwas anderes ergibt.

Eine weitere Differenzierung die vorgenommen werden kann, ist die Unterscheidung von vertretbaren und nicht vertretbaren Sachen. Diese sind in § 91 BGB geregelt. Hiernach sind vertretbare Sachen bewegliche Sachen, die im Verkehr nach Zahlmaß oder Gewicht bestimmt zu werden pflegen. Simpel ausgedrückt können vertretbare Sachen als austauschbare Sachen angesehen werden, wohingegen Spezialanfertigungen als nicht austauschbare, also nicht vertretbare Sachen anzusehen sind. Wesentliche Bestandteile sind in den §§ 93 und 94 BGB geregelt. Nach § 93 BGB sind wesentliche Bestandteile einer Sache Teile, die voneinander nicht getrennt werden können, ohne dass der eine oder der andere Teil zerstört oder in seinem Wesen verändert wird. Ein typisches Beispiel für wesentliche Bestandteile sind beispielsweise die Seiten eines Buches. Ebenso, wie sich in § 93 BGB die Definition wesentlicher Bestandteile einer beweglichen oder unbeweglichen Sache findet, so präzisiert das BGB in § 94 Abs. 1 BGB die wesentlichen Bestandteile eines Grundstücks oder Gebäudes. Hiernach gehören zu den wesentlichen Bestandteilen eines Grundstücks, die mit dem Grund und Boden fest verbundenen Sachen, insbesondere Gebäude, sowie die Erzeugnisse des Grundstücks, solange sie mit dem Boden zusammenhängen. Der Absatz 2 dieser Norm stellt klar, dass zu den wesentlichen Bestandteilen eines Gebäudes auch die zur Herstellung des Gebäudes eingefügten Sachen gehören. Zu den derart eingefügten Sachen zählen beispielsweise Heizung, Türen oder Treppen.

Das so genannte Zubehör ist in § 97 BGB geregelt. Hiernach wird es definiert als bewegliche Sachen, die, ohne Bestandteile der Hauptsache zu sein, dem wirtschaftlichen Zwecke der Hauptsache zu dienen bestimmt sind und zu ihr in einem dieser Bestimmung entsprechenden räumlichen Verhältnisse stehen. Typische Beispiele für Zubehör sind etwa das Reserverad eines Pkw oder Hausschlüssel. Gewöhnlich erstrecken sich Rechtsgeschäfte sowohl auf die Hauptsache als auch auf das Zubehör. Diese grundsätzliche Handhabung ist in unterschiedlichen Textstellen im BGB zu finden. So sagt beispielsweise § 926 BGB aus, dass bei der Veräußerung von Grundstücken im Zweifel auch anzunehmen ist, dass sich die Veräußerung auch auf das Zubehör erstrecken soll. Eine weitere Textstelle, welche diesen Grundsatz bestätigt, ist in § 311c BGB zu finden. Hier ist nämlich festgelegt, dass in den Fällen, in welchen sich jemand zur Veräußerung oder Belastung einer Sache verpflichtet, sich in diese Verpflichtung im Zweifel auch auf das Zubehör der Sache erstreckt.

2.1.2.2 Immaterialgüter

Unter den Immaterialgütern sind die Rechte an geistigen und künstlerischen Leistungen zu verstehen. Die Immaterialgüter werden durch Immaterialgüterrechte wie beispielsweise Urheberrecht, Patentrecht, Geschmacksmusterrecht, Gebrauchsmusterrecht und Markenrecht geschützt. Für diese Themengebiete hat der Gesetzgeber eigenständige Gesetze und Regelwerke geschaffen. Allerdings sei darauf hingewiesen, dass die genannten Immaterialgüter neben den Schutzvorschriften in den Spezialgesetzen auch nach dem BGB dadurch geschützt werden, dass sie im Rahmen des Schadensersatzanspruches im Sinne des § 823 Abs. 1 BGB als „sonstige Rechte" anzusehen sind.

2.1.2.3 Rechte

Die Rechte können in relative und absolute Rechte unterteilt werden. Als relative Rechte werden die Rechte angesehen, welche nur gegenüber einzelnen Personen bestehen. Dies können beispielsweise Schadensersatzansprüche sein, die ihre Wirkung nur zwischen Schädiger und Geschädigtem entfalten; auch Vertragsansprüche, bei welchen die Rechte und Pflichten lediglich zwischen den Vertragsparteien bestehen, gehören hierzu. Absolute Rechte hingegen sind Rechte, die gegenüber jedermann bestehen. Typische Beispiele für absolute Rechte sind Eigentum oder Persönlichkeitsrechte.

2.2 Bedingung und Befristung

Verträge können auch an Bedingungen geknüpft oder ihre Wirksamkeit kann auch an ein zukünftiges, gewöhnlich ungewisses Ereignis bzw. den Ablauf einer bestimmten Zeit geknüpft werden.[14] Durch die Möglichkeit, Verträge mit Bedingungen verknüpfen zu können, kann eine bessere Anpassung des Rechtsgeschäfts an zukünftige Entwicklungen erreicht werden. Es gibt jedoch auch Rechtsgeschäfte, bei denen die Verknüpfung mit einer Bedingung nicht zulässig ist. Diese Rechtsgeschäfte werden als bedingungsfeindlich angesehen. Hierzu gehört beispielsweise im Rahmen eines Grundstückskaufs die so genannte Auflassung im Sinne des § 925 Abs. 2 BGB. Ebenso verhält es sich bei Gestaltungsrechten wie Kündigung, Rücktritt oder auch bei der Anfechtung. Alle diese Rechte dürfen nicht mit einer Bedingung verknüpft werden. Der Sinn der Bedingungsfeindlichkeit liegt darin, eine Rechtssicherheit für den Erklärungsempfänger zu erreichen. Schließlich vertraut dieser zu Recht darauf, dass die ihm gegenüber abgegebene Erklärung ohne Einschränkung gültig ist. Im Rahmen der Bedingungen wird zwischen aufschiebender und auflösender Bedingung unterschieden. Beide sind in § 158 BGB gesetzlich geregelt.

2.2.1 Aufschiebende Bedingung

Der § 158 Abs. 1 BGB normiert die so genannte aufschiebende Bedingung. Hierbei tritt die von der Bedingung abhängig gemachte Wirkung erst dann ein, wenn auch die Bedingung eingetreten ist. Bis zu diesem Zeitpunkt herrscht eine Art Schwebezustand. Tritt die Bedingung ein, so wird auch das Rechtsgeschäft wirksam; tritt sie nicht ein, so hat dies zur Folge, dass das Rechtsgeschäft als überhaupt nicht entstanden gilt.

> *Beispiel:*
>
> *Ein Großhändler liefert - entsprechend eines abgeschlossenen Kaufvertrages - einem Einzelhändler Ware unter Eigentumsvorbehalt im Sinne des § 449 Abs. 1 BGB.*

Im oben genannten Beispiel liegt ein wirksamer Kaufvertrag zwischen dem Großhändler und dem Einzelhändler vor. Trotz des wirksamen Verpflichtungsgeschäftes und die bereits durchgeführte Übergabe der Ware, ist die Eigentumsübertragung im Rahmen des Erfüllungsgeschäftes unter die Bedingung der vollständigen Kaufpreiszahlung gestellt. Das bedeutet, dass der Käufer im Rahmen eines Kaufes unter Eigentumsvorbehalt erst dann Eigentümer der Kaufsache wird, wenn er den Kaufpreis vollständig bezahlt hat. Das Einigsein bezüglich des Eigentumsübergangs ist also an die aufschiebende Bedingung geknüpft, dass der Schuldner den Kaufpreis vollständig bezahlt. Erst wenn diese Bedingung eintritt, wird die Eigentumsübertragung wirksam.

---

[14] Vgl. hierzu auch vertiefend: Martens, Grundfälle zur Bedingung und Befristung, JuS 2010, S. 481 ff. sowie auch: Petersen, Bedingung und Befristung, JURA 2011, S. 275 ff.

2.2.2 Auflösende Bedingung

Die auflösende Bedingung ist in § 158 Abs. 2 BGB geregelt. Hierbei endet mit dem Eintritt der Bedingung die Wirkung eines Rechtsgeschäfts, so dass mit diesem Ereignis der frühere Rechtszustand wieder eintritt.

> *Beispiel:*
>
> *U betreibt eine kleine Druckerei. Er benötigt für sein Unternehmen eine neue Druckmaschine, für die er bei der B-Bank ein Darlehen aufnimmt. Zur Absicherung des Darlehens, vereinbarte er mit der B-Bank eine so genannte Sicherungsübereignung.*

Im Rahmen einer Sicherungsübereignung wird ein Gegenstand zur Sicherheit an den Gläubiger übereignet. Das Eigentum fällt erst dann an den Sicherungsgeber zurück, wenn er seine schuldrechtliche Verpflichtung erfüllt hat. Im oben genannten Beispielfall bedeutet dies, dass der U das Eigentum an der Druckmaschine erst dann zurückerlangt, wenn er das Darlehen zurückgezahlt hat. Die vollständige Rückzahlung des Darlehens stellt somit eine auflösende Bedingung dar, nach deren Eintritt das Eigentum am Sicherungsgut wieder an den Darlehensnehmer – hier an den U - zurückfällt und somit der frühere Rechtszustand wieder eintritt.

2.2.3 Befristung

Der § 163 BGB lässt es auch zu, für die Wirkung eines Rechtsgeschäfts bei dessen Vornahme einen Anfangs- oder Endtermin zu bestimmen. Damit besteht die Möglichkeit, ein Rechtsgeschäft zeitlich zu begrenzen. Hierbei werden im Rahmen der Bestimmung eines Anfangstermins die Vorschriften für aufschiebende Bedingungen und im Rahmen der Bestimmung eines Endtermins die Vorschriften für auflösende Bedingungen sowie die §§ 160, 161 BGB entsprechend angewandt. Für die Fristberechnung selbst, kann auf die Vorschriften zur Berechnung von Fristen und Terminen aus §§ 186 ff. BGB zurückgegriffen werden. Beispiele für befristete Verträge finden sich in der Praxis im Arbeitsrecht und im Mietvertragsrecht. So kann ein Arbeitsvertrag unter den Voraussetzungen des Teilzeit- und Befristungsgesetzes (TzBfG)[15] durchaus zeitlich befristet werden; ebenso wie auch Miet- und Pachtverträge auf eine bestimmte Zeit eingegangen werden können. Nach Ablauf der vereinbarten Frist endet das Dauerschuldverhältnis automatisch, ohne dass es hierfür einer besonderen Kündigung bedarf.

---

15 Vgl. hierzu vertiefend: Wien, Arbeitsrecht, Wiesbaden 2009, S. 49 ff. (S. 53 ff.).

2.3 Willenserklärung

Die Willenserklärungen sind grundlegende Voraussetzungen zum Abschluss von Rechtsgeschäften.[16] Unter einer Willenserklärung versteht man jedes Verhalten, welches erkennbar auf eine rechtliche Bindung gerichtet ist. Bereits diese Definition macht deutlich, dass Willenserklärungen aus einem äußeren Tatbestand, nämlich dem objektiven Verhalten, bei welchem der Wille ausdrücklich oder konkludent[17] (schlüssig) kundgetan wird und einem inneren Tatbestand, nämlich dem subjektiven Willen, bestehen. Der innere Tatbestand wiederum kann in Handlungswille, Erklärungsbewusstsein und Geschäftswille unterteilt werden.

Beispiel:

A geht zu einem Kiosk, nimmt sich eine Zeitung und legt wortlos den passenden Geldbetrag auf den Tresen. Der Kioskbetreiber nickt dem A freundlich zu, und A geht mit der Zeitung davon. Ist, obwohl kein Wort gesprochen wurde, ein wirksamer Kaufvertrag geschlossen worden? Worin bestehen die Willenserklärungen?

Willenserklärungen bedürfen aufgrund ihrer grundsätzlichen Formfreiheit keiner bestimmten Form. Zwar werden aus Beweissicherungsgründen in der Praxis Willenserklärungen oftmals schriftlich formuliert, doch können sie in der Regel mündlich, schriftlich oder sogar konkludent, also durch schlüssiges Verhalten, abgegeben werden. Ausnahmen bestehen lediglich in einigen bestimmten Fällen, wie beispielsweise nach § 623 BGB bei der Kündigung eines Arbeitsvertrages, nach § 766 BGB der Abgabe einer Bürgschaftserklärung durch eine Privatperson oder nach § 311 b Abs. 1 BGB bei Verträgen über den Erwerb eines Grundstücks. Im vorliegenden Beispielfall hat der A durch das Verhalten, die Zeitung zu nehmen und den passenden Geldbetrag auf den Tresen zu legen, konkludent zum Ausdruck gebracht, dass er die Zeitung zu dem betreffenden Preis kaufen wolle. Indem der Kioskbetreiber dem A zugenickt und das Geld an sich genommen hat, hat er durch schlüssiges Verhalten konkludent zum Ausdruck gebracht, dass er das Vertragsangebot des A akzeptiert. Bei beiden Vertragspartnern lag neben dem äußeren Tatbestand auch der innere Tatbestand mit Handlungswille, Erklärungsbewusstsein und Geschäftswille vor.

2.3.1 Handlungswille

Eine Willenserklärung setzt einen Handlungswillen des Erklärenden voraus. Gemeint ist hiermit das Bewusstsein, überhaupt eine Handlung vorzunehmen. Dieses ist nur gegeben, wenn das menschliche Verhalten vom Willen des Handelnden getragen wird.

---

[16] Vgl. zur Vertiefung der Rechtsgeschäftslehre: Lorenz, Grundwissen – Zivilrecht: Abstrakte und kausale Rechtsgeschäfte, JuS 2009, S. 489 ff.
[17] Vgl. zur konkludenten Genehmigung vertiefend: BGH, Urteil vom 01.03.2011, XI ZR 320/09, DB 2011, S. 1043 ff.

Allgemeiner Teil

Dementsprechend fehlt es an Handlungswillen, wenn der Handelnde unter Hypnose oder aufgrund eines Reflexes handelt. Auch das unkontrollierte Sprechen im Schlaf kann dazu führen, dass einer Willenserklärung der Handlungswille fehlt. In der Praxis spielen Fälle fehlenden Handlungsbewusstseins eher eine untergeordnete Rolle. Der Fall fehlenden Handlungsbewusstseins ist im BGB nicht explizit geregelt. Hierauf wird der § 105 Abs. 2 BGB entsprechend angewandt, was zu einer Nichtigkeit einer Willenserklärung ohne Handlungsbewusstsein führt.

2.3.2 Erklärungsbewusstsein

Unter Erklärungsbewusstsein ist das Bewusstsein zu verstehen, eine rechtlich erhebliche Erklärung abzugeben. Im Gegensatz zum Handlungsbewusstsein, bei welchem es vornehmlich darauf ankommt, bewusst eine Handlung vorzunehmen, ist der Wille beim Erklärungsbewusstsein insbesondere darauf gerichtet, dass das gewollte Handeln rechtserheblich ist. Dies kann am besten mit dem – in Abwandlungen – in der juristischen Literatur verwendeten Fall der Trierer Weinversteigerung verdeutlicht werden.

> *Beispiel:*
>
> *A befindet sich auf einer Weinversteigerung. Er sieht seinen Bekannten B den Raum betreten, hebt die Hand und winkt ihm freundlich zu. Da bei dieser Versteigerung das Heben der Hand als Zeichen zum Mitbieten angesehen wird, geht der Auktionator davon aus, dass A soeben ein Gebot für die zur Versteigerung anstehende Flasche Wein abgegeben habe. Da niemand über dieses Gebot hinausgeht, gibt der Auktionator dem A den Zuschlag. Ist ein wirksamer Vertrag zustande gekommen?*

Bei der rechtlichen Beurteilung von Fällen fehlenden Erklärungsbewusstseins hat sich in der Rechtsprechung im Laufe der Jahre eine erhebliche Änderung herausgebildet. Wurden derartige Fälle bis zum Jahr 1984 noch so behandelt, dass der Erklärende mangels Erklärungsbewusstseins keine wirksame Willenserklärung abgegeben habe, so hat sich durch die Rechtsprechung des Bundesgerichtshofs hierbei eine entscheidende Änderung durchgesetzt.[18] Nunmehr wird im Rahmen der Lehre von Willenserklärungen das Erklärungsbewusstsein nicht mehr als notwendiger Bestandteil einer Willenserklärung angesehen. Insofern kann also auch eine Willenserklärung, die ohne Erklärungsbewusstsein abgegeben wird, wirksam sein. Das Kriterium, auf welches heute abgestellt wird, ist die Frage, ob der Handelnde bei Anwendung der im Verkehr erforderlichen Sorgfalt in der Lage war, zu erkennen, dass seine Äußerung vom Erklärungsempfänger als Willenserklärung aufgefasst werden kann.[19] Nach der aktuellen Auffassung des Bundesgerichtshofs ist eine ohne Erklärungsbewusstsein abgegebene Willenserklärung gewöhnlich zunächst als wirksam anzusehen. Sie kann allerdings

---

[18] Vgl. BGHZ 91, 324 ff.
[19] Vgl. BGHZ 91, 324 (327 ff.); BGH NJW 2005, S. 2620 (2621).

nach § 119 Abs. 1 BGB angefochten werden, sofern die Voraussetzungen vorliegen und die Frist des § 121 BGB beachtet wird. Für den oben genannten Beispielfall - in Anlehnung an den Fall der Trierer Weinversteigerung - bedeutet dies, dass die Willenserklärung des A zunächst wirksam ist. Denn A hätte bei Anwendung der im Verkehr erforderlichen Sorgfalt erkennen können, dass sein Heben der Hand vom Auktionator als Zeichen des Mitbietens aufgefasst werden kann und von ihm auch so aufgefasst worden ist. Die damit grundsätzlich wirksam abgegebene Willenserklärung des A kann von ihm jedoch unter den Voraussetzungen des § 119 Abs. 1 BGB, § 121 BGB angefochten werden.

2.3.3 Geschäftswille

Unter dem Geschäftswillen wird der Wille verstanden, eine bestimmte Rechtsfolge herbeiführen zu wollen. Insofern unterscheidet sich der Geschäftswille vom Erklärungsbewusstsein. Anders als beim Erklärungsbewusstsein ist der Geschäftswille nämlich auf einen ganz bestimmten rechtsgeschäftlichen Erfolg gerichtet. Fehlt es an einem Geschäftswillen, so ist die Willenserklärung trotzdem zunächst wirksam. Der Geschäftswille stellt nämlich keinen notwendigen Bestandteil einer Willenserklärung dar. Allerdings kann bei fehlendem Geschäftswillen die zunächst wirksame Willenserklärung bei Vorliegen der für eine Anfechtung erforderlichen Voraussetzungen angefochten werden, so dass die Willenserklärung rückwirkend nichtig wird.

2.3.4 Abgrenzung zu anderen Erklärungen

Die Willenserklärung unterscheidet sich wegen ihres Merkmals, dass der Erklärende eine bestimmte Rechtsfolge herbeiführen möchte, von anderen Erklärungstatbeständen. Hierbei ist juristisch eine Abgrenzung vorzunehmen. Zu den Willenserklärungen zählen deshalb keine Realakte, keine geschäftsähnlichen Handlungen, keine Einladungen ein Angebot abzugeben sowie keine Erklärungen, die sich lediglich im gesellschaftlichen Umfeld bewegen.

2.3.4.1 Realakte

Unter einem Realakt sind Handlungen zu verstehen, welche anknüpfend an eine reale Handlung automatisch zu einer Rechtsfolge führen, ohne dass hierfür eine auf eine Rechtsfolge gerichtete Willensbetätigung des Handelnden notwendig ist.

> *Beispiel:*
>
> *X ist ein so genannter Sprayer. Er besprüht ohne Wissen und ohne Erlaubnis die Hauswand des H mit Graffiti.*

Allgemeiner Teil

Diese Handlung des X gibt dem H neben etwaigen strafrechtlichen Konsequenzen auch zivilrechtlich einen Schadensersatzanspruch gegen X. Das Handeln des X stellt hier keine Willenserklärung sondern nur einen Realakt dar, an den rechtliche Konsequenzen geknüpft sind. Andere Beispiele für Realakte können Handlungen sein, die sich im Rahmen von Verbindung (§ 946 BGB), Vermischung (§ 948 BGB) und Verarbeitung (§ 950 BGB) bewegen oder beispielsweise die Begründung einer Unterhaltsverpflichtung durch die Zeugung eines Kindes.

2.3.4.2 Geschäftsähnliche Handlungen

Eine geschäftsähnliche Handlung stellt gewöhnlich eine Willensäußerung bzw. Mitteilung dar, die dazu führt, dass unabhängig vom Willen des Handelnden, eine vom Gesetz vorgegebene Rechtsfolge unmittelbar – also kraft Gesetzes - eintritt. Insofern ist die geschäftsähnliche Handlung einem Realakt sehr ähnlich. Bei beiden tritt die Rechtsfolge unabhängig vom Willen des Handelnden ein. Der Unterschied zwischen beiden besteht darin, dass beim Realakt der Anknüpfungspunkt eine reale Handlung ist, bei der geschäftsähnlichen Handlung hingegen eine tatsächliche bewusste Willensäußerung oder Mitteilung des Handelnden vorliegt. Klassisches Beispiel für eine geschäftsähnliche Handlung ist die Mahnung, welche gemäß § 286 Abs. 1 BGB zum Verzug des Abgemahnten führt. Hierbei ist es also nicht die Willensäußerung des Handelnden, sondern die gesetzliche Anordnung, welche die Rechtsfolge eintreten lässt.

2.3.4.3 Einladungen, ein Angebot abzugeben

Auch die so genannte „invitatio ad offerendum", also die Einladung zum Abgeben eines Angebots, zählt nicht zu den Willenserklärungen. Denn für ein konkretes Angebot fehlt es hier an einem Rechtsbindungswillen des Erklärenden. Beispiele für eine invitatio ad offerendum sind: Zeitungsannoncen, mit Preisen ausgezeichnete Waren in Schaufenstern, mit Preisen versehene Angebote im Internet[20] sowie Prospekte und Bestellkataloge. All diese Tatbestände haben gemeinsam, dass sie sich nicht an einzelne Vertragspartner, sondern an eine unbestimmte Vielzahl von Personen richten.

2.3.4.4 Erklärungen im gesellschaftlichen Umfeld

Auch Erklärungen die im gesellschaftlichen Umfeld getätigt werden, gehören nicht zu den Willenserklärungen. Aus diesem Grunde werden sie auch als „Gefälligkeitsverhältnisse" bezeichnet. Hierzu können Höflichkeitsakte, wie eine Einladung zum Mittagessen ebenso gerechnet werden, wie beispielsweise das Versprechen, einen Arbeitskollegen mit dem Auto mitzunehmen. Bei derartigen Gefälligkeitsverhältnissen fehlt

---

[20] Vgl. hierzu Wien, Internetrecht, 2. Auflage, Wiesbaden 2009, S. 85.

es an einem Rechtsbindungswillen des Versprechenden. In der Praxis führen derartige Gefälligkeitsverhältnisse dazu, dass hierbei die Haftung bzw. Schadensersatzansprüche regelmäßig ausgeschlossen werden. Sagt der Einladende das Mittagessen beispielsweise ab, so führt dies gewöhnlich nicht zu Schadensersatzansprüchen. Wesentliches Merkmal von Gefälligkeitsverhältnissen ist die schlichte moralische Verpflichtung bzw. der fehlende Rechtsbindungswille.

2.3.5 Abgabe von Willenserklärungen

Willenserklärungen wie beispielsweise Angebot, Annahme, Kündigung oder Anfechtung werden nur wirksam, wenn bestimmte Voraussetzungen vorliegen.[21] Damit sie Wirksamkeit entfalten können, ist es nämlich erforderlich, dass sie vom Erklärenden abgegeben werden und dem Vertragspartner zugehen.

Bei der Abgabe von Willenserklärungen muss zwischen empfangsbedürftigen und nicht empfangsbedürftigen Willenserklärungen differenziert werden. Unter empfangsbedürftigen Willenserklärungen sind Erklärungen zu verstehen, welche an eine andere Person, nämlich an den Erklärungsempfänger, gerichtet werden. Hierzu zählen beispielsweise Willenserklärungen wie Anfechtung, Aufrechnung, Rücktritt oder Kündigung. Im Gegensatz dazu sind nicht empfangsbedürftige Willenserklärungen Erklärungen, welche nicht an eine andere Person gerichtet sind. Ein Beispiel hierfür ist das Testament im Sinne der §§ 2064 ff. BGB. In der Praxis handelt es sich bei den meisten Willenserklärungen um empfangsbedürftige Willenserklärungen.

2.3.6 Zugang von Willenserklärungen

Im Rahmen des Zugangs von Willenserklärungen muss zwischen Willenserklärungen unter Anwesenden und Willenserklärungen unter Abwesenden differenziert werden. Als Willenserklärung unter Anwesenden gilt sowohl die Willenserklärung, bei welcher sich der Erklärungsempfänger körperlich am selben Ort wie der Erklärende aufhält, als auch nach § 147 Abs. 1 Satz 2 BGB eine Willenserklärung, welche über das Telefon einer anderen Person mitgeteilt wird. Auch wenn die Willenserklärung unter Anwesenden im Gesetz nicht explizit geregelt worden ist, sieht die herrschende Meinung vor, dass mündliche Willenserklärungen lediglich dann wirksam werden, wenn sie vom Erklärungsempfänger akustisch richtig vernommen wurden. Aus diesem Grund wird in diesem Zusammenhang auch von der so genannten „Vernehmungstheorie" gesprochen.

---

[21] Vgl. vertiefend hierzu beispielsweise: Becker, Anfängerklausur – Zivilrecht: Anfechtung und Gewährleistungsrechte – Einkaufstour im Internet, JuS 2011, S. 329 ff.

2.3.6.1 Zugang von Willenserklärungen unter Anwesenden

Der § 147 Abs. 1 BGB sieht vor, dass ein unter Anwesenden gemachtes Angebot (Antrag) nur sofort angenommen werden kann. Tut der Erklärungsempfänger dies nicht, so ist das Angebot erloschen. Ebenso verhält es sich mit telefonisch abgegebenen oder auf ähnliche Weise abgegebenen Angeboten.

2.3.6.2 Zugang von Willenserklärungen unter Abwesenden

Wird ein Angebot gegenüber einem Abwesenden gemacht, beispielsweise per Brief, so kann dieser Antrag gemäß § 147 Abs. 2 BGB nur innerhalb der Zeit angenommen werden, in dem der Antragende die Antwort unter regelmäßigen Umständen erwarten kann. Was aber bedeutet die schwammig gehaltene Formulierung „unter regelmäßigen Umständen"? Um zu eruieren, wann jemand eine Willenserklärung unter regelmäßigen Umständen erwarten darf, sind folgende drei Faktoren maßgeblich:

1. die Zeit, die benötigt wird, um das Angebot an den Empfänger zu übermitteln,

2. eine angemessene Zeitspanne über das Angebot nachzudenken und den Vorgang zu bearbeiten und

3. die Zeit, die erforderlich ist, eine Annahmeerklärung an den Antragenden zu übermitteln.

Legt man diese Kriterien zu Grunde, kann bei Willenserklärungen per Brief also gewöhnlich von einer regelmäßigen Annahmefrist von zwei bis drei Tagen ausgegangen werden. Nimmt der Erklärungsempfänger ein per Brief unterbreitetes Angebot nicht innerhalb dieser Frist an, so ist der Anbietende danach nicht mehr an seinen Antrag gebunden. Der Antragende hat auch die Möglichkeit eine Annahmefrist selbst zu bestimmen; dann kann der Antrag nur innerhalb dieser Frist angenommen werden.

Problematisch kann auch die Frage sein, wann eine Willenserklärung dem Vertragspartner zugegangen ist. Vom Grundsatz her ist dies einfach: eine Willenserklärung ist dem Erklärungsempfänger zugegangen, wenn sie in den Herrschaftsbereich des Erklärungsempfängers gelangt ist; d.h. wenn man regelmäßig mit einer Kenntnisnahme rechnen kann. Um genau verstehen zu können, wie der Zugang von Willenserklärungen unter Abwesenden rechtlich einzuordnen ist, sollte sich der Leser noch einmal ausgehend vom Gesetzestext den Ablauf überlegen: Willenserklärungen unter Abwesenden werden nach § 130 BGB in dem Zeitpunkt wirksam, in welchem sie dem Abwesenden zugehen. Eine im Gesetz explizit formulierte Definition von dem Begriff des Zugangs, wird man im BGB vergeblich suchen. Was genau unter Zugang zu verstehen ist, hat die Rechtsprechung festgelegt. Hiernach gilt eine Willenserklärung an einen Abwesenden dann als zugegangen, wenn sie in den Herrschaftsbereich des Empfängers gelangt ist und dieser unter gewöhnlichen Umständen die Möglichkeit hat, von ihrem Inhalt Kenntnis zu erlangen.[22]

Beispiel:

A wirft nachts um 23.30 Uhr einen Brief mit einem Vertragsangebot in den Briefkasten des X. Wann ist die Willenserklärung dem X zugegangen?

Nach § 130 Abs. 1 Satz 1 BGB wird eine empfangsbedürftige Willenserklärung in dem Zeitpunkt wirksam, in welchem sie dem Erklärungsempfänger zugeht. Von einem Zugang der Willenserklärung kann immer dann ausgegangen werden, wenn sie in den Herrschaftsbereich des Erklärungsempfängers gelangt und dieser unter gewöhnlichen Umständen die Möglichkeit der Kenntnisnahme hat. Im vorliegenden Fall wird kaum davon auszugehen sein, dass A nachts um 23.30 Uhr in seinen Briefkasten schaut. Insofern kann erst am nächsten Morgen von einem Zugang ausgegangen werden. Denn im vorliegenden Beispiel ist der Brief zwar um 23.30 Uhr mit Einwurf in den Briefkasten in den Herrschaftsbereich des X gelangt, doch erwartet um diese Zeit niemand Post, so dass unter gewöhnlichen Umständen der Zugang erst am nächsten Morgen zu sehen wäre. Die genaue Feststellung des Zugangs einer Willenserklärung ist deshalb so wichtig, weil bis zum Zugang der Erklärung, die Wirksamkeit der Willenserklärung durch Widerruf verhindert werden kann. Der Widerruf einer Willenserklärung ist nämlich nach § 130 Abs. 1 Satz 2 BGB immer dann möglich, wenn dem anderen vor Zugang einer Willenserklärung oder wenigstens gleichzeitig ein Widerruf zugeht. Sollte sich also im oben genannten Beispielfall der A nachts um 3.00 Uhr sein Vertragsangebot noch einmal überlegen, so hat er durchaus die Möglichkeit, durch Widerruf bis zum nächsten Morgen die Wirksamkeit seines Angebots zu verhindern.

2.3.7 Widerruf und verspätete oder abgeänderte Annahme

Wie kann ein Angebot widerrufen werden und was geschieht, wenn eine Annahme verspätet oder unter Einschränkungen abgegeben wird? Geht die Annahme dem Antragenden zu spät, also nach Ablauf der Annahmefrist zu, so wird diese verspätet eingehende Annahme gemäß § 150 Abs. 1 BGB als neues Angebot angesehen, welches der andere nun seinerseits Annehmen kann. Nimmt der Annehmende ein Angebot mit einer Einschränkung, Ergänzung oder einer sonstigen Änderung an, so wird dies nach § 150 Abs. 2 BGB ebenfalls als neues Angebot angesehen, welches von dem ursprünglich Antragenden angenommen oder ausgeschlagen werden kann. Hierbei ist es unerheblich, ob es sich um eine wesentliche oder unwesentliche Einschränkung bzw. Ergänzung handelt.[23]

---

[22] Vgl. Palandt / Ellenberger, Bürgerliches Gesetzbuch, 70. Auflage, München 2011, § 130 Rn. 5.
[23] Vgl. Palandt / Ellenberger, Bürgerliches Gesetzbuch, 70. Auflage, München 2011, § 150 Rn. 2.

Allgemeiner Teil

2.3.7.1 Widerruf einer Willenserklärung

Beispiel:

A bestellt am Montag, den 2. Mai um 13.00 Uhr per Bestellkarte bei einem Versandhaus ein Fahrrad. Eine Stunde später bedauert er seinen Kauf bereits und schickt dem Versandhaus um 14.00 Uhr ein Telefax, in welchem er seine Willenserklärung widerruft und das Versandhaus davon informiert das er kein Fahrrad mehr haben möchte. Hat A seine Willenserklärung wirksam widerrufen?

Nach § 130 Abs. 1 Satz 2 BGB wird eine Willenserklärung nicht wirksam, wenn dem anderen Vertragspartner vorher oder gleichzeitig ein Widerruf zugeht.[24] Bei Telefax, Briefen und Postkarten wird ein Zugang dann angenommen, wenn die Willenserklärung in den Herrschaftsbereich des Erklärungsempfängers gelangt ist, und gewöhnlich mit einer Kenntnisnahme des Textes durch den Erklärungsempfänger zu rechnen ist. Im oben genannten Beispielfall ist das Telefax mit dem Widerruf der Willenserklärung noch vor der um 13.00 Uhr per Post abgesendeten Bestell-Postkarte bei dem Versandhaus eingegangen. Da das Telefax mit dem Widerruf der Willenserklärung am Montag - also einem Arbeitstag zur regulären Arbeitszeit - bei dem Versandhaus ankam, hatten die Versandhausmitarbeiter auch die Möglichkeit der Kenntnisnahme. Insofern ist im vorliegenden Fall die ursprüngliche Willenserklärung durch den Widerruf per Telefax wirksam widerrufen worden. Somit hat A im oben genannten Beispielfall seinen Vertrag wirksam widerrufen und muss dementsprechend das Fahrrad nicht abnehmen und auch nicht bezahlen. Aber selbst wenn der A sein Telefax nicht um 14.00 Uhr sondern erst um 23.00 Uhr, also erst in der Nacht des selben Tages zum Versandhaus geschickt hätte und dementsprechend – weil dies nicht die gewöhnliche Arbeitszeit ist - unter gewöhnlichen Umständen mit keiner Kenntnisnahme zu diesem Zeitpunkt zu rechnen war, so wäre am nächsten Arbeitstag, selbst wenn die Bestell-Postkarte ebenfalls bereits dort eingetroffen wäre, der Widerruf zumindest zur selben Zeit beim dem Versandhaus als zugegangen anzusehen. Also hätte er seine Willenserklärung auch dann wirksam widerrufen.

2.3.7.2 Ausnahme vom Zugangserfordernis des § 130 BGB

Was passiert wenn jemand ein Angebot erhält und darauf schweigt? Juristisch gesehen ist Schweigen grundsätzlich nicht als Willenserklärung – und schon gar nicht als Zustimmung – anzusehen.[25] Ausnahmen finden sich hierfür allerdings im Handelsrecht beispielsweise in § 362 Abs. 1 des Handelsgesetzbuchs (HGB). Aus diesem Grunde bedeutet im Bürgerlichen Gesetzbuch das Schweigen auf ein Angebot grundsätzlich, dass der Erklärungsempfänger dieses Angebot nicht annehmen möchte. Allerdings kennt das Bürgerlichen Gesetzbuch mit § 151 BGB eine Vorschrift, die vom Wortlaut

---

[24] Vgl. hierzu vertiefend: Ludwig, Zur Problematik des Widerrufs eines Vertragsangebots gegenüber einem beschränkt geschäftsfähigen Minderjährigen, JURA 2011, S. 9 ff.
[25] Vgl. Brox / Walker, Allgemeiner Teil des BGB, 33. Auflage, Köln 2009, Rn. 195.

her bei einem juristischen Laien den Eindruck erwecken könnte, dass unter den dort genannten Voraussetzungen die Annahme eines Angebots durch die Abgabe einer Willenserklärung nicht erforderlich sei. Dies ist jedoch ein Trugschluss. Die Vorschrift meint vielmehr, dass es bei vorliegen bestimmter Voraussetzungen nicht notwendig ist, die Annahme eines vorliegenden Angebots dem Anbietenden gegenüber zu erklären. Die Vorschrift lautet:

> § 151 BGB Annahme ohne Erklärung gegenüber den Antragenden
>
> Der Vertrag kommt durch die Annahme des Antrags zustande, ohne dass die Annahme dem Antragenden gegenüber erklärt zu werden braucht, wenn eine solche Erklärung nach der Verkehrssitte nicht zu erwarten ist oder der Antragende auf sie verzichtet hat. Der Zeitpunkt, in welchem der Antrag erlischt, bestimmt sich nach dem aus dem Antrag oder den Umständen zu entnehmenden Willen des Antragenden.

In der Praxis finden sich solche Gestaltungen beispielsweise, wenn ein Restaurant auf jeden Tisch ein Schälchen mit Äpfeln stellt und dieses mit einem Kärtchen versieht, auf welchem steht: „Pro Apfel 0,60 €". Hier ist die ganze Vertragsgestaltung darauf ausgerichtet, dass das Restaurant zwar davon ausgeht, dass ein Gast durch Essen eines Apfels eine konkludente Willenserklärung abgibt; doch erwartet das Restaurant nicht, dass die Willenserklärung einem Vertreter des Restaurants auch zugehen muss. Dieses würde nämlich bedeuten, dass ein wirksamer Vertrag über einen Apfel lediglich dann zustande kommt, wenn der Kunde im Beisein eines Kellners einen Apfel nimmt und isst. Hier hat das Restaurant durch die besondere Vertragsgestaltung also auf den Zugang der Willenserklärung verzichtet. Trotzdem kann nach § 151 BGB ein wirksamer Vertrag zustande kommen. Zusammenfassend kann man also sagen: Sowohl Angebot als auch Annahme sind Willenserklärungen, die dem Vertragspartner dementsprechend gewöhnlich zugehen müssen. Eine Ausnahme bezüglich des Zugangs von Willenserklärungen besteht lediglich bei nicht empfangsbedürftigen Willenserklärungen wie beispielsweise dem Testament und in den Fällen § 151 BGB, nach welchem eine Annahme zwar erforderlich ist, diese aber ausnahmsweise dem Antragenden nicht zugegangen sein muss, sofern er auf einen Zugang der Willenserklärung verzichtet hat.

2.3.8 Auslegung von Willenserklärungen

Nicht immer sind Willenserklärungen in ihrer Aussage eindeutig. Aus diesem Grunde ist es bisweilen erforderlich, durch Auslegung den wirklichen Willen des Erklärenden zu ermitteln. Einen ersten Ansatzpunkt für die Auslegung einer Willenserklärung bietet der Wortlaut der Erklärung. Hiervon ausgehend bieten die §§ 133 und 157 BGB im Rahmen der Auslegung von Rechtsgeschäften weitere Anknüpfungspunkte. Diese Vorschriften lauten:

> *§ 133 BGB Auslegung einer Willenserklärung*
>
> *Bei der Auslegung einer Willenserklärung ist der wirkliche Wille zu erforschen und nicht an dem buchstäblichen Sinne des Ausdrucks zu haften.*
>
> *§ 157 BGB Auslegung von Verträgen*
>
> *Verträge sind so auszulegen, wie Treu und Glauben mit Rücksicht auf die Verkehrssitte es erfordern.*

Während bei empfangsbedürftigen Willenserklärungen beide Paragraphen angewendet werden können, kann im Rahmen der nicht empfangsbedürftigen Willenserklärungen lediglich der § 133 BGB zur Anwendung kommen. Empfangsbedürftige Willenserklärungen sind nach dem so genannten objektiven Empfängerhorizont auszulegen.[26] Gefragt wird also danach, wie eine verständige Person bei Abgabe ihrer Willenserklärung und unter Berücksichtigung aller Umstände objektiv betrachtet verstanden werden müsste. Diese Art der Auslegung ergibt sich aus den §§ 133, 157 BGB. Der Grund dafür, dass bei der Auslegung von Willenserklärungen auf objektive Kriterien abgestellt werden muss liegt darin begründet, dass ansonsten keine Rechtssicherheit bestünde. Die Vertragspartner müssen darauf vertrauen können, dass sie sich auf eine vom anderen Vertragspartner abgegebene Willenserklärung verlassen können. Subjektive Aspekte, also das vom Erklärenden Gewollte, spielt hierbei grundsätzlich keine Rolle. Eine Ausnahme besteht nur dann, wenn beide Vertragspartner subjektiv übereinstimmend etwas erklären, das objektiv eine andere Bedeutung hat. Nur in dem Ausnahmefall, dass die Vertragspartner übereinstimmend subjektiv etwas anderes meinen als sie objektiv erklären, gibt es keinen Grund auf den objektiven Gehalt der Erklärung abzustellen. In derartigen Ausnahmefällen gilt das von den Parteien subjektiv übereinstimmend Gewollte. In derartigen Situationen gilt der Grundsatz „falsa demonstratio non nocet", was bedeutet „Falschbezeichnung schadet nicht".

> *Beispiel:*
>
> *A zeigt in einem Technikgeschäft auf einen DVD-Recorder mit integrierter Festplatte und sagt dass er diesen „Videorecorder" kaufen möchte. Der Verkäufer ist einverstanden.*

Nach objektiven Kriterien hat der Käufer den DVD-Recorder falsch bezeichnet. Da hier aber auch der Verkäufer die Kaufsache ebenfalls falsch als Videorecorder bezeichnet hat, beide jedoch übereinstimmend den DVD-Recorder meinten, greift hier ausnahmsweise der Grundsatz „Falschbezeichnung schadet nicht", so dass ein wirksamer Vertrag über das falsch bezeichnete Gerät zustande kommen konnte. Zusammenfas-

---

[26] Vgl. zur Auslegung von Verträgen und Willenserklärungen auch: Cziupka, Die ergänzende Vertragsauslegung, JuS 2009, S. 103 ff.; Biehl, Grundsätze der Vertragsauslegung, JuS 2010, S. 195 ff.

send kann man also sagen: Willenserklärungen sind so auszulegen, wie Treu und Glauben mit Rücksicht auf die Verkehrssitte es erfordern.

Auch wenn zwei übereinstimmende Willenserklärungen vorliegen und damit ein Vertrag mit Angebot und Annahme[27] besteht, kann es vorkommen, dass die vertragliche Regelung eine Lücke aufweist. Eine derartige Lücke ist immer dann gegeben, wenn die beiden Vertragsparteien im Rahmen des Vertragsschlusses einen bestimmten Umstand nicht bzw. den bestimmten Umstand in falscher Art und Weise berücksichtigt haben. In derartigen Fällen kann die so genannte ergänzende Auslegung angewandt werden. Hierbei wird zunächst nach dem mutmaßlichen Willen der Parteien gefragt. Schließlich kann ein aus zwei Willenserklärungen bestehender Vertrag nur so ergänzt werden, wie die Parteien es vermutlich getan hätten, wenn ihnen die Regelungslücke bei Vertragsschluss bereits bekannt gewesen wäre. Dies ist jedoch nur möglich, wenn es sich um so genanntes dispositives, also von den Vertragspartnern abänderbares Recht handelt.

2.4 Stellvertretung

Unter Stellvertretung im Sinne des § 164 ff. BGB versteht man, wenn jemand innerhalb der ihm zustehenden Vertretungsmacht[28] eine Willenserklärung abgibt, die unmittelbar für und gegen den Vertretenen wirkt.[29]

> *Beispiel:*
>
> *Der K bittet seinen Freund F für ihn stellvertretend beim Juwelier eine beliebige Uhr in der Preisklasse um 300 Euro zu kaufen. Der Juwelier fordert nun von K die Bezahlung der von F ausgesuchten Uhr einer exklusiven Marke. Besteht dieser Anspruch gegen K?*

Eine wirksame Stellvertretung liegt vor, wenn folgende drei Voraussetzungen gegeben sind:

- Der Vertreter muss eine eigene Willenserklärung abgeben.
- Diese Willenserklärung muss im Namen des Vertretenen abgegeben worden sein.[30]

---

[27] Vgl. hierzu vertiefend auch: Leipold, BGB I, Einführung und Allgemeiner Teil, 6. Auflage, Tübingen 2010, S. 180 ff.
[28] Vgl. zur Bevollmächtigung beispielsweise auch: Lorenz, Grundwissen – Zivilrecht: Die Vollmacht, JuS 2010, S. 771 ff.
[29] Vgl. hierzu vertiefend auch: Lorenz, Grundwissen – Zivilrecht: Stellvertretung, JuS 2010, S. 382 ff.
[30] Vgl. hierzu vertiefend: Petersen, Das Offenkundigkeitsprinzip bei der Stellvertretung, JURA 2010, S. 187, ff.; OLG Düsseldorf, Urteil vom 18.02.2011, I-17 U 50/10, NRÜ 2011, S. 238 ff.

- Die Willenserklärung muss mit Vertretungsmacht abgegeben worden sein.[31]

Die Rechtsfigur der Stellvertretung ist vom Einsatz eines Boten abzugrenzen. Anders als bei der Stellvertretung, bei welcher der Vertreter eine eigene Willenserklärung abgibt, übermittelt der Bote lediglich eine fremde, vorgefertigte Willenserklärung. Aus diesem Grunde hat ein Bote auch keine eigene Entscheidungsfreiheit.

2.4.1 Wirkung

Sofern der Vertreter seine Willenserklärung im Rahmen der ihm zustehenden Vertretungsmacht im Namen des Vertretenen abgibt oder die Willenserklärung eines Dritten entgegennimmt, wirkt die Willenserklärung unmittelbar für und gegen den Vertretenen. Das bedeutet, dass nicht der Vertreter sondern der von ihm Vertretene durch einen vom Stellvertreter abgeschlossen Vertrag gebunden wird. Da der Stellvertreter, sofern er sich an die Vorgaben des Vertretenen hält, nicht durch ein etwaig abgeschlossenes Rechtsgeschäft verpflichtet wird, ist es auch nachvollziehbar, dass der Gesetzgeber nach § 165 BGB auch zulässt, dass eine beschränkt geschäftsfähige Person zum Stellvertreter bestimmt werden kann.

2.4.2 Vertreter ohne Vertretungsmacht

Beispiel:

A hat wenig Ahnung von Autos und derart viele Termine, dass er es nicht schafft, sich nach einem für ihn geeigneten PKW umzusehen. Deshalb bittet er seinen Freund F, für ihn, in seinem Namen – also im Namen des A - beim Autohandel H einen beliebigen gebrauchten PKW für einen Preis bis zu 5.000 Euro zu kaufen. F begibt sich zu H und schaut sich die PKW an. Dort stehen einige PKW in der Preisklasse um 5.000 Euro. F sieht dort aber auch einen Sportwagen für 9.000 Euro, der ihm besonders gut gefällt. F erkennt, dass dieser Wagen sehr günstig ist und erheblich unter Wert verkauft wird. Deshalb kauft F im Namen des A den Sportwagen für 9.000 Euro. H verlangt von A nunmehr Abnahme des Sportwagens Zug um Zug gegen Zahlung der 9.000 Euro. Wie ist die Rechtslage?

Im vorliegenden Beispiel hat F die ihm gesetzte Vertretungsmacht überschritten. Er handelte somit als Vertreter ohne Vertretungsmacht. Nach § 179 Abs. 1 BGB hat ein Vertreter ohne Vertretungsmacht dem Vertragspartner nach dessen Wahl den Vertrag zu erfüllen oder Schadensersatz zu leisten, wenn der Vertretene die Genehmigung des Vertrages verweigert.[32] Im Beispielfall kann der A also entweder den Vertrag im

---

31 Vgl. hierzu vertiefend: Brox / Walker, Allgemeiner Teil des BGB, 34. Auflage, München 2010, Rn. 508 ff.
32 Vgl. hierzu: Brox / Walker, Allgemeiner Teil des BGB, 34. Auflage, München 2010, Rn. 602 f.

Nachhinein genehmigen und das vollmachtlos abgeschlossene Rechtsgeschäft nachträglich genehmigen oder es ablehnen. Lehnt der Vertretene das Rechtsgeschäft ab, so muss der vollmachtlose Vertreter F nach Wahl des Vertragspartners – hier also nach Wahl des Autohandels H - entweder selbst den Wagen abnehmen und bezahlen oder dem H, sofern ihm hier ein Schaden entstanden ist, Schadensersatz zahlen.

2.4.3 Insichgeschäft

Ein Sonderfall im Rahmen der Stellvertretung ist das so genannte Insichgeschäft nach § 181 BGB. Der Gesetzestext lautet:

> *§ 181 BGB Insichgeschäft*
>
> *Ein Vertreter kann soweit nicht ein anderes ihm gestattet ist, im Namen des Vertretenen mit sich im eigenen Namen oder als Vertreter eines Dritten ein Rechtsgeschäft nicht vornehmen, es sei denn, dass das Rechtsgeschäft ausschließlich in der Erfüllung einer Verbindlichkeit besteht.*

> *Beispiel:*
>
> *A ist angestellter Geschäftsführer der XYZ-GmbH. Er verkauft im Namen der XYZ-GmbH den ein Jahr alten Luxus-Firmenwagen völlig unter Wert für einen Euro an sich selbst. Die Gesellschafter X, Y und Z sind damit nicht einverstanden. Doch A beruft sich auf seine Funktion als Geschäftsführer und besteht auf Übereignung des Luxusautos. Ist dieses Rechtsgeschäft gültig?*

Das Gesetz verbietet mit § 181, dass ein Vertreter mit sich selbst ein Rechtsgeschäft abschließt.[33] Hintergrund dieses Verbots ist, dass der Gesetzgeber bei einem solchen Verhalten das Bestehen einer Interessenkollision befürchtet.[34] Eine Ausnahme vom Verbot des Insichgeschäfts lässt das Gesetz nur zu, wenn es dem Vertreter ausdrücklich gestattet worden ist.[35] Sofern gegen § 181 BGB verstoßen wurde, ist die Rechtsfolge nicht automatisch die Nichtigkeit des Rechtsgeschäfts. Vielmehr ist das Rechtsgeschäft – entgegen dem Wortlaut des § 181 BGB – nur schwebend unwirksam und damit entsprechend der Regelung des § 177 BGB genehmigungsfähig.[36] Stünde also bei dem oben genannten Beispielfall im Anstellungsvertrag des A, dass er von der Beschränkung des § 181 BGB befreit ist, könnte er dieses Rechtsgeschäft vornehmen. Laut der Fallschilderung ist eine arbeitsvertragliche Befreiung von § 181 BGB nicht

---

[33] Vgl. hierzu vertiefend: Blasche, Praxisfragen aus dem Gesellschaftsrecht zu § 181 BGB, JURA 2011, S. 359 ff.
[34] Vgl. Klunzinger, Einführung in das Bürgerliche Recht, 15. Auflage, München 2011, S. 192.
[35] Vgl. hierzu vertiefend: Brox / Walker, Allgemeiner Teil des BGB, 34. Auflage, München 2010, Rn. 589 ff.
[36] Vgl. Klunzinger, Einführung in das Bürgerliche Recht, 15. Auflage, München 2011, S. 192.

Allgemeiner Teil

ersichtlich. Aus diesem Grund ist der Kaufvertrag bezüglich des Luxusautos nicht zulässig. Ein Anspruch des A auf Übereignung des Wagens besteht nicht.

> *Beispielfall:*
>
> *Der angestellte Geschäftsführer A stellt fest, dass die Buchhaltung seines Unternehmens es versäumt hat, ihm sein Gehalt zu überweisen. Er schreibt sich selbst einen Scheck über diesen Betrag aus. Ist dieses zulässig?*

Ein derartiges Verhalten ist nicht durch § 181 BGB verboten. Zwar schreibt A den Scheck zu seinen Gunsten aus, doch tut er dieses nur in der Erfüllung einer Verbindlichkeit, nämlich seines Lohnanspruchs. Zur Erfüllung einer Verbindlichkeit ist nach dem letzten Halbsatz des § 181 BGB einem Vertreter ein Rechtsgeschäft mit sich selbst erlaubt.

2.5 Vertragsfreiheit und Wirksamkeit von Rechtsgeschäften

Neben der Anfechtung, die im nächsten Kapitel gesondert dargestellt wird, gibt es im bürgerlichen Gesetzbuch eine Vielzahl von Vorschriften, die zu einer Nichtigkeit von Rechtsgeschäften – und damit zu ihrer Unwirksamkeit – führen. In der Bundesrepublik Deutschland herrscht im gesamten Vertragsrecht der Grundsatz der Vertragsfreiheit.[37] Bei der Ausformulierung der Vorschriften des Bürgerlichen Gesetzbuchs sah man dies als eine Selbstverständlichkeit an, so dass man es nicht für notwendig erachtete, die Vertragsfreiheit im BGB ausdrücklich zu normieren. Die Vertragsfreiheit muss vom Staat auf der Grundlage des Art. 2 Abs. 1 GG gewährt werden und hat nach Rechtsprechung des Bundesverfassungsgerichts als Grundsatz sogar Verfassungsrang.[38] Die Vertragsfreiheit garantiert die so genannte Abschlussfreiheit und die so genannte Gestaltungsfreiheit. Abschlussfreiheit bedeutet, dass die Vertragsparteien selbst entscheiden können, ob sie überhaupt einen Vertrag abschließen möchten und mit wem sie dieses tun wollen. Die Gestaltungsfreiheit hingegen gibt den Vertragspartnern das Recht, ihre Verträge mit einem bestimmten, vorgeschriebenen Inhalt zu versehen. Der Gesetzgeber geht davon aus, dass die Vertragsparteien selbst am besten wissen, was sie vertraglich regeln möchten und dass sie das von ihnen Gewollte im freien Kräftespiel der Vertragsverhandlungen in den Vertrag einbringen. Dieses kann allerdings nur funktionieren, wenn beide Vertragsparteien die gleichen Chancen und Möglichkeiten haben, ihre Interessen im Rahmen des Vertragsschlusses durchzuset-

---

[37] Vgl. zur Ausgestaltung von Verträgen vertiefend: Langenfeld, Grundlagen der Vertragsgestaltung, 2. Auflage, München 2010; zur Frage der Vertragsplanung vgl.: Richter, Vertragsrecht, München 2009, S. 53 ff.
[38] Vgl. BVerfGE 8, S. 328.

zen. Ist dies nicht der Fall, so muss der Staat hier regelnd eingreifen. Insofern ist es nicht verwunderlich, dass der Grundsatz der Vertragsfreiheit auch Ausnahmen kennt.[39] So wird der Grundsatz der Vertragsfreiheit beispielsweise durch den Zwang zum Abschluss bestimmter Verträge durchbrochen. Dieses wird auch als so genannter Kontrahierungszwang bezeichnet. Hierzu gehört beispielsweise der Zwang zum Abschluss einer Pflegeversicherung nach § 23 Abs. 6 SGB XI oder die Pflicht zur Versorgung mit Strom und Gas nach § 6 EnWG. Auch bezüglich der Gestaltungsfreiheit hat der Gesetzgeber des BGB Ausnahmen von der Vertragsfreiheit geschaffen. Hierzu gehören beispielsweise der § 134 BGB und der § 138 BGB.

2.5.1 Gesetzliches Verbot

Beispiel:

Mandant M ist bei seinem Steuerberater, um mit ihm die Steuererklärung zu besprechen. Er möchte die Gelegenheit nutzen, dem Steuerberater auch andere rechtliche Fragen zu stellen. Sein Steuerberater S, der vor seinem Mandanten als kompetenter Berater erscheinen möchte, beantwortet dem M alle seine Fragen, obwohl sie mit steuerlichen Belangen nichts zu tun haben. Leider berät S den M in einigen Punkten falsch. Dem M entsteht hierdurch ein finanzieller Schaden, den er gerne von S wegen Falschberatung ersetzt haben möchte. Kann er dies tun?

Der § 134 BGB regelt den Umgang mit Gesetzesverstößen. Diese Vorschrift lautet:

§ 134 BGB Gesetzliches Verbot

Ein Rechtsgeschäft, das gegen ein gesetzliches Verbot verstößt ist nichtig, wenn sich nicht aus dem Gesetz ein anderes ergibt.

Im vorliegenden Beispielfall hat der S den M zu allgemeinen rechtlichen Fragen beraten. In der Bundesrepublik Deutschland ist allerdings die berufliche Rechtsberatung nur erlaubt, wenn eine behördliche Erlaubnis vorliegt. Dieses ist im Rechtsberatungsgesetz geregelt. Aus diesem Grund hätte S seinen Mandanten nicht rechtlich beraten dürfen. Steuerberater haben lediglich die Möglichkeit, ihre Mandanten auf dem engen Gebiet des Steuerrechts zu beraten und zu vertreten. Jegliche andere rechtliche Beratungen bleiben den Personen vorbehalten, welche nach dem Rechtsberatungsgesetz hierzu befugt sind. Hierbei handelt es sich vornehmlich um Rechtsanwälte und Notare. Insofern hat S gegen ein gesetzliches Verbot verstoßen, so dass der zwischen ihm und M geschlossene Beratungsvertrag gemäß § 134 BGB nichtig ist. Dementsprechend kann M gegen S zumindest keine vertraglichen Ansprüche auf Ersatz seines Schadens stellen.

---

[39] Vgl. zu den Grenzen der Vertragsfreiheit vertiefend: Petersen, Die Privatautonomie und ihre Grenzen, JURA 2011, S. 184 ff.

2.5.2 Sittenwidriges Rechtsgeschäft und Wucher

Weitere Konstellationen, in welchen Verträge mangels Nichtigkeit keine Wirkung entfalten können, sind Fälle, in denen die Beteiligten sittenwidrige Rechtsgeschäfte abschließen oder völlig überzogene Gegenleistungen (Wucher) verlangen. Diese Tatbestände sind nach § 138 BGB zu beurteilen.

§ 138 BGB Sittenwidriges Rechtsgeschäft; Wucher

> *(1) Ein Rechtsgeschäft, das gegen die guten Sitten verstößt, ist nichtig.*
>
> *(2) Nichtig ist insbesondere ein Rechtsgeschäft, durch das jemand unter Ausbeutung der Zwangslage, der Unerfahrenheit, des Mangels an Urteilsvermögen oder der erheblichen Willensschwäche eines Anderen sich oder einem Dritten für eine Leistung Vermögensvorteile versprechen oder gewähren lässt, die in einem auffälligen Missverhältnis zu der Leistung stehen.*

Ziel des § 138 BGB ist es, die Gerichte davor zu schützen, dass Personen bestimmte sittenwidrige und anrüchige Verträge aufgrund der Vertragsfreiheit vereinbart haben und diese vor deutschen Gerichten durchsetzen wollen.

> *Beispiel:*
>
> *Friedrich und Johann haben gemeinsam einen Versicherungsbetrug begangen. Beide haben übereinstimmend abgesprochen, dass sie den aus dem Betrug stammenden Geldbetrag gleichmäßig teilen werden. Alles ging gut und die Versicherung hat den Schadensfall anstandslos ersetzt. Doch Friedrich, auf dessen Konto das Geld der Versicherung geflossen war, ist nicht bereit dem Johann seinen Anteil auszuzahlen. Nachdem seit dem Betrug sechs Jahre verstrichen sind, fordert Johann immer noch von Friedrich das Geld und verklagt ihn nun vor Gericht. Hat der Johann Aussicht auf Erfolg?*

Im vorliegenden Fall muss Johann zumindest keine Angst mehr davor haben, dass seine Klage gegen Friedrich zu einer Strafverfolgung durch die Staatsanwaltschaft führt. Denn gemäß § 263 StGB in Verbindung mit § 78 StGB ist der strafrechtliche Anspruch auf Verfolgung dieser Tat bereits verjährt. Zivilrechtlich könnte die Einigung von Friedrich und Johann auf Teilung des Geldes zwar als Vertrag angesehen werden, doch wäre dieser aufgrund des § 138 BGB nichtig. Darüber hinaus werden nach der Klage weder Friedrich noch Johann etwas von dem Geld aus dem Betrugsfall haben. Denn, obwohl die strafrechtlichen Ansprüche sicherlich verjährt sind, besteht für die Versicherung immer noch ein Anspruch auf Rückgewähr des zu Unrecht gezahlten Geldbetrages, da gemäß § 195 BGB in Verbindung mit § 199 BGB im Zivilrecht dieser Anspruch erst drei Jahre ab Kenntnis verjährt. Kenntnis erlangt die Versicherung im vorliegenden Fall erst durch den Rechtsstreit zwischen Johann und Friedrich, so dass die Möglichkeit einer Rückforderung des Geldbetrages für die Versicherung noch besteht.

Vertragsfreiheit und Wirksamkeit von Rechtsgeschäften

Wenn im Rahmen des Wuchers der § 138 Abs. 2 BGB von einem auffälligen Missverhältnis zwischen Leistung und Gegenleistung spricht[40], so wird damit deutlich, dass diese Vorschrift lediglich auf Verträge angewandt werden kann, welche auf einen Leistungsaustausch gerichtet sind.[41] Ein auffälliges Missverhältnis kann in der Regel dann angenommen werden, wenn die vom Schuldner zu erbringende Leistung den Marktpreis um 100% oder mehr übersteigt.[42]

2.5.3 Geheimer Vorbehalt und Scheingeschäft

Beispiel:

Hauseigentümer H möchte sein Haus für 220.000 Euro an X verkaufen. Doch X möchte verbotenerweise die Grunderwerbsteuer und Notarkosten verringern. Er spricht mit H ab, dass beide beim Notar nur einen Kaufpreis von 100.000 Euro nennen und diesen auch nur beurkunden lassen. Die darüber hinausgehenden 120.000 Euro würde X dem H sofort nach dem Beurkundungstermin zukommen lassen. Wie sind diese Absprachen rechtlich zu betrachten?

Das Bürgerliche Gesetzbuch hat mit den §§ 116 und 117 BGB Regelungen geschaffen, welche die Rechtsfolgen von Scheingeschäften und geheimen Absprachen aufzeigen.[43] Diese Vorschriften lauten:

§ 116 BGB Geheimer Vorbehalt

Eine Willenserklärung ist nicht deshalb nichtig, weil sich der Erklärende insgeheim vorbehält, das Erklärte nicht zu wollen. Die Erklärung ist nichtig, wenn sie einem anderen gegenüber abzugeben ist und dieser den Vorbehalt kennt.

§ 117 BGB Scheingeschäft

(1) Wird eine Willenserklärung, die einem anderen gegenüber abzugeben ist, mit dessen Einverständnis nur zum Schein abgegeben, so ist sie nichtig.

(2) Wird durch ein Scheingeschäft ein anderes Rechtsgeschäft verdeckt, so finden die für das verdeckte Rechtsgeschäft geltenden Vorschriften Anwendung.

Beide Vorschriften haben gemeinsam, dass sie Situationen regeln, bei welchen Personen etwas anderes nach außen erklären als sie innerlich eigentlich wollen. Es handelt

---

40 Vgl. hierzu vertiefend: Schwab / Löhnig, Einführung in das Zivilrecht, 18. Auflage, Heidelberg 2010, Rn. 676 ff.
41 Vgl. näher hierzu: Palandt / Ellenberger, Bürgerliches Gesetzbuch, 70. Auflage, München 2011, § 138 Rn. 66.
42 Vgl. Palandt / Ellenberger, Bürgerliches Gesetzbuch, 70. Auflage, München 2011, § 138 Rn. 67.
43 Vgl. hierzu vertiefend: Brox / Walker, Allgemeiner Teil des BGB, 34. Auflage, München 2010, Rn. 392 ff.

sich hierbei also um eine bewusste Abweichung der Erklärung vom Gewollten. Wenn im oben genannten Beispielfall H und X beim Notar erklären, dass der H das Grundstück an X für 100.000 Euro verkaufen möchte, so ist diese Äußerung ein Scheingeschäft im Sinne des § 117 BGB. Der Kaufvertrag gerichtet auf einen Grundstückskauf zum Preis von 100.000 Euro ist demzufolge nichtig. Nach § 117 Abs. 2 BGB kann im Rahmen eines Scheingeschäfts jedoch das verdeckte Rechtsgeschäft wirksam sein. für den vorliegenden Fall bedeutet dies, dass obwohl H und X einen niedrigeren Kaufpreis vom Notar haben beurkunden lassen als sie in Wirklichkeit vereinbart hatten, nun der Vertrag mit der Summe des höheren Kaufpreises zustande kommt. Dieser Vertrag ist allerdings, weil er nicht entsprechend den gesetzlichen Vorschriften beurkundet worden ist, als formnichtig anzusehen.

2.5.4 Mangel der Ernstlichkeit

Das Bürgerliche Gesetzbuch trifft auch Regelungen für so genannte Scherzerklärungen. Hierunter versteht man Erklärungen, die eine Person mit der Erwartung abgibt, dass der Erklärungsempfänger den Mangel der Ernstlichkeit dieser Erklärung erkennt.

> *Beispiel:*
>
> *Aus einer Bierlaune heraus bietet der A dem B seinen neuen Porsche für einen Kaufpreis in Höhe von einem Euro zum Kauf an.*

Der § 118 BGB behandelt die Frage, wie mit Scherzerklärungen umgegangen werden kann. Diese Vorschrift lautet:

> *§ 118 BGB Mangel der Ernstlichkeit*
>
> *Eine nicht ernstlich gemeinte Willenserklärung, die in der Erwartung abgegeben wird, der Mangel der Ernstlichkeit werde nicht verkannt werden, ist nichtig.*

Die Nichtigkeit findet als Rechtsfolge des § 118 BGB jedoch in dem Grundsatz von Treu und Glauben im Sinne des § 242 BGB ihre Grenze. Da die Vorschrift des § 118 BGB lediglich Personen schützen soll, die ohne die Absicht ihren Vertragspartner zu täuschen, lediglich eine Scherzerklärung abgeben, verdienen sie keinen Schutz mehr, wenn sie die Täuschung des Erklärungsempfängers bewusst aufrechterhalten. Merkt also ein Erklärender, dass der Erklärungsempfänger seine Scherzerklärung ernst nimmt, so ist er dazu verpflichtet, den Erklärungsempfänger sofort darüber aufzuklären, dass es sich hierbei um eine Scherzerklärung gehandelt hat. Tut er es nicht, so kann er sich – wegen des Grundsatzes von Treu und Glauben – nicht mehr auf die Rechtsfolge der Nichtigkeit seiner Erklärung berufen. Darüber hinaus steht demjenigen, welcher auf die Gültigkeit einer Scherzerklärung vertraut, nach § 122 Abs. 1 BGB ein Schadensersatzanspruch auf den Ersatz seines Vertrauensschadens zu, sofern ihm aufgrund des Vertrauens in die Ernstlichkeit der Willenserklärung überhaupt ein Schaden entstanden ist. Dieser Anspruch auf Ersatz des Vertrauensschadens ist allerdings nach § 122 Abs. 2 BGB dann ausgeschlossen, wenn der Erklärungsempfänger die Nichternstlichkeit der Erklärung kannte oder ihm dieses Wissen infolge von Fahrlässigkeit unbekannt blieb.

2.6 Anfechtung

Grundsätzlich sind in Deutschland Verträge zwingend einzuhalten. Dies findet seinen Niederschlag in der juristischen Redewendung „pacta sunt servanda", was soviel bedeutet wie „Verträge müssen eingehalten werden". Schließlich soll sich ein Vertragspartner darauf verlassen können, dass ein ausgehandelter Vertrag auch vereinbarungsgemäß durchgeführt wird. Willenserklärungen können deshalb nur in Ausnahmefällen und nur unter bestimmten Voraussetzungen angefochten werden. Eine Anfechtung hat drei Voraussetzungen.

1. Anfechtungserklärung,
2. das Vorliegen eines Anfechtungsgrundes,
3. das Einhalten einer Anfechtungsfrist.

2.6.1 Anfechtungserklärung

Die erste Voraussetzung ist, dass eine Anfechtungserklärung vorliegt. Denn nach § 143 Abs. 1 BGB muss die Anfechtung gegenüber dem Anfechtungsgegner erklärt werden. Das Wort „Anfechtung" muss hierbei nicht zwingend verwendet werden. Der Anfechtende muss seinem Vertragspartner aber zu erkennen geben, dass er das mit ihm abgeschlossene Rechtsgeschäft nicht gelten lassen möchte und auf welchen Grund er dieses Ansinnen stützt. Das bedeutet, der Anfechtungsberechtigte muss hierbei seinem Vertragspartner zu verstehen geben, dass er sich an den Vertrag nicht mehr gebunden fühlt. Das Wort „Anfechtung" muss hierbei nicht zwingend verwendet werden. Denn es muss schließlich auch Nichtjuristen möglich sein, eine wirksame Anfechtungserklärung abzugeben. Die Anfechtung ist an keine besondere Form gebunden. Sie kann also mündlich, schriftlich oder konkludent erfolgen. Es handelt sich bei der Anfechtungserklärung um eine empfangsbedürftige Willenserklärung.

2.6.2 Anfechtungsgrund

Zweite Voraussetzung ist das Vorliegen eines gesetzlich anerkannten Anfechtungsgrundes. Das Gesetz kennt mit den §§ 119, 120 und 123 BGB drei Gestaltungsvarianten, die zu einer Anfechtung führen können: die Anfechtung wegen Irrtums (§ 119 BGB), die Anfechtung wegen falscher Übermittlung (§ 120 BGB) und die Anfechtung wegen arglistiger Täuschung oder Drohung (§ 123 BGB).

2.6.2.1 Irrtum

§ 119 BGB Anfechtbarkeit wegen Irrtums.

> *(1) Wer bei der Abgabe einer Willenserklärung über deren Inhalt im Irrtum war oder eine Erklärung dieses Inhalts überhaupt nicht abgeben wollte, kann die Erklärung anfechten, wenn anzunehmen ist, dass er sie bei Kenntnis der Sachlage und bei verständiger Würdigung des Falles nicht abgegeben haben würde.*
>
> *(2) Als Irrtum über den Inhalt der Erklärung geht auch der Irrtum über solche Eigenschaften der Person oder der Sache, die im Verkehr als wesentlich angesehen werden.*

Ein Irrtum ist das Auseinanderfallen von dem, was eine Person sich vorstellt und dem, was sich tatsächlich ereignet.[44] Es gibt also eine Diskrepanz zwischen dem innerlich Gedachten und dem äußerlichen Geschehen. Irrtümer können in unterschiedlicher Ausgestaltung auftreten. Die gesetzlich normierten Irrtümer, die auch zur Anfechtung berechtigen, sind der Inhaltsirrtum, der Erklärungsirrtum und der Eigenschaftsirrtum.[45]

Der § 119 Abs. 1 BGB enthält die Regelungen des Inhaltsirrtums und des Erklärungsirrtums. Beide lassen sich nicht immer leicht und trennscharf voneinander abgrenzen. Bei einem Inhaltsirrtum nach § 119 Abs. 1, 1. Alt. BGB weiß der Erklärende was er sagt; ihm ist nur nicht bewusst, was er wirklich damit ausdrückt. Er irrt sich also über die Bedeutung seiner Erklärung. Ein Beispiel für einen solchen Irrtum wäre, wenn ein Tourist in einer Gaststätte in Köln die Speisekarte liest und dann einen „halven Hahn" bestellt und glaubt ein halbes Hähnchen zu erhalten, weil er nicht weiß, dass in Köln diese Bezeichnung eine mit Käse belegte Brötchenhälfte bedeutet. Bei einem Erklärungsirrtum nach § 119 Abs. 1, 2. Alt. BGB möchte der Erklärende eine Willenserklärung abgeben; erklärt dabei aber etwas was er gar nicht sagen wollte. Dies sind typische Fälle des Versprechens und Verschreibens.

> *Beispiel:*
>
> *A möchte per Internet ein Hemd der Marke X & Y bestellen. Beim Ausfüllen des auf der Homepage des Internetshops befindlichen Bestellformulars vertippt er sich jedoch und setzt bei der Bestellung als Bestellmenge statt der 1 eine 11 ein. Der Fehler fällt ihm auch nicht auf, als er die Bestellung endgültig bestätigt. Erst als ihm die Ware zugesandt wird, wird ihm sein Fehler bewusst.*

---

[44] Vgl. zur Vertiefung: Cziupka, Die Irrtumsgründe des § 119 BGB, JuS 2009, S. 887 ff.
[45] Vgl. hierzu vertiefend: Leipold, BGB I, Einführung und Allgemeiner Teil, 6. Auflage, Tübingen 2010, S. 249 ff.

Hier hat sich A bei der Abgabe seiner Willenserklärung geirrt. Das was er erklären wollte und das, was er tatsächlich erklärt hat, fallen auseinander. Somit liegt hier ein Anfechtungsgrund im Sinne des § 119 Abs. 1 BGB vor.

Der § 119 Abs. 2 BGB regelt Mängel, die im Rahmen der Willensbildung entstehen. Der Erklärende hat hierbei eine falsche Vorstellung von der betreffenden Sache oder Person.[46]

> *Beispiel:*
>
> *A betreibt in Dresden ein kleines Geschäft. Hier verkauft er Antiquitäten. So veräußert A auch an den K ein Bild, welches er für eine Kopie hält. In Wirklichkeit handelt es sich jedoch um das Original eines Bildes.*

Hier hat sich der A über eine wesentliche Eigenschaft der Kaufsache geirrt. Er dachte es handelt sich um eine Kopie; in Wirklichkeit handelte es sich um das Original eines Bildes. Der Irrtum bezog sich also auf den wertbildenden Faktor. Hier ist A also aufgrund seines Irrtums zur Anfechtung des Vertrages berechtigt.

Der Irrtum über die wesentliche Eigenschaft einer Sache betrifft also alle Preisbildenden bzw. wertbildenden Faktoren, wie beispielsweise echt Gold oder vergoldet, Original oder Kopie. Zur Anfechtung berechtigt aber nicht ein Irrtum über den Preis selbst. Denn er ist ja das Ergebnis aller preisbildenden Faktoren. In derartigen Fällen geht man von einem unerheblichen Motivirrtum aus, welcher kein Recht zur Anfechtung eröffnet. Denn ansonsten bestünde in Deutschland keine Rechtssicherheit mehr, wenn jeder Kunde bereits geschlossene Verträge mit der Begründung anfechten könne, er habe gedacht, dass der Kauf für ihn ein günstiges Geschäft sei, er habe sich aber geirrt.

2.6.2.2 Falsche Übermittlung

Ein weiterer Anfechtungsgrund ist die falsche Übermittlung nach § 120 BGB. Diese Vorschrift lautet:

> *§ 120 BGB Anfechtbarkeit wegen falscher Übermittlung.*
>
> *Eine Willenserklärung, welche durch die zur Übermittlung verwendete Person oder Einrichtung unrichtig übermittelt worden ist, kann unter den gleichen Voraussetzungen angefochten werden wie eine nach § 119 irrtümlich abgegebene Willenserklärung.*

Bei Vorliegen dieses Anfechtungsgrundes kommt bei dem Empfänger ein anderer Erklärungsinhalt an, als der Erklärende an ihn abgegeben hat. Auch bei derartig gelagerten Fällen lässt das BGB die Möglichkeit einer Anfechtung zu. Ein Fall von falscher

---

[46] Vgl. zu den Besonderheiten des Motivirrtums, des Kalkulationsirrtums und des Doppelirrtums auch: Petersen, Der beiderseitige Irrtum zwischen Anfechtungsrecht und Geschäftsgrundlage, JURA 2011, S. 430 ff.

Übermittlung kann beispielsweise dann vorliegen, wenn jemand einen Boten einsetzt, einer anderen Person eine Willenserklärung zu übermitteln und der Bote diese versehentlich falsch wiedergibt, weil er einen Teil der Nachricht vergessen hat.

2.6.2.3 Arglistige Täuschung/Drohung

Der dritte im Gesetz vorgesehene Anfechtungsgrund ist die Anfechtung wegen arglistiger Täuschung[47] oder Drohung.

§ 123 BGB Anfechtbarkeit wegen Täuschung oder Drohung

> *(1) Wer zur Abgabe einer Willenserklärung durch arglistige Täuschung oder widerrechtlich durch Drohung bestimmt worden ist, kann die Erklärung anfechten.*
>
> *(2) Hat ein Dritter die Täuschung verübt, so ist eine Erklärung, die einem anderen gegenüber abzugeben war, nur dann anfechtbar, wenn dieser die Täuschung kannte oder kennen musste. Soweit ein anderer als derjenige, welchem gegenüber die Erklärung abzugeben war, aus der Erklärung unmittelbar ein Recht erworben hat, ist die Erklärung ihm gegenüber anfechtbar, wenn er die Täuschung kannte oder kennen musste.*

Anknüpfungspunkt für die Anfechtung ist hier beim § 123 BGB, dass sich der Vertragspartner nicht rechtstreu verhält.[48] Er hat entweder durch Täuschung oder durch Bedrohung den anderen zum Abschluss des Vertrages gebracht.[49]

2.6.3 Anfechtungsfrist

Dritte Voraussetzung ist, dass die Anfechtungsfrist eingehalten wurde. Die Länge der Anfechtungsfrist ist abhängig von der Art des Anfechtungsgrundes. Erfolgt die Anfechtung aufgrund eines Irrtums (§ 119 BGB) oder aufgrund von falscher Übermittlung (§ 120 BGB), so hat die Anfechtung nach den Regelungen des § 121 BGB ohne schuldhaftes Zögern – also unverzüglich – zu erfolgen. Zeitlicher Anknüpfungspunkt für die unverzügliche Anfechtung ist nicht der Vertragsschluss, sondern der Zeitpunkt, in welchem der Anfechtungsberechtigte von dem Anfechtungsgrund Kenntnis erlangt hat. Das bedeutet, erst wenn einem Vertragspartner bewusst wird, dass er sich damals beim Vertragsschluss geirrt hat, beginnt die Frist zu laufen. Liegt die Abgabe der Willenserklärung allerdings bereits zehn Jahre zurück, so ist nach § 121 Abs. 2 BGB die Anfechtung ausgeschlossen. Im Gegensatz zu den Anfechtungsgründen nach § 119

---

[47] Vgl. hierzu vertiefend auch: BGH, Urt. Vom 18.01.2011, VI ZR 325/09, mit Anmerkungen von Alpmann, RÜ 2011, 205 f.; BGH, Urteil vom 30.03.2011, VIII ZR 94/10, NRÜ 2011, 235 ff.
[48] Vgl. zur Vertiefung: Büchler, Die Anfechtungsgründe des § 123 BGB, JuS 2009, S. 976 ff.
[49] Vgl. vertiefend hierzu: Brox / Walker, Allgemeiner Teil des BGB, 34. Auflage, München 2010, Rn. 450 ff.

BGB und § 120 BGB, bei denen sich beide Vertragspartner ja rechtstreu verhalten haben und lediglich ein Irrtum oder falsche Übermittlung zur Anfechtung führten, verhält es sich bei der Anfechtung nach § 123 BGB anders. Hier verhielt sich ein Vertragspartner nicht rechtstreu, sondern hat den anderen Vertragsteil durch Täuschung oder Drohung zur Abgabe seiner Willenserklärung und damit zum Vertragsschluss gebracht. Jemand der sich so verhält, verdient nicht den Schutz des Gesetzgebers. Aus diesem Grund ist die Anfechtungsfrist in Fällen einer Anfechtung nach § 123 BGB auch länger als bei den anderen Anfechtungsgründen. Hier gilt nach § 124 BGB eine Jahresfrist. Anknüpfungspunkt ist auch hier nicht der Zeitpunkt der Abgabe der Willenserklärung sondern Anknüpfungspunkt ist der Zeitpunkt, in dem der Anfechtungsberechtigte die Täuschung entdeckt bzw. im Falle der Drohung der Zeitpunkt, in dem die Zwangslage aufhört. D.h. von diesem Zeitpunkt an hat der Anfechtungsberechtigte ein Jahr Zeit, sich zu überlegen, ob er seine damalige Willenserklärung anfechten möchte. Auch hier ist ebenso wie bei der Frist nach § 121 BGB die Anfechtung ausgeschlossen, wenn seit der Abgabe der Willenserklärung zehn Jahre verstrichen sind.

> *Beispiel:*
>
> *A kauft beim Gebrauchtwagenhändler G einen gebrauchten Pkw. A legt viel Wert darauf einen unfallfreien Wagen zu kaufen, der erst wenig Kilometer gefahren ist. Deshalb fragt er den G, ob der von ihm ausgewählte Pkw unfallfrei ist und ob der Kilometerstand von 11.000 km auch tatsächlich stimmt. Der Gebrauchtwagenhändler sagt, obwohl ihm ein schwerer Unfall mit dem Pkw bekannt war und obwohl er selbst in krimineller Absicht den Kilometerstand des Wagens von 111.000 km auf 11.000 km zurückgestellt hat, dass dies der Original-Kilometerstand sei und der Pkw niemals einen Unfall gehabt habe. A schließt daraufhin den Kaufvertrag und nimmt den Pkw mit. Erst als er zwei Jahre später den Wagen zum TÜV bringt, erfährt er, dass der Pkw ein „schlecht zusammengeflickter Unfallwagen" sei und der Kilometerstand erheblich höher sein muss, als der Tacho angibt. Hat A, 2 Jahre nach Vertragsschluss, noch die Möglichkeit den Vertrag anzufechten?*

In diesem Fall ist A vom Gebrauchtwagenhändler G sowohl über die Unfallfreiheit als auch über den tatsächlichen Kilometerstand des Pkw arglistig getäuscht worden. Aus diesem Grunde ist A gemäß § 123 BGB zur Anfechtung des Kaufvertrages berechtigt. Die Frist für eine Anfechtung nach § 123 BGB bestimmt sich nach § 124 BGB. Diese Vorschrift besagt, dass der Anfechtungsberechtigte ab Kenntnis von der arglistigen Täuschung ein Jahr lang die Möglichkeit hat, die Anfechtung zu erklären. Insofern hat im vorliegenden Beispielfall der A noch genügend Zeit, dem G gegenüber die Anfechtung zu erklären. Dieser Anspruch ist auch nicht durch die Regelung des § 124 Abs. 3 BGB ausgeschlossen. Denn vom Kauf Vertragsschluss an sind noch keine zehn Jahre verstrichen.

2.6.4 Folge der Anfechtung

Die Folge der Anfechtung ist, unabhängig davon welcher der drei Anfechtungsgründe vorliegt, nach § 142 Abs. 1 BGB die Nichtigkeit des angefochtenen Rechtsgeschäfts von Anfang an. Es ist wichtig, zu wissen, dass es sich hier um eine Nichtigkeit von Anfang an handelt; als hätte es die Erklärung nie gegeben. Juristen nennen die „Nichtigkeit von Anfang an" auch Nichtigkeit „ex tunc". Daneben ist zu bedenken, dass sich der Anfechtende bei Anfechtungen nach § 119 BGB oder § 120 BGB möglicherweise gemäß § 122 BGB schadensersatzpflichtig macht. Diese Vorschrift lautet:

§ 122 BGB Schadensersatzpflicht des Anfechtenden

> (1) *Ist eine Willenserklärung nach § 118 nichtig oder aufgrund der §§ 119,120 angefochten, so hat der Erklärende, wenn die Erklärung einem anderen gegenüber abzugeben war, diesem, andernfalls jedem Dritten den Schaden zu ersetzen, den der andere oder der Dritte dadurch erleidet, dass er auf die Gültigkeit der Erklärung vertraut, jedoch nicht über den Betrag des Interesses hinaus, welches der andere oder der Dritte an der Gültigkeit der Erklärung hat.*
>
> (2) *Die Schadensersatzpflicht tritt nicht ein, wenn der Beschädigte den Grund der Nichtigkeit oder der Anfechtbarkeit kannte oder infolge von Fahrlässigkeit nicht kannte (kennen musste).*

Der Schadensersatz wird hierbei jedoch nach der Höhe des so genannten Erfüllungsinteresses gedeckelt. D.h. der gesamte Schadensersatz darf nicht höher sein, als die Summe, welche der Vertragspartner bei ordnungsgemäßer Durchführung des Vertrages hätte erhalten können. Es sei an dieser Stelle angemerkt, dass die Regelungen über die Anfechtung in der Praxis zumindest im Rahmen des Versandhandels nicht so häufig zur Anwendung kommen; denn die Verbraucherschutzregelungen zu Fernabsatzverträgen und das damit verbundene Widerrufsrecht[50] bzw. Rückgaberecht bieten hier oftmals eine einfachere Rückabwicklungsmöglichkeit.[51] Die Anfechtung nach § 123 BGB führt hingegen nicht zu einem vom Anfechtenden zu leistenden Schadensersatz. Denn der Vertragspartner war schließlich nicht rechtstreu. Wer seinen Vertragspartner arglistig getäuscht oder bedroht hat, um zu einem Vertragsschluss zu kommen, der kann - nach Auffassung des Gesetzgebers - keinen Anspruch auf Schadensersatz haben, wenn aus diesem Grund der Vertrag angefochten wird.

---

50 Vgl. hierzu vertiefend: Ebnet, Widerruf und Widerrufsbelehrung, NJW 2011, S. 1029 ff.
51 Vgl. hierzu vertiefend: Heinig, Neuregelungen bei den Vorschriften zum Widerrufs- und Rückgaberecht im BGB, JR 2010, S. 461 ff.

2.7 Formerfordernisse

Grundsätzlich können in Deutschland Verträge formlos abgeschlossen werden. Es gilt nämlich der Grundsatz der Formfreiheit. Hierbei bleibt es den Vertragsparteien überlassen, ob sie ihre Willenserklärungen mündlich, schriftlich oder durch schlüssiges Verhalten abgeben wollen. Allerdings hat der Gesetzgeber zum Schutz der Vertragsparteien für den Abschluss bestimmter Vertragstypen Formerfordernisse geschaffen. So sieht das Gesetz beispielsweise bei Bürgschaften von Privatpersonen ein Schriftformerfordernis und bei Grundstücksgeschäften sogar nach § 311b Abs. 1 BGB das Erfordernis einer notariellen Beglaubigung vor. Sinn der Formvorschriften ist oftmals der Schutz von Verbrauchern. Denn wenn eine Person einen Vertrag schriftlich abschließen muss, damit er wirksam ist, kann davon ausgegangen werden, dass sich die betreffende Person bei der Abgabe ihrer Unterschrift mehr Gedanken gemacht hat, als sie es gewöhnlich bei einer mündlichen Übereinkunft getan hätte. Darüber hinaus kann ein Schriftformerfordernis auch dazu dienen, die Beweismöglichkeit der Vertragsparteien zu verbessern. Durch ein Notarerfordernis kann die Beratung der Vertragspartner sichergestellt werden und durch eine öffentliche Beglaubigung wird die Kontrolle durch eine Behörde erreicht. Ein Rechtsgeschäft, welches die vom Gesetz vorgeschriebene Form nicht erfüllt, ist nach § 125 BGB nichtig. Um die im Gesetz vorgesehenen Formen voneinander unterscheiden zu können, werden im Folgenden die vom Gesetzgeber in den §§ 126 ff. BGB vorgesehenen Formerfordernisse vorgestellt.

2.7.1 Schriftformerfordernis

Wird vom Gesetzgeber ein Schriftformerfordernis vorgeschrieben, so ist es nach § 126 Abs. 1 BGB erforderlich, dass das Schriftstück eigenhändig durch Namensunterschrift unterschrieben wurde. Das Schriftformerfordernis ist im BGB beispielsweise in folgenden Fällen vorgeschrieben.

- Darlehensverträge, sofern sie nach den §§ 492, 13 BGB mit Verbrauchern abgeschlossen werden;
- Mietverträge, sofern sie nach § 550 BGB für eine längere Zeit als ein Jahr eingegangen werden;
- Kündigung eines Arbeitsverhältnisses nach § 623 BGB;
- Bürgschaftserklärungen im Sinne des § 766 BGB;
- Schuldversprechen und Schuldanerkenntnisse im Sinne der §§ 780, 781 BGB.

Alternativ zum Schriftformerfordernis wäre auch die Unterzeichnung durch ein notariell beglaubigtes Handzeichen zulässig.

2.7.2 Elektronische Form und digitale Signatur

Mit § 126a BGB wurde die elektronische Form in das Gesetz eingefügt. Hiernach muss der Aussteller einer Erklärung dieser seinen Namen hinzufügen und das elektronische Dokument mit einer qualifizierten elektronischen Signatur nach dem Signaturgesetz versehen, um die schriftliche Form durch die elektronische Form zu ersetzen. Die elektronische Signatur ist im Signaturgesetz geregelt. Dieses stellt derart strenge Anforderungen an die elektronische Signatur, dass sie in der Praxis nicht übermäßig häufig verwendet wird. Zwar sagt § 126 Abs. 3 BGB explizit aus, dass die schriftliche Form durch die elektronische Form ersetzt werden kann, wenn sich nicht aus dem Gesetz etwas anderes ergibt; doch stellt dies eher die Ausnahme dar, weil das Gesetz in vielen Vorschriften gewöhnlich die elektronische Form verbietet.

2.7.3 Textform

Die Textform stellt eine neuere Formebene dar, welche in ihren Anforderungen zwischen der Schriftform und der schlichten mündlichen Form einzuordnen ist. Denn die Textform verlangt zwar die Wiedergabe in Schriftzeichen, sowie die Erkennbarkeit des Erklärenden; eine Unterschrift jedoch, wie sie bei der Schriftform erforderlich ist, wird hier nicht gefordert. Ein Beispiel für Textform wäre etwa eine E-Mail. Hier wird der Text in Schriftzeichen wiedergegeben, wobei die Schriftzeichen gewöhnlich auch am Ende der Mail den Erklärenden, also den Namen des Absenders, nennen. Die Textform ist im Gesetz in § 126b BGB geregelt. Diese Vorschrift lautet:

§ 126b Textform

Ist durch Gesetz Textform vorgeschrieben, so muss die Erklärung in einer Urkunde oder auf andere zur dauerhaften Wiedergabe in Schriftzeichen geeignete Weise abgegeben, die Person des Erklärenden genannt und der Abschluss der Erklärung durch Nachbildung der Namensunterschrift oder anders erkennbar gemacht werden.

Das Textformerfordernis findet sich im Gesetz beispielsweise in der Vorschrift über das Widerrufsrecht bei Verbraucherverträgen in § 355 Abs. 2 BGB.

2.7.4 Notarielle Beurkundung

Ist im Gesetz eine notarielle Beurkundung vorgeschrieben, so hat hierfür eine Verhandlung vor einem Notar stattzufinden, wobei hierüber eine Niederschrift erstellt wird, welche vorgelesen, genehmigt und von dem Notar sowie den Beteiligten eigenhändig unterschrieben wird. Hierbei haben die Beteiligten die Möglichkeit, sich den Vertrag bzw. einzelne Regelungen vom Notar erklären zu lassen. Notarielle Beurkundungen sind im BGB beispielsweise bei folgenden Vertragstypen vorgeschrieben:

- Kaufvertrag über ein Grundstück nach § 311b BGB;
- Vertrag über eine Schenkung im Sinne des § 518 Abs. 1 BGB;
- Ehevertrag im Sinne des § 1410 BGB, wobei hier verschärfend noch die gleichzeitige Anwesenheit beider Parteien erforderlich ist;
- Erbvertrag im Sinne des § 2276 BGB.

2.7.5 Öffentliche bzw. notarielle Beglaubigung

Von der notariellen Beurkundung im Sinne des § 128 BGB ist die so genannte notarielle Beglaubigung im Sinne des § 129 BGB, die bisweilen auch als öffentliche Beglaubigung bezeichnet wird, zu unterscheiden. Während eine notarielle Beurkundung – wie oben dargestellt – den gesamten Verhandlungstermin sowie die darüber erstellte Niederschrift nebst Unterschriften umfasst, wird im Rahmen der notariellen Beglaubigung im Sinne des § 129 BGB ein dem Notar vorgelegter Text lediglich durch die Unterschrift des Notars beglaubigt. Mit seiner Unterschrift bestätigt der Notar hierbei, dass der Erklärende mit dem Unterschriftsleistenden identisch ist. In der Praxis sind öffentliche Beglaubigungen beispielsweise nach § 12 des Handelsgesetzbuchs (HGB) im Rahmen der Bestellung eines GmbH Geschäftsführers bei der Anmeldung zum Handelsregister notwendig.

2.7.6 Vereinbarte Form

Darüber hinaus lässt das Gesetz mit § 127 BGB den Vertragsparteien auch die Möglichkeit, in einem Vertrag selbst, bestimmte Formerfordernisse für die Änderung oder Ergänzung ihres Vertrages zu vereinbaren. Aus diesem Grund wird in der Praxis häufig in Verträgen – auch wenn die Vertragsparteien in der Wahl der Form frei sind – die Schriftform vertraglich vereinbart.

So könnte eine derartige Vereinbarung in der Praxis beispielsweise lauten:

> *Änderungen oder Ergänzungen dieses Vertrages bedürfen zwingend der Schriftform. Dies gilt auch für Vereinbarungen über den Verzicht auf das Schriftformerfordernis. Neben diesem Vertrag sind keine sonstigen Nebenabreden getroffen.*

Wurde die vereinbarte Formvorschrift nicht eingehalten, so besteht beim Mangel der gewillkürten Schriftform in der Rechtsfolge ein erheblicher Unterschied zu den oben genannten gesetzlichen Formvorschriften. Anders als bei der Nichteinhaltung der gesetzlichen Vorschriften, bei welchen die Rechtsfolge nach § 125 Satz 1 BGB die gesamte Nichtigkeit des Rechtsgeschäfts wäre, ist die Rechtsfolge bei einem vereinbarten Schriftformerfordernis etwas milder. Denn nach § 125 Satz 2 BGB kommt es, bei einer durch Rechtsgeschäft bestimmten Form, nur im Zweifel zu einer Nichtigkeit des Rechtsgeschäfts. Dies kann in der Praxis dazu führen, dass auch bei Nichteinhaltung der vereinbarten Form ein Rechtsgeschäft wirksam ist, weil die Einhaltung der Form beispielsweise lediglich der Beweissicherung bzw. Klarstellung dienen sollte.[52]

2.8 Verjährung

Die Verjährung von Ansprüchen spielt in der Praxis eine große Rolle. Hiervon können sowohl vertragliche als auch gesetzlich geregelte Ansprüche betroffen sein.

> *Beispiel:*
>
> *Malermeister M hat im Mai 2008 das Haus des A gestrichen. Im November 2011 stellt er fest, dass seine Sekretärin vergessen hat, dem A eine Rechnung zu schicken. Kann er nach so langer Zeit das Geld noch verlangen?*

2.8.1 Regelmäßige Verjährungsfrist und davon abweichende Fristen

Die Ansprüche, welche das BGB zuspricht, unterliegen gemäß § 194 BGB einer Verjährung. Die regelmäßige Verjährungsfrist beträgt nach § 195 BGB drei Jahre. Dies bedeutet, dass ein Anspruch in Deutschland gewöhnlich nach drei Jahren verjährt ist, sofern das Gesetz ihm nicht explizit eine längere oder kürzere Frist zuweist. Derartige anders lautende Fristen finden sich beispielsweise in § 196 BGB, wonach eine zehnjährige Verjährungsfrist für Ansprüche auf die Übertragung des Eigentums an einem Grundstück vorgesehen ist. Ebenso verhält es sich mit der Aufhebung eines Rechtes an einem Grundstück oder auf Änderung des Inhalts eines solchen Rechtes sowie die Ansprüche auf Gegenleistung. Eine noch längere 30-jährige Verjährungsfrist bietet der § 197 BGB für einige wenige Ansprüche.

§ 197 BGB Dreißigjährige Verjährungsfrist

> *(1) In 30 Jahren verjähren, soweit nicht ein anderes bestimmt ist,*
>
> *1. Herausgabeansprüche aus Eigentum, anderen dinglichen Rechten, den §§ 2018, 2130 und 2362 sowie die Ansprüche, die der Geltendmachung der Herausgabeansprüche dienen,*

---

52 Vgl. hierzu BGHZ 49, S. 365 ff.

2. *(weggefallen)*

3. *rechtskräftig festgestellte Ansprüche,*

4. *Ansprüche aus vollstreckbaren Vergleichen oder vollstreckbaren Urkunden,*

5. *Ansprüche, die durch die im Insolvenzverfahren erfolgte Feststellung vollstreckbar geworden sind,*

6. *Ansprüche auf Erstattung der Kosten der Zwangsvollstreckung.*

(2) Soweit Ansprüche nach Absatz 1 Nr. 3 bis 5 künftig fällig werdende regelmäßig wiederkehrende Leistungen zum Inhalt haben, tritt an die Stelle der Verjährungsfrist von 30 Jahren die regelmäßige Verjährungsfrist.

Wichtig für die korrekte Berechnung der Verjährung ist es, den Beginn der Verjährung richtig anzusetzen. Nach § 199 Abs. 1 BGB beginnt die dreijährige regelmäßige Verjährungsfrist nämlich nicht sofort, sondern erst am Schluss des Jahres zu laufen, in welchem der Anspruch entstanden ist und der Gläubiger von den Umständen, die den Anspruch begründen, und der Person des Schuldners Kenntnis erlangt oder ohne grobe Fahrlässigkeit erlangt haben müsste. Im oben genannten Beispielfall sind dem Maler M alle Umstände und die Person des Schuldners A bekannt. Die dreijährige Verjährungsfrist seines Anspruchs beginnt also am Schluss des Jahres zu laufen, in welchem der Anspruch entstanden ist. M hat im Mai 2008 das Haus gestrichen. Nach Fertigstellung und Abnahme ist der Anspruch somit 2008 entstanden. Mit Ablauf des Jahres 2008, also am 31. Dezember 2008 um 23.59 Uhr und 59 Sekunden, hat die Dreijahresfrist begonnen. Dementsprechend läuft sie erst mit Ablauf des Dezembers 2011 aus. Der Anspruch des Malers M ist somit noch nicht verjährt. Er kann seinen Anspruch also noch gegen A geltend machen.

2.8.2 Verjährung von Schadensersatzansprüchen

Beispiel:

Der 20-jährige Student S wird beim Überqueren eines Fußgängerüberwegs vom Autofahrer A angefahren. A hat eindeutig den Unfall verschuldet. Erst 17 Jahre nach dem Unfall treten erhebliche Spätschäden auf, die nachweislich nur auf den Unfall zurückzuführen sind. S fragt sich, ob er die Spätschäden nach so langer Zeit von A überhaupt noch ersetzt verlangen kann.

Schadensersatzansprüche fallen grundsätzlich unter die regelmäßige Verjährung im Sinne des § 195 BGB. Allerdings beginnt diese Frist nach § 199 Abs. 1 BGB erst mit dem Schluss des Jahres zu laufen, in dem der Anspruch entstanden ist und in welchem der Gläubiger von den den Anspruch begründenden Umständen und der Person des Schuldners Kenntnis erlangt hat oder ohne grobe Fahrlässigkeit hätte Kenntnis erlangen müssen. Die genannten Voraussetzungen müssen zusammen vorliegen, damit die

Allgemeiner Teil

Frist überhaupt zu laufen beginnt. Im vorliegenden Beispielfall ist dem S der A bereits seit dem Unfall als Schuldner bekannt, doch sind ihm die den Anspruch begründenden Umstände, nämlich der erst 17 Jahre später auftretende Schaden, erst jetzt bekannt. Insofern beginnt die dreijährige Verjährungsfrist auch erst mit dem Ablauf des Jahres zu laufen, in welchem für S beide Voraussetzungen vorliegen. Darüber hinaus dürfen aber auch die so genannten Verjährungshöchstfristen des § 199 BGB nicht überschritten worden sein. Sinn dieser Höchstfristen ist es, nach Ablauf dieser Zeit endgültig Rechtsfrieden herzustellen. Hierbei differenziert der Gesetzgeber danach, welches Rechtsgut verletzt worden ist. Bei Verletzungen der Rechtsgüter Leben, Körper, Gesundheit und Freiheit sieht das BGB in § 199 Abs. 2 BGB mit einer 30-jährigen Verjährungshöchstfrist die längste Frist vor, die das BGB enthält. Sonstige Schadensersatzansprüche haben nach § 199 Abs. 3 Nr. 1 BGB ihre Höchstfrist bereits in zehn Jahren von ihrer Entstehung an erreicht.

Im vorliegenden Beispielfall handelt es sich um eine Gesundheitsverletzung des S, so dass die 30-jährige Verjährungshöchstfrist aus § 199 Abs. 2 BGB anzuwenden ist. Der S hat also im vorliegenden Beispielfall auch 17 Jahre nach dem Unfall noch die Möglichkeit, einen Anspruch auf Schadensersatz wegen der Spätfolgen des Unfalls gegen den A geltend zu machen. Erst wenn seit dem Unfall mehr als 30 Jahre verstrichen sind, würde das Überschreiten der Verjährungshöchstfrist diesen Anspruch aushebeln.

2.8.3 Folgen der Verjährung

Sofern ein Anspruch verjährt ist, hat der Anspruchsgegner das Recht nach § 214 BGB die Leistung zu verweigern. Denn ein Anspruch geht durch die Verjährung nicht automatisch unter. Aber sobald der Schuldner die Einrede der Verjährung erhebt, kann er hierdurch die Durchsetzbarkeit des Anspruchs verhindern. Verpasst also der Schuldner im Rahmen eines Gerichtsprozesses die Einrede der Verjährung zu erheben, so wird er trotz Verjährung zur Leistung verurteilt. Der Richter darf die Parteien nicht auf die Verjährung aufmerksam machen, da er ansonsten riskiert als parteiisch angesehen zu werden.

2.8.4 Verjährungshemmung und Neubeginn

Der Fristablauf der Verjährungsfrist kann auch unterbrochen, also gehemmt werden. Die Zeit, in der die Verjährung gehemmt ist, wird nach § 209 BGB in die Verjährungsfrist nicht eingerechnet. In der Praxis erreicht ein Gläubiger eine Verjährungshemmung oftmals, indem er dem Schuldner entsprechend § 204 Abs. 1 Nr. 3 BGB einen Mahnbescheid im Mahnverfahren zustellen lässt. Eine auf Leistung oder auf Feststellung gerichtete Klage führt nach § 204 Abs. 1 Nr. 1 BGB ab Klageerhebung ebenso zu diesem Ergebnis. Es gibt eine Vielzahl an Möglichkeiten, die Hemmung der Verjäh-

2.8 Verjährung

rung zu erreichen. So führen beispielsweise bereits nach § 203 BGB schwebende Verhandlungen zwischen Gläubiger und Schuldner über den Anspruch oder die den Anspruch begründenden Umstände dazu, dass die Verjährung gehemmt ist. Dieses sind nur einige der wichtigen in den §§ 203 ff. BGB geregelten Tatbestände, die zu einer Hemmung des Ablaufs der Verjährungsfrist führen.

Von der Verjährungshemmung zu unterscheiden ist der so genannte Neubeginn der Verjährung. Dieser ist in § 212 BGB geregelt und führt dazu, dass die Verjährungsfrist erneut – also noch einmal von Anfang an – zu laufen beginnt. Hierin unterscheidet sich der Neubeginn der Verjährung im Sinne des § 212 BGB von der Verjährungshemmung, bei welcher lediglich ein bestimmter Zeitraum nicht mit eingerechnet wird. Grob gesagt kommt es zu einem Neubeginn der Verjährung, wenn der Schuldner dem Gläubiger gegenüber den Anspruch entweder anerkennt oder wenn es zur Vornahme einer darauf hindeutenden Handlung kommt. Ein Anerkennen des Anspruchs kann in der Praxis bereits dann vorliegen, wenn der Schuldner eine Abschlagszahlung gezahlt oder er den Gläubiger um einen Zahlungsaufschub gebeten hat.

3 Allgemeines Schuldrecht

Das zweite Buch des BGB regelt das Schuldrecht. Es kann unterteilt werden in den Allgemeinen Teil des Schuldrechts und den Besonderen Teil des Schuldrechts. Während der Allgemeine Teil des Schuldrechts Normen enthält, welche grundsätzlich für alle Schuldverhältnisse zur Anwendung kommen können, enthält der Besondere Teil des Schuldrechts eine genaue Darstellung der gängigen vertraglichen und gesetzlichen Schuldverhältnisse.

3.1 Schuldverhältnisse

Im Gesetz findet sich keine eindeutige Definition des Begriffes „Schuldverhältnis". Im weiteren Sinne betrachtet kann in einem Schuldverhältnis die Gesamtheit der Rechtsbeziehungen zwischen zwei oder mehr Personen verstanden werden. Im engeren Sinne gesehen wird unter dem Begriff des Schuldverhältnisses bloß eine einzelne Leistung gesehen, welche in einem Tun, Dulden oder Unterlassen bestehen kann. Es können aber auch so genannte Dauerschuldverhältnisse wie beispielsweise Miete oder ein unbefristeter Arbeitsvertrag eingegangen werden, bei welchen das Schuldverhältnis so lange fortbesteht, bis es von einer Vertragspartei gekündigt wird, sofern nicht ausnahmsweise ein anderer Beendigungsgrund vorliegt. Schuldverhältnisse können darüber hinaus auch in rechtsgeschäftliche Schuldverhältnisse und gesetzliche Schuldverhältnisse unterteilt werden.

3.1.1 Zustandekommen von Schuldverhältnissen

Rechtsgeschäftliche Schuldverhältnisse können auf unterschiedliche Art und Weise entstehen. Entweder durch einen Vertrag, also ein Rechtsgeschäft im Sinne des § 311 Abs. 1 BGB, aber auch durch rechtsgeschäftsähnliche Kontakte im Sinne des § 311 Abs. 2 BGB oder durch die Inanspruchnahme eines besonderen Vertrauens im Sinne des § 311 Abs. 3 BGB. Gewöhnlich entstehen rechtsgeschäftliche Schuldverhältnisse durch einen Vertrag, also durch zwei übereinstimmende Willenserklärungen, nämlich durch Angebot und Annahme im Sinne der §§ 145 ff. BGB. Wenn es sich bei dem Schuldverhältnis um einen gegenseitigen Vertrag handelt, so stehen die Pflichten der Vertragsparteien in einem Gegenseitigkeitsverhältnis. Dieses wird fachlich auch als synallagmatisches Verhältnis bezeichnet. Ein solches Gegenseitigkeitsverhältnis beinhaltet gewöhnlich Pflichten für beide Vertragspartner. So besteht beispielsweise bei einem Kaufvertrag die Pflicht des Verkäufers darin, die Kaufsache zu übereignen, und die Pflicht des Käufers besteht darin, die Kaufsache zu bezahlen. Eine weitere wichtige Besonderheit bei gegenseitigen Verträgen ist das so genannte Zug-um-Zug-Prinzip. Dieses ergibt sich aus § 320 BGB und besagt, dass der Schuldner einer Leistung, diese so lange verweigern kann, bis der Gläubiger die von ihm zu leistende Gegenleistung bewirkt hat. Insofern spricht man auch von einem Leistungsverweigerungsrecht. Ausnahmen bestehen nur dann, wenn der Schuldner ausnahmsweise vorleistungspflichtig ist, wie beispielsweise der Werkunternehmer beim Werkvertrag. Einige Vertragstypen können aber auch vorsehen, dass lediglich eine Vertragspartei durch den Vertrag verpflichtet wird. Einen derartigen Vertrag stellt beispielsweise die Schenkung im Sinne der §§ 516 ff. BGB dar. Denn bei einer Schenkung verpflichtet sich der Schenker, den Beschenkten zu bereichern, ohne dass gewöhnlich der Beschenkte seinerseits eine Verpflichtung hierfür einzugehen braucht. Es muss jedoch nicht immer bereits ein Vertrag zwischen zwei Personen bestehen. Das BGB kennt auch Schuldverhältnisse, die aus rechtsgeschäftsähnlichen Situationen entstehen können. So genügt nach § 311 Abs. 2 BGB beispielsweise bereits die Aufnahme von Vertragsverhandlungen bzw. ein geschäftliches Näheverhältnis, um Schadensersatzansprüche nach § 241 Abs. 2 BGB auszulösen, sofern die beteiligten Personen ihrer Verpflichtung zur Rücksichtnahme auf Rechte und Rechtsgüter des potentiellen Vertragspartners nicht nachkommen.

Über die eben genannten rechtsgeschäftlichen und rechtsgeschäftsähnlichen Schuldverhältnisse hinaus bietet das BGB aber auch gesetzlich normierte Schuldverhältnisse, wie beispielsweise die Geschäftsführung ohne Auftrag nach §§ 677 ff. BGB, die Regelungen der ungerechtfertigten Bereicherung nach §§ 812 ff. BGB oder die Regelungen der unerlaubten Handlung nach §§ 823 ff. BGB.

3.1.1.1 Zustandekommen von Verträgen

Unter einem Vertrag ist ein Rechtsgeschäft zu verstehen, welches in Deutschland gewöhnlich durch zwei oder mehr übereinstimmende Willenserklärungen zustande kommt. Diese Willenserklärungen werden als Antrag und Annahme bezeichnet. In der juristischen Literatur wird bisweilen stattdessen auch die Bezeichnung Angebot und Annahme verwendet. Sowohl der Antrag als auch die Annahme sind Willenserklärungen, welche von zwei oder mehr Personen inhaltlich übereinstimmend, mit Bezug aufeinander abgegeben werden und die auf den Abschluss desselben Vertrages gerichtet sind. Bereits im Antrag ist es erforderlich, dass alle für den Vertragsschluss wesentlichen Aspekte enthalten sind. Da in Deutschland gewöhnlich ein Vertragsschluss auch durch konkludentes, also schlüssiges Verhalten oder mit einer knappen Zustimmung wie beispielsweise dem Wort „Ja" erfolgen kann, ist es notwendig, dass bereits der Antrag alle für den bestimmten Vertragstyp wesentlichen Punkte enthält. Welche Tatbestandsmerkmale dieses genau sind, hängt vom jeweiligen Vertragstyp ab. So gibt es beispielsweise beim Kaufvertrag wesentliche Vertragsbestandteile, so genannte „essentialia negotii", die zwingend vorliegen müssen, damit ein wirksamer Kaufvertrag abgeschlossen werden kann. Die wesentlichen Vertragsbestandteile eines Kaufvertrages sind Kaufvertragsparteien, Kaufgegenstand und Preis. Ist einer dieser Punkte nicht im Angebot enthalten, so kann eine bloße Zustimmung noch nicht zu einem wirksamen Kaufvertrag führen. Anders verhält es sich beispielsweise bei einem Werk- oder Dienstvertrag. Hier spielt es keine Rolle, ob man bei Vertragsschluss bereits über die Bezahlung gesprochen hat.

Beispiel:

A geht zu einem Rechtsanwalt und lässt sich von ihm beraten.

Egal ob über die Höhe des Honorars gesprochen worden ist oder nicht, ist A trotzdem verpflichtet, dem Anwalt die Beratung zu bezahlen. Allgemeines zum Vertragsschluss ist im bürgerlichen Gesetzbuch in den §§ 145 BGB bis 157 BGB geregelt. Besonderheiten, welche die unterschiedlichen Vertragstypen betreffen, finden sich gewöhnlich im Besonderen Teil des Schuldrechts, welcher ab den §§ 433 ff. BGB normiert ist.

3.1.1.2 Abgrenzung zur „invitatio ad offerendum"

Der Antrag ist eine Willenserklärung. Von einer derartigen Willenserklärung abzugrenzen ist die so genannte „invitatio ad offerendum". Sie zählt nicht zu den Willenserklärungen und stellt auch kein bindendes Angebot dar.

Beispiel:

A hat ein Geschäft für Brautmoden. Er stellt ein auffallend schönes Brautkleid in das Schaufenster und stellt ein Schild mit dem Preis davor. Ist dies bereits ein bindendes Angebot?

Eine „invitatio ad offerendum" ist lediglich die Einladung zum Abgeben eines Angebots. Denn für ein konkretes Angebot fehlt es hier an einem Rechtsbindungswillen des Erklärenden. Beispiele für eine invitatio ad offerendum sind Zeitungsannoncen, mit Preisen ausgezeichnete Waren in Schaufenstern, mit Preisen versehene Angebote im Internet[53], sowie Prospekte und Bestellkataloge. All diese Tatbestände haben gemeinsam, dass hierbei der Rechtsbindungswille des Verkäufers fehlt und dass sie sich nicht an einzelne Vertragspartner, sondern an eine unbestimmte Vielzahl von Personen richten. Im vorliegenden Beispielfall möchte der Verkäufer mit der Angabe des Preises auf dem Preisschild lediglich potentielle Kunden dazu bewegen, ein Angebot in Höhe des ausgezeichneten Preises abzugeben. Hat jemand hingegen einem anderen ein wirksames Angebot unterbreitet, also einen Antrag zum Abschluss eines Vertrages gemacht, so ist er an dieses Angebot nach § 145 BGB gebunden. Der Antrag erlischt gemäß § 146 BGB erst dann, wenn der potentielle Vertragspartner ihn abgelehnt hat. Wird das Angebot nicht abgelehnt, so erlischt das Angebot auch nach einem bestimm-

---

[53] Vgl. hierzu Wien, Internetrecht, 2. Auflage, Wiesbaden 2009, S. 85.

ten Zeitraum. Hierbei ist allerdings nach dem Bürgerlichen Gesetzbuch danach zu differenzieren, ob der Antrag einem Anwesenden oder einem Abwesenden gegenüber erklärt worden ist.

3.1.1.3 Verträge mit Minderjährigen

Unter Geschäftsfähigkeit kann die Fähigkeit verstanden werden, selbständig und vollständig rechtswirksam Rechtsgeschäfte vornehmen zu können.[54] Die Geschäftsfähigkeit ist im Gesetz ab § 104 BGB geregelt und ist von der Rechtsfähigkeit zu unterscheiden. Der Gesetzgeber geht von dem Grundsatz aus, dass alle natürlichen Personen geschäftsfähig sind, doch sind hier einige Ausnahmen für Minderjährige und Personen geschaffen worden, die sich in einem Zustande krankhafter Störung der Geistestätigkeit befinden.

> *Beispiel (für einen Vertrag mit einem Geschäftsunfähigen):*
>
> *Der 5-jährige M kauft im Spielwarengeschäft des X ein Spielzeugauto für drei Euro. Ist der Kaufvertrag gültig?*

Mit Minderjährigen, die noch nicht das siebente Lebensjahr vollendet haben, kann man nicht wirksam einen Vertrag schließen. Denn Willenserklärungen mit Kindern, die das siebente Lebensjahr noch nicht vollendet haben sind nach § 105 Abs. 1 BGB nichtig. Für die Geschäftsunfähigkeit bei Minderjährigen kommt es alleine auf das Alter und nicht auf die geistige Entwicklung des Kindes an. Die beschränkte Geschäftsfähigkeit beginnt mit dem Tag, an welchem das Kind seinen siebten Geburtstag hat.[55] Für den oben genannten Beispielsfall bedeutet dies, dass der Kaufvertrag, welchen der M mit dem X geschlossen hat, nichtig und somit unwirksam ist.

> *Beispiel (für einen Vertrag mit einem beschränkt Geschäftsfähigen):*
>
> *Der 15-jährige M erhält monatlich 50 Euro Taschengeld. 100 Euro hat er bereits vom Taschengeld angespart. Er kauft sich bei dem Fahrradhändler F ein Fahrrad für 200 Euro. M hat allerdings nicht genug Geld. Deshalb vereinbart er mit F, dass er die bereits gesparten 100 Euro anzahlt und die restlichen 100 Euro in monatlichen Raten zu 50 Euro von seinem Taschengeld abbezahlt. Als seine Eltern von diesem Kauf erfahren, sind sie dagegen.*

Um Minderjährige im Alter zwischen 7 und 18 Jahren vor nachteiligen Rechtsgeschäften zu schützen, hat der Gesetzgeber mit § 107 BGB eine Regelung geschaffen, die Minderjährige davor schützen soll, für sie unübersehbare und nachteilige Rechtsgeschäfte abzuschließen. Die Vorschrift lautet:

---

[54] Vgl. vertiefend hierzu auch: Lorenz, Grundwissen – Zivilrecht: Rechts- und Geschäftsfähigkeit, JuS 2010, S. 11 ff.
[55] Vgl. Palandt / Ellenberger, Bürgerliches Gesetzbuch, 70. Auflage, München 2011, § 104 Rn. 2.

§ 107 BGB Einwilligung des gesetzlichen Vertreters

Der Minderjährige bedarf zu einer Willenserklärung, durch die er nicht lediglich einen rechtlichen Vorteil[56] erlangt, der Einwilligung seines gesetzlichen Vertreters.

Eine Ausnahme befindet sich in § 110 BGB. Dieser lautet:

§ 110 BGB Bewirken der Leistung mit eigenen Mitteln

Ein von dem Minderjährigen ohne Zustimmung des gesetzlichen Vertreters geschlossener Vertrag gilt als von Anfang an wirksam, wenn der Minderjährige die vertragsmäßige Leistung mit Mitteln bewirkt, die ihm zu diesem Zweck oder zu freier Verfügung von dem Vertreter oder mit dessen Zustimmung von einem Dritten überlassen worden sind.

Grundsätzlich bedarf ein Minderjähriger, der älter als 7 Jahre ist, für die Wirksamkeit seiner Willenserklärung der Einwilligung seiner gesetzlichen Vertreter; also in der Regel die Einwilligung seiner Eltern. Zu diesem Grundsatz gibt es zwei Ausnahmen. Erste Ausnahme: das Rechtsgeschäft ist für den Minderjährigen lediglich ein rechtlicher Vorteil. Die zweite Ausnahme wäre, dass der Minderjährige nach § 110 BGB mit Geld bezahlt hat, dass ihm zur freien Verfügung überlassen worden ist.[57] Ein lediglich rechtlicher Vorteil kann gewöhnlich bei einer Schenkung entstehen. Ein Kaufvertrag hingegen verpflichtet im Gegenzug zur Eigentumsübertragung den Käufer zur Kaufpreiszahlung. Insofern kann ein Kaufvertrag nicht „lediglich rechtlich vorteilhaft" sein.

Im vorliegenden Beispielfall hat der M weder die Einwilligung der gesetzlichen Vertreter noch ist der Kaufvertrag für ihn lediglich rechtlich vorteilhaft. Insofern bliebe nur noch der so genannte Taschengeldparagraf § 110 BGB. Diese Vorschrift lässt Verträge von Minderjährigen aber nur ausnahmsweise zu, wenn die Leistung mit Mitteln „bewirkt" wird, die zur freien Verfügung überlassen worden sind. Bewirkt bedeutet vollständig bezahlt. Das liegt im Beispielfall nicht vor, da der M das Fahrrad noch nicht vollständig bezahlt hat. Der Gesetzgeber hat diese Ausnahme geschaffen, weil Jugendliche nur lernen können mit Geld umzugehen, wenn sie auch die volle Konsequenz derartiger Rechtsgeschäfte trifft.

3.1.1.4 Unbestellte Leistungen

Einen Sonderfall im Rahmen der Entstehung von Schuldverhältnissen stellen unbestellte Leistungen dar. Hierbei stellt sich die Frage, ob und inwieweit ein Schuldverhältnis zustande kommen kann, wenn ein Unternehmer potentiellen Kunden, ohne dass diese etwas bei ihm bestellt haben, Ware zuschickt.

---

[56] Vgl. hierzu vertiefend beispielsweise: BGH, Beschluss vom 30.09.2010, V ZB 206/10, NJW 2010, S. 3643 f.
[57] Vgl. hierzu vertiefend: Kalscheuer, „Die Mittelüberlassung zur freien Verfügung – Zum 100-jährigen Jubiläum des Lotterielos-Falles (RGZ 74, 234 ff.)", JURA 2011, S. 44 ff.

Beispiel:

A bekommt von der Weinhandlung W, bei der er noch nie etwas gekauft hatte und die er noch nicht einmal kennt, einen Karton mit 12 Flaschen Rotwein zugeschickt. Auf dem Karton befindet sich in einer Klarsichtsfolie ein Brief, der an A gerichtet ist. Hierin steht, dass W den A als neuen Kunden gewinnen möchte und ihm deshalb den Karton mit Wein für einen Vorzugspreis von nur 145 € überlassen möchte. A brauche hierfür nichts zu tun. Wenn A den Karton nicht innerhalb von sieben Tagen an die Weinhandlung W zurückschicken würde, gehe W davon aus, dass A die Flaschen kaufen möchte. Eine Rechnung über den Betrag von 145 € ist dem Brief bereits beigefügt. A, der kein Weintrinker ist, ist wütend darüber, dass man ihm unbestellt den Weinkarton zugeschickt hat und nun auch noch von ihm erwartet, dass er diesen bezahlt oder sich die Mühe macht, diesen unbestellten Karton an den Absender zurück zu schicken. Welche Rechte hat ein Mensch, wenn man ihm unbestellte Ware zuschickt?

Bei einer derartigen Fallkonstellation ist festzuhalten, dass in dem Zuschicken der Ware zunächst nur das Angebot zum Abschluss eines Vertrages zu sehen ist. Sofern der Kunde dieses Angebot nicht annimmt, kann auch kein Vertrag zustande kommen. Da Kaufverträge über bewegliche Gegenstände allerdings an keine Form gebunden sind, können sie auch durch schlüssiges Verhalten angenommen werden. Insofern würde jede Handlung - wie beispielsweise das Öffnen und Trinken einer Flasche des unbestellt zugesandten Weines - dazu führen, dass man sich wie ein Eigentümer verhält und somit durch schlüssiges Verhalten zum Ausdruck bringt, dass man den Vertrag abschließen wolle. Weil in der Praxis immer mehr Personen mit unbestellt zugeschickter Ware belästigt wurden, hat der Gesetzgeber mit dem § 241a BGB vor einigen Jahren eine neue Vorschrift in das BGB eingefügt, die ein derartiges aufdringliches Verhalten von Unternehmern zurückdrängen sollte. Diese Vorschrift lautet:

§ 241a BGB Unbestellte Leistungen

(1) *Durch die Lieferung unbestellter Sachen oder durch die Erbringung unbestellter sonstiger Leistungen durch einen Unternehmer an einen Verbraucher wird ein Anspruch gegen diesen nicht begründet.*

(2) *Gesetzliche Ansprüche sind nicht ausgeschlossen, wenn die Leistung nicht für den Empfänger bestimmt war oder in der irrigen Vorstellung einer Bestellung erfolgte und der Empfänger dies erkannt hat oder bei Anwendung der im Verkehr erforderlichen Sorgfalt hätte erkennen können.*

(3) *Eine unbestellte Leistung liegt nicht vor, wenn dem Verbraucher statt der bestellten eine nach Qualität und Preis gleichwertige Leistung angeboten und er darauf hingewiesen wird, dass er zur Annahme nicht verpflichtet ist und die Kosten der Rücksendung nicht zu tragen hat.*

Anders als der Gesetzeswortlaut und seine Stellung innerhalb des BGB zunächst vermuten lassen, führt diese Vorschrift nicht nur dazu, dass zwischen dem Unternehmer und dem Verbraucher kein Vertrag über die unbestellt zugesandte Ware zustande kommt; vielmehr verliert der Unternehmer durch das Zusenden unbestellter Ware alle seine Rechte an diesen Gegenständen. Sogar das Recht auf Rückgabe der Ware. Für den oben genannten Beispielfall bedeutet dies, dass A nicht verpflichtet ist die Weinflaschen an W zurückzuschicken. Zivilrechtlich hat W alle seine Rechte an den Weinflaschen verloren, so dass der A sogar die Möglichkeit hätte, diese zu trinken. Die Vorschrift des § 241a BGB fällt insoweit aus dem Rahmen, als sie – mit dem Wegfall des Rechtes auf Rückgabe - einen Strafgedanken beinhaltet, welchen wir sonst nur aus dem amerikanischen Recht kennen. Zur Absicherung des Unternehmers sieht der § 241a Abs. 2 BGB allerdings vor, dass der Unternehmer, sofern die Ware nicht für den Empfänger bestimmt war oder nur aufgrund eines Irrtums zum Empfänger gelangt ist, alle seine Ansprüche behält. Nachdem der § 241a BGB in der Praxis zunächst dazu geführt hat, dass die Anzahl an unbestellt zugeschickter Ware stark zurückgegangen ist, wird nun in der strafrechtlichen Literatur die Auffassungen vertreten, dass jemand der unbestellte Ware behält bzw. verwendet, sich durch dieses Verhalten strafbar machen kann.[58] Eine solche strafrechtliche Auffassung steht im klaren Gegensatz zur zivilrechtlichen Lage, welche schließlich vorsieht, dass der Unternehmer beim zusenden unbestellter Ware alle seine Rechte, also auch das Recht auf Rückgabe der Ware, verliert. Wenn nunmehr derjenige, der unbestelle Ware erhält und sie nicht bezahlt, selbst verwendet und sie nicht zurückschickt mit strafrechtlichen Konsequenzen rechnen muss, so würde meines Erachtens der Regelungszweck des § 241a BGB durch etwaige strafrechtliche Sanktionen nicht nur zunichte gemacht, sondern sogar ad absurdum geführt.

3.1.2 Inhalt von Schuldverhältnissen

Bei Schuldverhältnissen kann zwischen Haupt- und Nebenpflichten differenziert werden. Die Hauptpflichten der Vertragsparteien finden sich im BGB gewöhnlich in der ersten Vorschrift einer Regelungsstruktur. Wenn der Kaufvertrag also in §§ 433 ff. BGB geregelt ist, so nennt der erste Paragraph die Hauptpflichten der Vertragsparteien; nämlich Übereignung durch den Verkäufer und Bezahlung durch den Käufer. Diese Vorgehensweise zieht sich durch die gesamten Typenverträge des BGB. So sieht beispielsweise § 598 BGB, welcher die Leihe regelt, vor, dass der Verleiher sich verpflichtet, dem Entleiher einen Gegenstand unentgeltlich zu überlassen. Die in §§ 604 BGB genannte Rückgabepflicht des Entleihers, mit welcher er verpflichtet wird, die geliehene Sache nach Beendigung der Leihe zurückzugeben, ist nicht im ersten Paragraphen der Regelungsstruktur genannt. Es handelt sich dementsprechend bei der Rückgabepflicht um eine einseitige Verpflichtung des Entleihers, die systematisch korrekt in einem der Folgeparagraphen geregelt wird.

---

[58] Vgl. zu Streitfragen der Strafbarkeit vertiefend: Reichling, § 241a BGB und die Strafbarkeit aus Eigentumsdelikten, JuS 2009, S. 111 ff.

Allgemeines Schuldrecht

Gegenstand von Schuldverhältnissen kann eine Stückschuld, eine Gattungsschuld oder eine Geldschuld sein. Streng genommen handelt es sich bei der Geldschuld ebenfalls um eine Gattungsschuld; nur dass diese auf die Leistung von Geld in Höhe einer bestimmten Geldsumme gerichtet ist. Bei der Geldschuld handelt es sich darüber hinaus nach § 270 Abs. 1 BGB im Zweifel um eine Schickschuld, da der Schuldner sie auf eigene Gefahr und seine Kosten dem Gläubiger an dessen Wohnsitz zu übermitteln hat. Da der Schuldner die Schuld erst dann erfüllt hat, wenn die geschuldete Geldsumme beim Gläubiger eingegangen ist, trägt er insofern die Gefahr der Übermittlung des Geldes.

Unter einer Stückschuld wird eine individuell bestimmte Sache verstanden. Dies kann beispielsweise ein bestimmter gebrauchter Pkw sein. Unter Gattungsschuld hingegen versteht man – wie es der Begriff bereits ausdrückt – eine nur der Gattung nach bestimmte Sache. Hierbei handelt es sich also nicht um eine individuelle Sache, sondern gewöhnlich um eine vertretbare Sache im Sinne des § 91 BGB. Sofern die Vertragsparteien eine Gattungsschuld vereinbart haben, besteht die Pflicht des Schuldners in der Regel auch dann weiter, wenn er den Gegenstand nicht oder nicht mehr vorrätig hat. Ausnahmen bestehen nur, wenn es sich ausnahmsweise um eine beschränkte Gattungsschuld handelt, bei welcher die Leistung lediglich aus einem begrenzten Vorrat zu erbringen ist. Der Schuldner hat die Möglichkeit aus einer Gattungsschuld eine Stückschuld zu machen, indem er entsprechend § 243 Abs. 2 BGB eine Konkretisierung des Gegenstands vornimmt. Wie eine derartige Konkretisierung durchgeführt wird, hängt davon ab ob es sich um eine Bringschuld, eine Holschuld oder eine Schickschuld handelt.[59] Bei einer Bringschuld muss der Schuldner die Sache aussondern und dem Gläubiger an dessen Wohn- oder Geschäftssitz anbieten. Bei einer Holschuld des Gläubigers genügt es bereits die Sache aus der Gattung auszusondern und sie dem Gläubiger bei Abholung anzubieten. Handelt es sich um eine Schickschuld des Schuldners, so ist unter Konkretisierung zu verstehen, dass er den Gegenstand aus der Art ausgesondert und der Transportperson zum Transporte übergibt.

- Im Rahmen der Holschuld ist der Verkäufer nur dazu verpflichtet, die vereinbarte Ware zu einem bestimmten Zeitpunkt bereitzustellen und den Käufer darüber zu benachrichtigen. Den Käufer hingegen trifft die Verpflichtung, die bereitgestellte Ware abzuholen.

- Unter Bringschuld ist zu verstehen, dass der Verkäufer verpflichtet ist, den Kaufgegenstand auszusondern und ihn zum Wohnsitz des Käufers zu bringen. Der (Wohn-) Sitz des Käufers wird bei der Bringschuld also als Leistungsort angesehen.

- Bei einer Schickschuld genügt es, wenn der Unternehmer den Kaufgegenstand aussondert und einer Transportperson übergibt. Denn bei einer Schickschuld ist der Leistungsort der Wohn- bzw. Geschäftssitz des Verkäufers. Denn auch § 269

---

[59] Vgl. zur Abgrenzung beispielsweise: Bernhard, Holschuld, Schickschuld, Bringschuld – Auswirkungen auf Gerichtsstand, Konkretisierung und Gefahrübergang, JuS 2011, S. 9 ff.

Abs. 2 BGB sieht als Leistungsort grundsätzlich den Ort der Niederlassung des Schuldners.

Besonderheiten für den Versendungskauf finden sich in § 447 BGB. Diese Vorschrift ist jedoch nur im Rahmen von Verträgen zwischen Unternehmern anwendbar. Handelt es sich hingegen bei dem Käufer um eine Privatperson, so wäre das Geschäft als Verbrauchsgüterkauf einzuordnen. Dieses hätte zur Folge, dass § 447 BGB gemäß § 474 Abs. 2 BGB nicht anwendbar wäre. Es muss also bei der Frage der Gefahrtragung im Rahmen des Versendungskaufs danach differenziert werden, ob es sich um Verträge zwischen zwei Unternehmern oder um Verträge zwischen einem Unternehmer und einem Verbraucher handelt. Nach der Regelung des § 447 BGB geht, sofern der Verkäufer die verkaufte Sache auf Verlangen des Käufers an einen anderen Ort als dem Erfüllungsort versendet, die Gefahr nicht erst mit der Übergabe der Ware an den Käufer über, sondern bereits zu dem Zeitpunkt, in dem der Verkäufer die Sache dem Spediteur, Frachtführer oder einer sonstigen zur Ausführung der Versendung bestimmten Person oder Anstalt übergeben hat. Sofern eine Schickschuld vorliegt, gehört der Transport also nicht mehr zu den Pflichten des Versandhändlers. Der Transportunternehmer ist demnach auch nicht als Erfüllungsgehilfe des Händlers anzusehen. Der Versandhändler muss sich also auch nicht das Verschulden des Unternehmers im Rahmen etwaiger Schadensersatzforderungen über § 278 BGB zurechnen lassen. Die Gefahr der Verschlechterung oder des Untergangs der Kaufsache ist beim Versendungskauf mit der Abgabe der Ware beim Transportunternehmer auf den Käufer übergegangen. Bei einem zufälligen Untergang der Ware entfällt der Kaufpreisanspruch des Versandhändlers also nicht nach § 326 Abs. 1 Satz 1 BGB. Sofern die Verschlechterung oder der Untergang der Kaufsache auf ein schuldhaftes Verhalten des Unternehmers zurückzuführen ist, kann sich der geschädigte Kunde auch den vertraglichen Anspruch, welchen der Verkäufer gegen den Transportunternehmer hat, abtreten lassen. Findet allerdings ein Versendungskauf zwischen einem Unternehmer und einem Verbraucher statt, so kann im Rahmen dieses Geschäfts der § 447 BGB nicht angewandt werden, so dass der Gefahrübergang bei der Übergabe an den Transportunternehmer aus Verbraucherschutzerwägungen hier nicht stattfinden kann.

3.1.3 Beendigung von Schuldverhältnissen

Schuldverhältnisse können durch Zeitablauf, Aufhebungsvertrag, Rücktritt oder Kündigung beendet werden.

3.1.3.1 Zeitablauf

Oftmals werden in der Praxis vertragliche Schuldverhältnisse nur für eine bestimmte Zeitdauer eingegangen. Zeitlich befristete Schuldverhältnisse enden mit Ablauf der Zeit, für die sie abgeschlossen worden sind. Beispiele hierfür können Mietverträge im

Sinne des § 542 Abs. 2 BGB oder befristete Dienst- bzw. Arbeitsverträge[60] im Sinne des § 620 BGB sein.

3.1.3.2 Aufhebungsvertrag

Wegen der Vertragsfreiheit[61] in Deutschland, ist es den Vertragsparteien jederzeit auch möglich, einen Vertrag durch zwei übereinstimmende Willenserklärungen wieder aufzuheben. Dieses wird auch als Aufhebungsvertrag bzw. Auflösungsvertrag bezeichnet. Im Rahmen des Abschlusses eines Aufhebungsvertrages bedarf es dann auch keiner Berücksichtigung von Kündigungsschutzvorschriften bzw. von Kündigungsfristen. Sofern sich also beide Vertragspartner einig sind, können sie per Aufhebungsvertrag einen bereits geschlossenen Vertrag außer Kraft setzen.[62] In der Praxis spielt der Aufhebungsvertrag insbesondere im Bereich des Arbeitsrechts eine große Rolle. Hier werden oftmals nach Übernahme eines Betriebes Arbeitnehmer durch Abschluss eines Aufhebungsvertrages gewöhnlich mit Zahlung eines Geldbetrages dazu gebracht, ihre Arbeitsstelle aufzugeben. Vorteil für den Arbeitgeber ist hierbei, dass er keine Kündigungsschutzvorschriften beachten muss, da es sich schließlich um keine Kündigung, sondern um eine vertragliche Aufhebung des bestehenden Arbeitsvertrages handelt.

3.1.3.3 Rücktritt

Das Rücktrittsrecht kann zur Beendigung eines Vertrages führen, wenn eine der Vertragsparteien aufgrund eines ihr zustehenden Rücktrittsrechts vom Vertrag zurücktritt.[63] Das Rücktrittsrecht ist ein Gestaltungsrecht und ist in den §§ 346 BGB bis 354 BGB geregelt.[64] Diese Normen sind ursprünglich dafür geschaffen worden, dass sich eine oder beide Vertragsparteien in einem Vertrag die Möglichkeit des Rücktritts vorbehält. Hingegen ergibt sich bei Verträgen ein gesetzliches Rücktrittsrecht, wenn eine Leistung nach § 323 BGB nicht oder nicht vertragsgemäß erbracht worden ist.[65] In Fällen der Störung der Geschäftsgrundlage im Sinne des § 313 BGB kann das Rücktrittsrecht bisweilen ebenfalls zur Anwendung kommen. Und auch im Rahmen des kauf- und werkvertraglichen Mängelgewährleistungsrechts wird in die Vorschriften des Rücktrittsrechts verwiesen.

---

60 Vgl. hierzu vertiefend: Wien, Arbeitsrecht, Wiesbaden 2009, S. 53 ff.
61 Vgl. zur Vertragsfreiheit vertiefend: Petersen, Die Privatautonomie und ihre Grenzen, JURA 2011, S. 184 ff.
62 Vgl. zur Vertiefung: Fleck / Arnold, Übungsklausur – Zivilrecht: Aufhebungsvertrag und Rechtsscheinsvollmacht – Der verlorene Sohn, JuS 2009, S. 426 ff.
63 Vgl. hierzu vertiefend auch: BGH, Urteil vom 16.10.2009, V ZR 203/08, NJW 2010, S. 146 ff.; BGH, Urteil vom 16.09.2009, VIII ZR 243/08, NJW 2010, S. 148 f.; Höpfner, Nutzungsersatzpflicht beim Rücktritt vom Kaufvertrag, NJW 2010, 127 ff.
64 Vgl. hierzu vertiefend beispielsweise: Meyer, Schadensersatz im Rückgewährschuldverhältnis gemäß § 346 Abs. 4 BGB, JURA 2011, S. 244.
65 Vgl. Steckler, Kompendium Wirtschaftsrecht, 7. Auflage, Ludwigshafen 2009, S. 80.

Schuldverhältnisse

Vertraglich kann ein Rücktrittsrecht durch einen expliziten Vorbehalt vereinbart werden, in welchem sich eine oder beide Parteien unter bestimmten Bedingungen den Rücktritt vom Vertrage vorbehalten. Aber nicht immer finden sich in der Praxis genau Formulierte Vorbehalte. Da ein Rücktrittsvorbehalt ausdrücklich oder stillschweigend vereinbart werden kann, muss bisweilen durch Auslegung einer unklaren Vereinbarung ermittelt werden, ob ein Rücktrittsrecht tatsächlich besteht.[66] Eine weitere Besonderheit besteht bei der Vereinbarung von einem Rücktrittsvorbehalt durch Regelungen in Allgemeinen Geschäftsbedingungen. Hierbei ist nämlich die Vorschrift des § 308 Nr. 3 BGB zu beachten, Diese Norm führt bei Verträgen, die keine Dauerschuldverhältnisse beinhalten, dazu, dass die beiderseitigen Interessen der Vertragsparteien gegeneinander abzuwägen sind und dabei darauf zu achten ist, inwiefern dem Verwender der betreffenden in den Allgemeinen Geschäftsbedingungen formulierten Vertragsklausel ein sachlich gerechtfertigter Grund zur Seite steht.

Auch das Gesetz selbst bietet ein Rücktrittsrecht. So besteht nach § 323 BGB bei gegenseitig verpflichtenden Verträgen im Rahmen von Leistungsstörungen beispielsweise dann ein gesetzliches Recht zum Rücktritt, wenn der Schuldner nicht vertragsgemäß oder überhaupt nicht leistet. Diese Vorschrift lautet:

§ 322 BGB Rücktritt wegen nicht oder nicht vertragsgemäß erbrachter Leistung

(1) Erbringt bei einem gegenseitigen Vertrag der Schuldner eine fällige Leistung nicht oder nicht vertragsgemäß, so kann der Gläubiger, wenn er dem Schuldner erfolglos eine angemessene Frist zur Leistung oder Nacherfüllung bestimmt hat, vom Vertrag zurücktreten.

(2) Die Fristsetzung ist entbehrlich, wenn

1. der Schuldner die Leistung ernsthaft und endgültig verweigert,

2. der Schuldner die Leistung zu einem im Vertrag bestimmten Termin oder innerhalb einer bestimmten Frist nicht bewirkt und der Gläubiger im Vertrag den Fortbestand seines Leistungsinteresses an die Rechtzeitigkeit der Leistung gebunden hat oder

3. besondere Umstände vorliegen, die unter Abwägung der beiderseitigen Interessen den sofortigen Rücktritt rechtfertigen.

(3) Kommt nach der Art der Pflichtverletzung eine Fristsetzung nicht in Betracht, so tritt an deren Stelle eine Abmahnung.

(4) Der Gläubiger kann bereits vor dem Eintritt der Fälligkeit der Leistung zurücktreten, wenn offensichtlich ist, das die Voraussetzungen des Rücktritts eintreten werden.

(5) Hat der Schuldner eine Teilleistung bewirkt, so kann der Gläubiger vom ganzen Vertrag nur zurücktreten, wenn er an der Teilleistung kein Interesse hat. Hat der

---

[66] Vgl. zur Auslegung vertiefend: Staake, Das Ziel der Auslegung, JURA 2011, S. 177 ff.

Allgemeines Schuldrecht

> Schuldner die Leistung nicht vertragsgemäß bewirkt, so kann der Gläubiger vom Vertrag nicht zurücktreten, wenn die Pflichtverletzung unerheblich ist.
>
> (6) Der Rücktritt ist ausgeschlossen, wenn der Gläubiger für den Umstand, der ihn zum Rücktritt berechtigen würde, allein oder weit überwiegend verantwortlich ist oder wenn der vom Schuldner nicht zu vertretende Umstand zu einer Zeit eintritt, zu welcher der Gläubiger im Verzug der Annahme ist.

Weitere gesetzliche Rücktrittsgründe finden sich nach den §§ 437 und 634 BGB im Rahmen des Kaufvertrags- und des Werkvertragsrechts. Diese Vorschriften geben dem Gläubiger bei Vorliegen von Mängeln unter anderem auch die Möglichkeit, vom Vertrag zurückzutreten. Rechtsfolge eines Rücktritts ist, dass an die Stelle des ursprünglich bestehenden Schuldverhältnisses ein Abwicklungsverhältnis tritt. Das Rücktrittsrecht ist eine einseitig empfangsbedürftige Willenserklärung, wobei der Rücktritt nach § 349 BGB eine Erklärung gegenüber dem Vertragspartner erfordert. Diese führt dazu, dass die auf den Austausch von Leistungen gerichteten Wirkungen eines Vertrages mit Empfang der Willenserklärung entfallen. Nach den Regelungen der §§ 346 ff. BGB entsteht für die Parteien hierdurch eine Pflicht zur Rückerstattung bereits erbrachter Gegenleistungen. Um es noch deutlicher zu sagen: Sofern Leistungen aus dem Schuldverhältnis noch nicht erbracht worden sind, erlöschen diese Primärleistungspflichten. Nur sofern bereits Leistungen ausgetauscht worden sind, besteht aus den §§ 346 ff. BGB ein Anspruch auf Rückgewährung derselben.[67]

3.1.3.4 Kündigung

Ebenso wie der Rücktritt stellt auch die Kündigung ein einseitiges Gestaltungsrecht dar, welches das Ziel verfolgt, ein Schuldverhältnis zu beenden. Gewöhnlich ist bei Dauerschuldverhältnissen wie beispielsweise einem Arbeits- oder Mietvertrag eine Kündigung notwendig, um dessen Ende herbeizuführen. Anders als bei einem Aufhebungsvertrag, der zwei übereinstimmende Willenserklärungen voraussetzt, ist eine Kündigung eine einseitige empfangsbedürftige Willenserklärung. Folge einer Kündigung ist die Beendigung eines Schuldverhältnisses. Dieses gilt jedoch nicht für die Vergangenheit sondern erst für die Zukunft, so dass eine Rückabwicklung von bereits erbrachten Leistungen gewöhnlich nicht in Frage kommt.

Im Rahmen der Kündigung kann zwischen einer ordentlichen und einer außerordentlichen Kündigung unterschieden werden. Während eine ordentliche Kündigung so angelegt ist, dass das Schuldverhältnis mit Ablauf der gesetzlichen oder vertraglich festgelegten Frist endet, tritt das Ende eines Schuldverhältnisses bei der außerordentlichen Kündigung, da sie gewöhnlich fristlos erfolgt, in der Regel direkt ab Zugang der Kündigungserklärung ein. Eine außerordentliche Kündigung setzt eine Kündigung aus wichtigem Grund voraus. Wenn der Grund so schwerwiegend ist, dass für den

---

[67] Vgl. hierzu auch: Wiese / Hauser, Empfangene Leistungen i.S. des § 346 BGB und Gefahrübergang, JuS 2011, S. 301 ff.

Kündigenden das Abwarten einer gesetzlichen oder vertraglichen Kündigungsfrist unzumutbar ist, so kann aufgrund des wichtigen Grundes fristlos gekündigt werden. Dieses ist im Gesetz in § 314 BGB normiert. Diese Vorschrift lautet:

§ 314 BGB Kündigung von Dauerschuldverhältnissen aus wichtigem Grund

   (1) Dauerschuldverhältnisse kann jeder Vertragsteil aus wichtigem Grund ohne Einhaltung einer Kündigungsfrist kündigen. Ein wichtiger Grund liegt vor, wenn dem kündigenden Teil unter Berücksichtigung aller Umstände des Einzelfalls und unter Abwägung der beiderseitigen Interessen die Fortsetzung des Vertragsverhältnisses bis zur vereinbarten Beendigung oder bis zum Ablauf einer Kündigungsfrist nicht zugemutet werden kann.

   (2) Besteht der wichtige Grund in der Verletzung einer Pflicht aus dem Vertrag, ist die Kündigung erst nach erfolglosem Ablauf einer zur Abhilfe bestimmten Frist oder nach erfolgloser Abmahnung zulässig. § 323 Abs. 2 findet entsprechende Anwendung.

   (3) Der Berechtigte kann nur innerhalb einer angemessenen Frist kündigen, nachdem er vom Kündigungsgrund Kenntnis erlangt hat.

   (4) Die Berechtigung, Schadensersatz zu verlangen, wird durch die Kündigung nicht ausgeschlossen.

Beispiel:

Mieter M hat seit drei aufeinander folgenden Monaten dem Vermieter V keine Miete mehr überwiesen. V kündigt dem M das Mietverhältnis fristlos.

Im BGB finden sich über den eben genannten § 314 BGB hinaus auch Spezialregelungen wie beispielsweise für den Mietvertrag der § 543 Abs. 1 Satz 2 BGB. Diese Vorschrift lautet:

§ 543 BGB Außerordentliche fristlose Kündigung aus wichtigem Grund

   (1) Jede Vertragspartei kann das Mietverhältnis aus wichtigem Grund außerordentlich fristlos kündigen. Ein wichtiger Grund liegt vor, wenn dem Kündigenden unter Berücksichtigung aller Umstände des Einzelfalls, insbesondere eines Verschuldens der Vertragsparteien, und unter Abwägung der beiderseitigen Interessen die Fortsetzung des Mietverhältnisses bis zum Abschluss der Kündigungsfrist oder bis zur sonstigen Beendigung des Mietverhältnisses nicht zugemutet werden kann.

   (2) Ein wichtiger Grund liegt insbesondere vor, wenn

   1. dem Mieter der vertragsgemäße Gebrauch der Mietsache ganz oder zum Teil nicht rechtzeitig gewährt oder wieder entzogen wird,

2. der Mieter die Rechte des Vermieters dadurch in erheblichem Maße verletzt, dass er die Mietsache durch Vernachlässigung der ihm obliegenden Sorgfalt erheblich gefährdet oder sie unbefugt einem Dritten überlässt oder

3. der Mieter

a) für zwei aufeinander folgende Termine mit der Entrichtung der Miete oder eines nicht unerheblichen Teils der Miete in Verzug ist oder

b) in einem Zeitraum, der sich über mehr als zwei Termine erstreckt, mit der Entrichtung der Miete in Höhe eines Betrages in Verzug ist, der die Miete für zwei Monate erreicht.

Im Falle des Satzes 1 Nr. 3 ist die Kündigung ausgeschlossen, wenn der Vermieter vorher befriedigt wird. Sie sind unwirksam, wenn sich der Mieter von seiner Schuld durch Aufrechnung befreien konnte und unverzüglich nach der Kündigung die Aufrechnung erklärt.

(3) Besteht der wichtige Grund in der Verletzung einer Pflicht aus dem Mietvertrag, so ist die Kündigung erst nach erfolglosem Ablauf einer zur Abhilfe bestimmten angemessenen Frist oder nach erfolgloser Abmahnung zulässig. Dies gilt nicht, wenn

1. eine Frist oder Abmahnung offensichtlich keinen Erfolg verspricht,

2. die sofortige Kündigung aus besonderen Gründen unter Abwägung der beiderseitigen Interessen gerechtfertigt ist oder

3. der Mieter mit der Entrichtung der Miete im Sinne des Absatzes 2 Nr. 3 in Verzug ist.

(4) Auf das dem Mieter nach Absatz 2 Nr. 1 zustehende Kündigungsrecht sind die §§ 536b und 536d entsprechend anzuwenden. Ist streitig, ob der Vermieter den Gebrauch der Mietsache rechtzeitig gewährt oder die Abhilfe vor Ablauf der hierzu bestimmten Frist bewirkt hat, so trifft ihn die Beweislast.

Diese Vorschrift gibt dem Vermieter die Möglichkeit, bei Vorliegen der dort genannten Voraussetzungen, den Mieter außerordentlich fristlos aus wichtigem Grund zu kündigen. Im vorliegenden Beispielfall hat der M dem V drei aufeinander folgende Monate keine Miete mehr überwiesen. Folglich kann der V den M nach § 543 Abs. 2 Nr. 3a BGB fristlos kündigen.

3.1.4 Erlöschen von Schuldverhältnissen

Schuldverhältnisse können entweder insgesamt zum Erlöschen gebracht werden oder einzelne Ansprüche eines Schuldverhältnisses erlöschen. Gewöhnlich erlöschen

Schuldverhältnisse gemäß § 362 Abs. 1 BGB durch Erfüllung.[68] Diese Vorschrift sieht nämlich vor, dass ein Schuldverhältnis immer dann erlischt, wenn die geschuldete Leistung an den Gläubiger bewirkt worden ist. Beim Lesen des § 362 Abs. 1 BGB fällt auf, dass das Wort „Schuldner" dort nicht explizit auftaucht. Hieraus ergibt sich, dass die Leistung in der Regel auch von einem Dritten und nicht zwingend vom Schuldner erbracht werden kann. Ausnahmen hiervon gelten allerdings nach § 267 Abs. 1 BGB, wenn explizit vorgeschrieben ist, dass der Schuldner die Leistung „in Person" zu erbringen hat.

3.1.4.1 Annahme an Erfüllungs statt

Beispiel:

Der Großhändler G hat zu wenig Umsätze getätigt und kann nun den Lieferanten L nicht bezahlen. Statt des zu zahlenden Geldbetrages bietet er dem L an, ihm aus seinem Sortiment Waren in entsprechendem Wert zu übereignen. Ist damit seine Schuld erloschen, wenn L dieses Angebot annimmt?

Alternativ zur Erfüllung kann ein Schuldverhältnis auch dann erlöschen, wenn der Gläubiger statt der vom Schuldner zu erbringenden Leistung eine andere als die geschuldete Leistung annimmt. Dieses ergibt sich aus § 364 BGB. Für den oben genannten Beispielfall bedeutet dies, dass das Schuldverhältnis zwischen G und L in dem Moment erloschen ist, in welchem der L die Waren statt des zu zahlenden Geldbetrages annimmt.

3.1.4.2 Aufrechnung

Ein weiterer Erlöschensgrund ist die Aufrechnung. Die Aufrechnung ist in § 387 ff. BGB geregelt. Die Vorschrift § 387 BGB lautet:

§ 387 BGB Voraussetzungen

Schulden zwei Personen einander Leistungen, die ihrem Gegenstand nach gleichartig sind, so kann jeder Teil seiner Forderung gegen die Forderung des anderen Teils aufrechnen, sobald er die ihm gebührende Leistung fordern und die ihm obliegende Leistung bewirken kann.

Die Voraussetzungen, welche bei einer Aufrechnung zu prüfen sind, sind also:

- Zwei Personen schulden einander eine Leistung;
- die Leistungen sind ihrem Gegenstand nach gleichartig;
- der Aufrechnende fordert die ihm gebührende Leistung durch eine Aufrechnungserklärung im Sinne des § 388 BGB;

---

[68] Vgl. hierzu auch: Lorenz, Grundwissen – Zivilrecht: Erfüllung (§ 362 BGB), JuS 2009, 109 ff.

- die Leistung muss fällig und einredefrei im Sinne des § 390 BGB sein;
- die Aufrechnung darf nicht durch schuldrechtliche Vereinbarung unzulässig oder durch die in § 393 BGB genannten Gründe ausgeschlossen sein.

Beispiel (für eine zulässige Aufrechnung):

Malermeister M hatte vor 3 Monaten bei Kaufmann K, der ein Einzelhandelsgeschäft betreibt, die Geschäftsräume des K neu gestrichen. Obwohl K mit der Arbeit des M sehr zufrieden war, hat er die Rechnung von 2.000 Euro trotz mehrerer Mahnungen nicht bezahlt. Als M bei K Farbe im Wert von 800 Euro einkauft und an der Kasse von K zur Zahlung von 800 Euro aufgefordert wird, erklärt M dem K die Aufrechnung.

Rechtsfolge einer wirksamen Aufrechnung ist nach § 389 BGB, dass die beiden Forderungen, soweit sie sich decken, rückwirkend zu dem Zeitpunkt des Entstehens der Aufrechnungslage erlöschen. Dieses bringt den positiven Effekt mit sich, dass man hiermit auch ohne kostspielige Gerichtsprozesse einen Anspruch realisieren kann. Im vorliegenden Beispielfall stehen sich die Ansprüche des Malermeisters M und die des K gegenüber. Da es sich in beiden Fällen um eine Geldschuld handelt, sind diese Ansprüche auch ihrem Gegenstand nach gleichartig. Die erforderliche Aufrechnungserklärung hat M dem K auch an der Kasse abgegeben. Die Aufrechnungserklärung ist eine einseitige empfangsbedürftige Willenserklärung. Eine Zustimmung des Erklärungsempfängers ist also nicht erforderlich. Beide Ansprüche sind auch fällig und einredefrei. Gesetzliche oder vertragliche Ausschlussgründe sind nicht ersichtlich, so dass die erfolgreiche Aufrechnung dazu führt, dass M die Farbe erhält, ohne dass er den Preis von 800 Euro zu zahlen braucht. Seine eigene Forderung gegenüber K beläuft sich nach der Aufrechnung lediglich noch auf 1.200 Euro.

Beispiel (für eine unzulässige Aufrechnung):

B hat bei einem Streit mutwillig das Fahrrad des A beschädigt. Aus diesem Grund steht A gegen B ein Schadensersatzanspruch in Höhe von 200 Euro zu. Da B ein Teppichgeschäft besitzt, lässt A sich von B für 250 Euro einen Teppich legen und erklärt dem B, als er bezahlen soll, die Aufrechnung mit seinem Schadensersatzanspruch und möchte nur die restlichen 50 Euro zahlen.

In diesem Fall ist die Aufrechnung des A unzulässig, weil die Aufrechnung aufgrund des § 393 BGB ausgeschlossen ist. Es handelt sich bei der Forderung des A nämlich um eine Forderung aus einer vorsätzlich begangenen unerlaubten Handlung, so dass eine Aufrechnung hiermit ausgeschlossen ist. Von der Aufrechnung abzugrenzen sind die so genannte Anrechnung und der Aufrechnungsvertrag. Unter Anrechnung versteht man Fälle, in welchen lediglich eine einzige Forderung besteht, wobei ihr Betrag von Anfang an um den anzurechnenden Betrag vermindert wird. Insofern unterscheidet sie sich von der klassischen Aufrechnung. Denn bei einer Anrechnung stehen sich nicht wie bei der Aufrechnung zwei Forderungen gegenüber, welche erst nachträglich miteinander verrechnet werden und zur gegenseitigen Tilgung einer Schuld führen.

Eine andere Alternative ist der so genannte Aufrechnungsvertrag. Er unterscheidet sich von der klassischen Aufrechnung dadurch, dass er nicht wie die Aufrechnung einseitig erklärt wird, sondern durch einen gegenseitigen atypischen Vertrag im Sinne des § 305 BGB zwischen den Parteien ausgehandelt wird. In der Praxis kann ein Aufrechnungsvertrag dann sinnvoll sein, wenn es darum geht, zwei sich gegenüber stehende Forderungen zu tilgen, welche nicht die Voraussetzungen einer Aufrechnung im Sinne der §§ 387 ff. BGB erfüllen.

3.1.4.3 Forderungserlass

Letzter Erlöschungsgrund kann der Erlass einer Forderung sein. Hierbei verzichtet der Gläubiger gegenüber dem Schuldner auf seine Forderung. Hierzu ist es allerdings nach § 397 BGB erforderlich, dass zwischen Schuldner und Gläubiger eine dahingehende vertragliche Einigung besteht. Diese Einigung ist an keine bestimmte Form gebunden und kann deshalb entweder mündlich, schriftlich oder konkludent erfolgen.

Beispiel:

Vater V hat seinem Sohn S ein Darlehen über 500 Euro gegeben. Später möchte V seinem Sohn die Schuld von 500 Euro erlassen, S ist damit jedoch aus Stolz nicht einverstanden und möchte das Geld lieber zurückzahlen. Durch die Weigerung des S ist die Schuld nicht erloschen und die Forderung des V bleibt weiterhin bestehen.

3.2 Allgemeine Geschäftsbedingungen

Beispiel:

Der 18-jährige K möchte sich bei Veranstalter V eine Eintrittskarte für ein Pop-Konzert seiner Lieblingsband kaufen. Er betrit deshalb die Kartenvorverkaufsstelle des V. Dort hängen Werbeplakate der Bands und Preisübersichten für den Kartenkauf aus. Hinweise auf Allgemeine Geschäftsbedingungen werden nicht gemacht. K kauft die Karte. Zuhause angekommen liest er das Kleingedruckte auf der Eintrittskarte. Dort steht unter Anderem „Keine Haftung für Sach- und Körperschäden". K fragt sich, ob es überhaupt zulässig ist, die Haftung des Veranstalters allein durch diesen kleinen Aufdruck auf der Eintrittskarte auszuschließen.

Allgemeines Schuldrecht

Um diese Frage zu klären, ist es zunächst erforderlich, sich mit den gesetzlichen Vorschriften zu Allgemeinen Geschäftsbedingungen auseinanderzusetzen.[69] Das Recht der Allgemeinen Geschäftsbedingungen, die abgekürzt auch oft als AGB bezeichnet werden, wird in § 305 ff. BGB geregelt.[70] Sinn der gesetzlichen Vorschriften ist es, den Vertragspartner des Verwenders der Allgemeinen Geschäftsbedingungen davor zu schützen, dass er durch einseitig vorgegebene und nicht frei ausgehandelte Vertragsbedingungen benachteiligt wird. Denn der Gesetzgeber geht grundsätzlich davon aus, dass bei einem Vertragsschluss beide Vertragsparteien im freien Kräftespiel ihre Vorstellungen aushandeln können und sich daraufhin gemeinsam auf eine Vertragsausgestaltung einigen. Der Sinn von Allgemeinen Geschäftsbedingungen hingegen ist es, das Vertragsprozedere zu vereinfachen. Aus ökonomischen Gründen werden seitens einer Vertragspartei, mit deren Allgemeinen Geschäftsbedingungen für die andere Partei einseitig Vertragsbedingungen vorgegeben, welche die andere Vertragspartei insgesamt im Rahmen des Vertragsschlusses akzeptieren soll. Bei einem derartigen Vorgehen kann nicht mehr von einem „freien Aushandeln" oder einem freien Kräftespiel im Rahmen des Vertragsschlusses ausgegangen werden. Aus diesem Grunde hat der Gesetzgeber, quasi um ein Gleichgewicht der Kräfte wieder herzustellen, die Regelungen der §§ 305 ff. BGB geschaffen, welche das, was in Allgemeinen Geschäftsbedingungen normiert wird, überprüfbar machen und einseitig benachteiligende Regelungen gegebenenfalls aushebeln können.[71] Die Vorschriften der §§ 305 ff. BGB geben die Möglichkeit Allgemeine Geschäftsbedingungen auf ihre Zulässigkeit zu überprüfen. Der § 305 BGB legt dar, was unter Allgemeinen Geschäftsbedingungen zu verstehen ist und wann sie zum Vertragsbestandteil werden können:

§ 305 BGB Einbeziehung Allgemeiner Geschäftsbedingungen in den Vertrag

>   (1) *Allgemeine Geschäftsbedingungen sind alle für eine Vielzahl von Verträgen vorformulierten Vertragsbedingungen, die eine Vertragspartei (Verwender) der anderen Vertragspartei bei Abschluss eines Vertrages stellt. Gleichgültig ist, ob die Bestimmungen einen äußerlich gesonderten Bestandteil des Vertrages bilden oder in die Vertragsurkunde selbst aufgenommen werden, welchen Umfang sie haben, in welcher Schriftart sie verfasst sind und welche Form der Vertrag hat. Allgemeine Geschäftsbedingungen liegen nicht vor, soweit die Vertragsbedingungen zwischen den Vertragsparteien im Einzelnen ausgehandelt sind.*
>
>   (2) *Allgemeine Geschäftsbedingungen werden nur dann Bestandteil eines Vertrages, wenn der Verwender bei Vertragsschluss*
>
>   >   1. *die andere Vertragspartei ausdrücklich oder, wenn ein ausdrücklicher Hinweis wegen der Art des Vertragsschlusses nur unter verhältnismäßigen*

---

[69] Vgl. zum Begriff der Allgemeinen Geschäftsbedingungen: Schwab / Löhnig, Einführung in das Zivilrecht, 18. Auflage, Heidelberg 2010, Rn. 788 ff.
[70] Vgl. zur Vertiefung beispielsweise: Stoffels, AGB-Recht, 2. Aufl., München 2009.
[71] Vgl. zu Reformüberlegungen beispielsweise: Berger, Für eine Reform des AGB-Rechts im Unternehmerverkehr, NJW 2010, S. 465 ff.

> *Schwierigkeiten möglich ist, durch deutlich sichtbaren Aushang am Orte des Vertragsschlusses auf sie hinweist und*
>
> 2. *der anderen Vertragspartei die Möglichkeit verschafft, in zumutbarer Weise, die auch eine für den Verwender erkennbare körperliche Behinderung der anderen Vertragspartei angemessen berücksichtigt, von ihrem Inhalt Kenntnis zu nehmen,*
>
> *und wenn die andere Vertragspartei mit ihrer Geltung einverstanden ist.*
>
> *(3) Die Vertragsparteien können für eine bestimmte Art von Rechtsgeschäften die Geltung bestimmter Allgemeiner Geschäftsbedingungen unter Beachtung der in Absatz 2 bezeichneten Erfordernisse im Voraus vereinbaren.*

Für die Einbeziehung von Allgemeinen Geschäftsbedingungen in einen Vertrag ist es also zwingend erforderlich, dass der Verwender der Allgemeinen Geschäftsbedingungen den Vertragspartner explizit darauf hinweist, dass Allgemeine Geschäftsbedingungen Vertragsbestandteil werden sollen und ihm die Möglichkeit gibt, diese inhaltlich zur Kenntnis zu nehmen.[72] Darüber hinaus muss der Vertragspartner damit einverstanden sein, dass die Allgemeinen Geschäftsbedingungen Vertragsbestandteil werden und diese Allgemeinen Geschäftsbedingungen dürfen entsprechend § 305c BGB keine Klauseln enthalten, die vollkommen ungewöhnlich sind. Liegt eine dieser Voraussetzungen nicht vor, so sind die Allgemeinen Geschäftsbedingungen nicht Vertragsbestandteil geworden. Im Vorliegenden Beispielsfall kommt es für die Frage, ob die Geschäftsbedingungen Vertragsbestanteil geworden sind, entscheidend darauf an, ob V – beispielsweise durch Aushang in der Vorverkaufsstelle – seine Kunden darauf hingewiesen hat, dass seine Allgemeinen Geschäftsbedingungen Vertragsbestandteil werden sollen. Darüber hinaus muss der Kunde vor oder bei Vertragsschluss die Möglichkeit der Kenntnisnahme dieser Bedingungen gehabt haben. Das heißt, die Geschäftsbedingungen müssten in der Vorverkaufsstelle zumindest vorrätig und dort für die Kunden einsehbar gewesen sein. Zumindest muss für die Kunden die Möglichkeit der Kenntnisnahme bestehen. Ob die Kunden die Geschäftsbedingungen dann auch tatsächlich lesen ist für deren Einbeziehung in den Vertrag unerheblich. Im vorliegenden Beispielfall wurde K vor oder bei dem Kauf der Karte weder durch Aushang noch durch sonstigen Hinweis auf das Vorhandensein von Allgemeinen Geschäftsbedingungen aufmerksam gemacht. Der Aufdruck auf der Eintrittskarte kann dies nicht ersetzen. K kann ihn schließlich erst nach dem Vertragsschluss, nämlich zu dem Zeitpunkt, wenn man ihm die Karte aushändigt, zur Kenntnis nehmen. Dies ist für eine Einbeziehung von Geschäftsbedingungen zu spät. Somit sind die Geschäftsbedingungen nicht Vertragsbestandteil geworden.

---

[72] Vgl. hierzu vertiefend: Schmidt, Einbeziehung von AGB im Verbraucherverkehr, NJW 2011, 1633 ff.

Allgemeines Schuldrecht

Beispiel (Abwandlung):

Unterstellt, der Kunde wäre bei Vertragsschluss auf die Einbeziehung der Allgemeinen Geschäftsbedingungen hingewiesen worden, er hätte auch die Möglichkeit der Kenntnisnahme gehabt und hat durch den Kauf der Karte sein Einverständnis mit der Geltung der Allgemeinen Geschäftsbedingungen zum Ausdruck gebracht; könnte der Kartenaufdruck „Keine Haftung für Sach- und Körperschäden" die Haftung wirklich ausschließen?

Wenn Allgemeine Geschäftsbedingungen Bestandteil eines Vertrages geworden sind, so bedeutet dies jedoch nicht, dass alles, was in ihnen geschrieben steht auch zulässig und wirksam ist. Das BGB gibt dem Vertragspartner des Verwenders die Möglichkeit, die Wirksamkeit der in den Allgemeinen Geschäftsbedingungen getroffenen Regelungen anhand der §§ 305 ff. BGB zu überprüfen. Nach § 310 BGB stehen dem Verbraucher, vereinfacht gesagt, die Überprüfungsmöglichkeiten der §§ 307 bis 309 BGB zur Verfügung, wohingegen bei Rechtsgeschäften zwischen zwei Kaufleuten[73] der Vertragspartner des Verwenders lediglich § 307 BGB als Überprüfungsmöglichkeit zur Verfügung hat. Um es deutlich zu sagen: Unternehmern gegenüber kann im Rahmen von Allgemeinen Geschäftsbedingungen eine sehr große Bandbreite an Regelungen getroffen werden, die von der Gesetzeslage abweichen; Verbrauchern gegenüber sind sehr viele Klauseln in Allgemeinen Geschäftsbedingungen unzulässig, wenn sie gegen §§ 307 bis 309 BGB verstoßen. Rechtsfolge eines Verstoßes ist es, dass die verbotene Regelung unwirksam ist. Diese Unwirksamkeit wirkt sich allerdings nicht auf die übrigen zulässigen Regelungen des Vertrages aus. Die unzulässige Norm der Allgemeinen Geschäftsbedingungen wird lediglich durch die Gesetzeslage des BGB ersetzt.

In der Praxis hat es sich gezeigt, dass es vorteilhaft ist, wenn man die verbotenen Klauseln in der Reihenfolge § 309, § 308, § 307 BGB prüft, da die Regelungen des § 309 BGB am präzisesten formuliert sind, und je weiter man sich im Gesetz nach vorne zu § 307 BGB bewegt, die Regelungen immer unschärfer werden. Der § 309 BGB nennt Klauselverbote ohne Wertungsmöglichkeit. Das heißt, alle dort ausdrücklich genannten Regelungen sind in Allgemeinen Geschäftsbedingungen verboten. Der § 308 BGB nennt Klauselverbote mit Wertungsmöglichkeit. Dies bedeutet, dass alles dort Genannte, verboten und damit unzulässig ist; aber auch alles was als ähnlich angesehen werden kann. Dies macht der Gesetzgeber auch dadurch deutlich, dass er in § 308 Abs. 1 BGB ausdrücklich die Formulierung „ist insbesondere unwirksam" verwendet. Damit zeigt er deutlich, dass es sich hier um keine abschließende Aufzählung handelt und dass vergleichbare Tatbestände ebenfalls unter diese Norm fallen können. Der § 307 BGB, der die einzige Überprüfungsmöglichkeit für, gegenüber Unternehmern verwendete Allgemeine Geschäftsbedingungen darstellt, ist sehr offen formuliert. Er lautet:

---

[73] Vgl. hierzu vertiefend: Kollmann, AGB: Nicht nur theoretische Probleme (in) der Praxis, NJW 2011, S. 1324 f.

§ 307 BGB Inhaltskontrolle

(1) Bestimmungen in Allgemeinen Geschäftsbedingungen sind unwirksam, wenn sie den Vertragspartner des Verwenders entgegen den Geboten von Treu und Glauben unangemessen benachteiligen. Eine unangemessene Benachteiligung kann sich auch daraus ergeben, dass die Bestimmung nicht klar und verständlich ist.

(2) Eine unangemessene Benachteiligung ist im Zweifel anzunehmen, wenn eine Bestimmung

1. *mit wesentlichen Grundgedanken der gesetzlichen Regelung, von der abgewichen wird, nicht zu vereinbaren ist oder*

2. *wesentliche Rechte oder Pflichten, die sich aus der Natur des Vertrages ergeben, so einschränkt, dass die Erreichung des Vertragszwecks gefährdet ist.*

(3) Die Absätze 1 und 2 sowie die §§ 308 und 309 gelten nur für Bestimmungen in Allgemeinen Geschäftsbedingungen, durch die von Rechtsvorschriften abweichende oder diese ergänzende Regelungen vereinbart werden. Andere Bestimmungen können nach Absatz 1 Satz 2 in Verbindung mit Absatz 1 Satz 1 unwirksam sein.

Der Gesetzestext gibt in seinem Absatz 2 Anhaltspunkte, welche dem Rechtsanwender die Möglichkeit eröffnen, genauer abzuschätzen, was unter einer unangemessenen Benachteiligung zu verstehen ist. Während dies bei Allgemeinen Geschäftsbedingungen gegenüber einem Unternehmer die einzige Überprüfungsmöglichkeit ist, stehen Verbrauchern darüber hinaus auch noch die Überprüfungsmöglichkeiten nach §§ 308 und 309 BGB zur Verfügung. Diese Vorschriften lauten:

§ 308 BGB Klauselverbote mit Wertungsmöglichkeit

In Allgemeinen Geschäftsbedingungen ist insbesondere unwirksam

1. *(Annahme- und Leistungsfrist)*

    eine Bestimmung, durch die sich der Verwender unangemessen lange oder nicht hinreichend bestimmte Fristen für die Annahme oder Ablehnung eines Angebots oder die Erbringung einer Leistung vorbehält; ausgenommen hiervon ist der Vorbehalt, erst nach Ablauf der Widerrufs- oder Rückgabefrist nach § 355 Abs. 1 bis 3 und § 356 zu leisten;

2. *(Nachfrist)*

    eine Bestimmung, durch die sich der Verwender für die von ihm zu bewirkende Leistung abweichend von Rechtsvorschriften eine unangemessen lange oder nicht hinreichend bestimmte Nachfrist vorbehält;

3. *(Rücktrittsvorbehalt)*

    die Vereinbarung eines Rechts des Verwenders, sich ohne sachlich gerechtfertigten und im Vertrag anzugebenden Grund von seiner Leistungspflicht zu lösen; dies gilt nicht für Dauerschuldverhältnisse;

4. *(Änderungsvorbehalt)*

die Vereinbarung eines Rechts des Verwenders, die versprochene Leistung zu ändern oder von ihr abzuweichen, wenn nicht die Vereinbarung der Änderung oder Abweichung unter Berücksichtigung der Interessen des Verwenders für den anderen Vertragsteil zumutbar ist;

5. *(Fingierte Erklärungen)*

eine Bestimmung, wonach eine Erklärung des Vertragspartners des Verwenders bei Vornahme oder Unterlassung einer bestimmten Handlung als von ihm abgegeben oder nicht abgegeben gilt, es sei denn, dass

    a) *dem Vertragspartner eine angemessene Frist zur Abgabe einer ausdrücklichen Erklärung eingeräumt ist und*

    b) *der Verwender sich verpflichtet, den Vertragspartner bei Beginn der Frist auf die vorgesehene Bedeutung seines Verhaltens besonders hinzuweisen;*

6. *(Fiktion des Zugangs)*

eine Bestimmung, die vorsieht, dass eine Erklärung des Verwenders von besonderer Bedeutung dem anderen Vertragsteil als zugegangen gilt;

7. *(Abwicklung von Verträgen)*

eine Bestimmung, nach der der Verwender für den Fall, dass eine Vertragspartei vom Vertrag zurücktritt oder den Vertrag kündigt,

    a) *eine unangemessen hohe Vergütung für die Nutzung oder den Gebrauch einer Sache oder eines Rechts oder für erbrachte Leistungen oder*

    b) *einen unangemessen hohen Ersatz von Aufwendungen verlangen kann;*

8. *(Nichtverfügbarkeit der Leistung)*

die nach Nummer 3 zulässige Vereinbarung eines Vorbehalts des Verwenders, sich von der Verpflichtung zur Erfüllung des Vertrags bei Nichtverfügbarkeit der Leistung zu lösen, wenn sich der Verwender nicht verpflichtet,

    a) *den Vertragspartner unverzüglich über die Nichtverfügbarkeit zu informieren und*

    b) *Gegenleistungen des Vertragspartners unverzüglich zu erstatten.*

§ 309 BGB Klauselverbote ohne Wertungsmöglichkeit

Auch soweit eine Abweichung von den gesetzlichen Vorschriften zulässig ist, ist in Allgemeinen Geschäftsbedingungen unwirksam

Allgemeine Geschäftsbedingungen

3.2

1. *(Kurzfristige Preiserhöhungen)*

   eine Bestimmung, welche die Erhöhung des Entgelts für Waren oder Leistungen vorsieht, die innerhalb von vier Monaten nach Vertragsschluss geliefert oder erbracht werden sollen; dies gilt nicht bei Waren oder Leistungen, die im Rahmen von Dauerschuldverhältnissen geliefert oder erbracht werden;

2. *(Leistungsverweigerungsrechte)*

   eine Bestimmung, durch die

   a) *das Leistungsverweigerungsrecht, das dem Vertragspartner des Verwenders nach § 320 zusteht, ausgeschlossen oder eingeschränkt wird oder*

   b) *ein dem Vertragspartner des Verwenders zustehendes Zurückbehaltungsrecht, soweit es auf demselben Vertragsverhältnis beruht, ausgeschlossen oder eingeschränkt, insbesondere von der Anerkennung von Mängeln durch den Verwender abhängig gemacht wird;*

3. *(Aufrechnungsverbot)*

   eine Bestimmung, durch die dem Vertragspartner des Verwenders die Befugnis genommen wird, mit einer unbestrittenen oder rechtskräftig festgestellten Forderung aufzurechnen;

4. *(Mahnung, Fristsetzung)*

   eine Bestimmung, durch die der Verwender von der gesetzlichen Obliegenheit freigestellt wird, den anderen Vertragsteil zu mahnen oder ihm eine Frist für die Leistung oder Nacherfüllung zu setzen:

5. *(Pauschalierung von Schadensersatzansprüchen)*

   die Vereinbarung eines pauschalierten Anspruchs des Verwenders aus Schadensersatz oder Ersatz einer Wertminderung, wenn

   a) *die Pauschale den in den geregelten Fällen nach dem gewöhnlichen Lauf der Dinge zu erwartenden Schaden oder die gewöhnlich eintretende Wertminderung übersteigt oder*

   b) *dem anderen Vertragsteil nicht ausdrücklich der Nachweis gestattet wird, ein Schaden oder eine Wertminderung sei überhaupt nicht entstanden oder wesentlich niedriger als die Pauschale;*

6. *(Vertragsstrafe)*

   eine Bestimmung, durch die dem Verwender für den Fall der Nichtabnahme oder verspäteten Abnahme der Leistung, des Zahlungsverzugs oder für den Fall, dass der andere Vertragsteil sich vom Vertrag löst, Zahlung einer Vertragsstrafe versprochen wird;

7. *(Haftungsausschluss bei Verletzung von Leben, Körper, Gesundheit und bei grobem Verschulden)*

a) *(Verletzung von Leben, Körper, Gesundheit)*

ein Ausschluss oder eine Begrenzung der Haftung für Schäden aus der Verletzung des Lebens, des Körpers oder der Gesundheit, die auf einer fahrlässigen Pflichtverletzung des Verwenders oder einer vorsätzlichen oder fahrlässigen Pflichtverletzung eines gesetzlichen Vertreters oder Erfüllungsgehilfen des Verwenders beruhen;

b) *(Grobes Verschulden)*

ein Ausschluss oder eine Begrenzung der Haftung für sonstige Schäden, die auf einer grob fahrlässigen Pflichtverletzung des Verwenders oder auf einer vorsätzlichen oder grob fahrlässigen Pflichtverletzung eines gesetzlichen Vertreters oder Erfüllungsgehilfen des Verwenders beruhen;

die Buchstaben a und b gelten nicht für Haftungsbeschränkungen in den nach Maßgabe des Personenbeförderungsgesetzes genehmigten Beförderungsbedingungen und Tarifvorschriften der Straßenbahnen, Obusse und Kraftfahrzeuge im Linienverkehr, soweit sie nicht zum Nachteil des Fahrgastes von der Verordnung über die Allgemeinen Beförderungsbedingungen für den Straßenbahn- und Obusverkehr sowie den Linienverkehr mit Kraftfahrzeugen vom 27. Februar 1970 abweichen; Buchstabe b gilt nicht für Haftungsbeschränkungen für staatlich genehmigte Lotterie- oder Ausspielverträge;

8. *(Sonstige Haftungsausschlüsse bei Pflichtverletzung)*

   a) *(Ausschluss des Rechts, sich vom Vertrag zu lösen)*

   eine Bestimmung, die bei einer vom Verwender zu vertretenden, nicht in einem Mangel der Kaufsache oder des Werkes bestehenden Pflichtverletzung das Recht des anderen Vertragsteils, sich vom Vertrag zu lösen, ausschließt oder einschränkt; dies gilt nicht für die in der Nummer 7 bezeichneten Beförderungsbedingungen und Tarifvorschriften unter den dort genannten Voraussetzungen;

   b) *(Mängel)*

   eine Bestimmung, durch die bei Verträgen über Lieferungen neu hergestellter Sachen und über Werkleistungen

   aa) *(Ausschluss und Verweisung auf Dritte)*

   die Ansprüche gegen den Verwender wegen eines Mangels insgesamt oder bezüglich einzelner Teile ausgeschlossen, auf die Einräumung von Ansprüchen gegen Dritte beschränkt oder von der vorherigen gerichtlichen Inanspruchnahme Dritter abhängig gemacht werden;

   bb) *(Beschränkung auf Nacherfüllung)*

Allgemeine Geschäftsbedingungen

die Ansprüche gegen den Verwender insgesamt oder bezüglich einzelner Teile auf ein Recht auf Nacherfüllung beschränkt werden, sofern dem anderen Vertragsteil nicht ausdrücklich das Recht vorbehalten wird, bei Fehlschlagen der Nacherfüllung zu mindern oder, wenn nicht eine Bauleistung Gegenstand der Mängelhaftung ist, nach seiner Wahl vom Vertrag zurückzutreten;

cc) (Aufwendungen bei Nacherfüllung)

die Verpflichtung des Verwenders ausgeschlossen oder beschränkt wird, die zum Zwecke der Nacherfüllung erforderlichen Aufwendungen, insbesondere Transport-, Wege-, Arbeits- und Materialkosten, zu tragen;

dd) (Vorenthalten der Nacherfüllung)

der Verwender die Nacherfüllung von der vorherigen Zahlung des vollständigen Entgelts oder eines unter Berücksichtigung des Mangels unverhältnismäßig hohen Teils des Entgelts abhängig macht;

ee) (Ausschlussfrist für Mängelanzeige)

der Verwender dem anderen Vertragsteil für die Anzeige nicht öffentlicher Mängel eine Ausschlussfrist setzt, die kürzer ist als die nach dem Doppelbuchstaben ff zulässige Frist.

ff) (Erleichterung der Verjährung)

die Verjährung von Ansprüchen gegen den Verwender wegen eines Mangels in den Fällen des § 438 Abs. 1 Nr. 2 und des § 634a Abs. 1 Nr. 2 erleichtert oder in den sonstigen Fällen eine weniger als ein Jahr betragende Verjährungsfrist ab dem gesetzlichen Verjährungsbeginn erreicht wird;

9. *(Laufzeit bei Dauerschuldverhältnissen)*

bei einem Vertragsverhältnis, das die regelmäßige Lieferung von Waren oder die regelmäßige Erbringung von Dienst- oder Werkleistungen durch den Verwender zum Gegenstand hat,

    a) *eine den anderen Vertragsteil länger als zwei Jahre bindende Laufzeit des Vertrags,*

    b) *eine den anderen Vertragsteil bindende stillschweigende Verlängerung des Vertragsverhältnisses um jeweils mehr als ein Jahr oder*

    c) *zu Lasten des anderen Vertragsteils eine längere Kündigungsfrist als drei Monate vor Ablauf der zunächst vorgesehenen oder stillschweigend verlängerten Vertragsdauer;*

dies gilt nicht für Verträge über die Lieferung als zusammengehörig verkaufter Sachen, für Versicherungsverträge sowie für Verträge zwischen den Inhabern urheber-

Allgemeines Schuldrecht

rechtlicher Rechte und Ansprüche und Verwertungsgesellschaften im Sinne des Gesetzes über die Wahrnehmung von Urheberrechten und verwandten Schutzrechten;

10. *(Wechsel des Vertragspartners)*

    eine Bestimmung, wonach bei Kauf-, Darlehens-, Dienst- oder Werkverträgen ein Dritter anstelle des Verwenders in die sich aus dem Vertrag ergebenden Rechte und Pflichten eintritt oder eintreten kann, es sei denn, in der Bestimmung wird

    a) *der Dritte namentlich bezeichnet oder*

    b) *dem anderen Vertragsteil das Recht eingeräumt, sich vom Vertrag zu lösen;*

11. *(Haftung des Abschlussvertreters)*

    eine Bestimmung, durch die der Verwender einem Vertreter, der den Vertrag für den anderen Vertragsteil abschließt,

    a) *ohne hierauf gerichtete ausdrückliche und gesonderte Erklärung eine eigene Haftung oder Einstandspflicht oder*

    b) *im Falle vollmachtloser Vertretung eine über § 179 hinausgehende Haftung*

    auferlegt;

12. *(Beweislast)*

    eine Bestimmung, durch die der Verwender die Beweislast zum Nachteil des anderen Vertragsteils ändert, insbesondere indem er

    a) *diesem die Beweislast für Umstände auferlegt, die im Verantwortungsbereich des Verwenders liegen, oder*

    b) *den anderen Vertragsteil bestimmte Tatsachen bestätigen lässt;*

    Buchstabe b gilt nicht für Empfangsbekenntnisse, die gesondert unterschrieben oder mit einer gesonderten qualifizierten elektronischen Signatur versehen sind;

13. *(Form von Anzeigen und Erklärungen)*

    eine Bestimmung, durch die Anzeigen oder Erklärungen, die dem Verwender oder einem Dritten gegenüber abzugeben sind, an eine strengere Form als die Schriftform oder an besondere Zugangserfordernisse gebunden werden.

In der oben aufgeführten Abwandlung des Beispielfalls würde die Klausel „Keine Haftung für Sach- und Körperschäden" gegen § 309 Nr. 7a und 7b BGB verstoßen und somit unwirksam sein. Der Verstoß besteht darin, dass die vom Veranstalter auf die Karten gedruckte Klausel in ihrer Allgemeinheit, jedwede Sach- und Körperschäden unabhängig von ihrer Verschuldensform - selbst grob fahrlässige und vorsätzliche Schäden - ausschließen soll. Insofern ist diese viel zu weit greifende Klausel insgesamt unwirksam und an ihre Stelle tritt die Gesetzeslage, welche eine Haftung bei Sach- und Körperschäden vorsieht.

Allgemeine Geschäftsbedingungen **3.2**

Alle Klauseln von Allgemeinen Geschäftsbedingungen, die nach den Regelungen des Bürgerlichen Gesetzbuchs zu Allgemeinen Geschäftsbedingungen unzulässig sind, sind unwirksam. Die restlichen Vereinbarungen sowie die zulässigen Allgemeinen Geschäftsbedingungen werden hierdurch nicht beeinträchtigt. Sofern eine Regelungslücke entsteht, wird diese durch die normale Gesetzeslage geschlossen. Hierin unterscheiden sich die §§ 305 ff. BGB von der Regelung des § 139 BGB. Diese für individuell ausgehandelte Vertragsteile geltende Vorschrift würde gewöhnlich zur vollständigen Nichtigkeit eines Vertrages führen, wenn ein Teil eines Vertrages nichtig ist.[74] Auf allgemeine Geschäftsbedingungen ist diese Vorschrift jedoch nicht anzuwenden.

In der wirtschaftlichen Praxis kommt es häufig vor, dass bei Vertragsschlüssen zwischen zwei Unternehmern beide ihre Allgemeinen Geschäftsbedingungen zum Vertragsbestandteil machen möchten.

> *Beispiel:*
>
> *Die X-AG bestellt bei der B-GmbH Büromaterial. Bei der Bestellung weist die X-AG darauf hin, dass ihre Allgemeinen Geschäftsbedingungen gelten sollen. Die B-GmbH bestätigt daraufhin die Bestellung und legt der Bestätigung ihre eigenen Allgemeinen Geschäftsbedingungen bei, die größtenteils im Widerspruch zu den Geschäftsbedingungen der X-AG stehen. Nach kurzer Zeit liefert die B-GmbH das Büromaterial an die X-KG. Haben beide einen wirksamen Kaufvertrag geschlossen? Wessen Allgemeine Geschäftsbedingungen sind Vertragsbestandteil geworden?*

Das hier beschriebene Vorgehen ist in der Praxis nicht unüblich. Der § 154 Abs. 1 Satz 1 BGB schreibt zwar vor, dass ein Vertrag im Zweifel als nicht geschlossen gilt, solange sich die Parteien nicht über alle Punkte eines Vertrages geeinigt haben, über die nach Ansicht nur einer Partei eine Vereinbarung getroffen werden sollte; doch kann im vorliegenden Fall unter Einbeziehung der Bewertungsmaßstäbe des § 306 Abs. 1 BGB trotzdem ein wirksamer Kaufvertrag zustande gekommen sein. Diese Vorschrift sieht nämlich vor, dass auch dann, wenn Allgemeine Geschäftsbedingungen ganz oder teilweise nicht Vertragsbestandteil geworden oder sogar unwirksam sind, der Vertrag trotzdem im übrigen wirksam bleibt. Insbesondere wenn der Vertrag – wie im vorliegenden Fall – bereits durch Warenlieferung und deren Annahme erfüllt wurde, kann daraus geschlossen werden, dass die Vertragsparteien hiermit ihr Interesse an der Wirksamkeit des Vertrages ausgedrückt haben. Für den oben genannten Beispielfall bedeutet dies, dass der Vertrag wirksam ist und auch die Allgemeinen Geschäftsbedingungen insoweit wirksam sind, wie sie mit den Geschäftsbedingungen des Vertragspartners übereinstimmen. Für die Wirksamkeit der nicht übereinstimmenden Allgemeinen Geschäftsbedingungen kann auf die Wertung des § 306 Abs. 2 BGB zurückgegriffen werden. Diese Vorschrift sieht vor, dass sich der Inhalt des Vertrages nach den gesetzlichen Vorschriften richtet, soweit die Bestimmungen der Allgemeinen Geschäftsbedingungen nicht Vertragsbestandteil geworden oder unwirksam sind. Für

---

[74] Vgl. Musielak, Grundkurs BGB, 11. Auflage, München 2009, Rn. 274.

den vorliegenden Beispielfall bedeutet dies, dass der Vertrag mit allen übereinstimmenden Geschäftsbedingungen zustande gekommen ist und lediglich die nicht übereinstimmenden Allgemeinen Geschäftsbedingungen keine Wirkung entfalten, so dass an ihre Stelle die gesetzlichen Regelungen treten. Um sich gegen Allgemeine Geschäftsbedingungen von Vertragspartnern abzusichern verwenden in der Praxis viele Unternehmen so genannte Abwehrklauseln. Diese lauten beispielsweise: „Es gelten ausschließlich unsere Lieferbedingungen. Wir widersprechen ausdrücklich der Wirksamkeit anderer Geschäftsbedingungen; dies gilt selbst dann, wenn sie den von uns verwendeten Lieferbedingungen nicht widersprechen". Folge der Abwehrklauseln ist es, dass die Allgemeinen Geschäftsbedingungen des Vertragspartners keine Wirksamkeit entfalten. Gerichte akzeptieren diese Möglichkeit, sich durch Abwehrklauseln zu schützen. Dies gilt selbst dann, wenn die Abwehrklausel nur Teil der eigenen Allgemeinen Geschäftsbedingungen ist. Sofern jedoch bei Verträgen zwischen zwei Unternehmen beide Vertragspartner derartige Abwehrklauseln verwenden, sind die Allgemeinen Geschäftsbedingungen beider Partner unwirksam und es gilt stattdessen jeweils die Gesetzeslage, um diese Lücken zu schließen.

3.3 Verbraucherschutz

Das BGB enthält eine Vielzahl an Verbraucherschutzrechten, denn die Personengruppe der Verbraucher verdient nach Auffassung des Gesetzgebers als im Geschäftsverkehr unterlegene Gruppe einen besonderen Schutz. So enthält das BGB mit dem § 312 BGB besondere Regelungen für so genannte Haustürgeschäfte, mit den §§ 312b ff. BGB besondere Regelungen für Fernabsatzverträge, in den §§ 481 ff. BGB besondere Regelungen für Teilzeit-Wohnrechtsverträge und in den §§ 491 ff. BGB besondere Regelungen für Verbraucherdarlehensverträge. Alle diese Vorschriften haben gemeinsam, dass sie dem Verbraucher bei Vorliegen bestimmter Voraussetzungen ein Widerrufsrecht einräumen.[75] Die für die genannten Normen notwendige Differenzierung in Unternehmer und Verbraucher findet sich in den §§ 13 und 14 des BGB. Hiernach sind Verbraucher natürliche Personen, die ein Rechtsgeschäft abschließen, welches weder für ihre gewerbliche noch für ihre selbständige berufliche Tätigkeit vorgenommen wird. Unternehmer hingegen ist jede natürliche oder juristische Person bzw. rechtsfähige Personengesellschaft, welche bei dem Abschluss von Rechtsgeschäften in Ausübung ihrer gewerblichen oder selbstständigen beruflichen Tätigkeit handelt.

---

[75] Vgl. hierzu vertiefend: Heinig, Neuregelungen bei den Vorschriften zum Widerrufs- und Rückgaberecht im BGB, JR 2010, S. 461 ff; Lettl, Die wirksame Ausübung eines Widerrufsrechts nach §§ 312 ff. BGB und dessen Rechtsfolgen (§§ 355, 357 BGB), JA 2011, S. 9 ff.

3.3.1 Haustürgeschäfte

Beispiel:

A fährt mit dem Bus zur Arbeit. Ein Mann, der auf dem Sitzplatz neben ihm sitzt unterhält sich mit A über Zeitschriften. Es stellt sich heraus, dass er als Zeitungswerber für einen Verlag arbeitet. Noch im Bus lässt er sich von A ein Bestellformular für eine Zeitschrift über Modellbau unterschreiben. Als A am Abend nach der Arbeit nach Hause kommt, bedauert er, dass er im Bus die Zeitschrift abonniert hat. Was kann er tun?

Das Haustürgeschäft ist in § 312 und § 312a BGB geregelt. Um diese Regelung anwenden zu können, muss ein Vertrag zwischen einem Unternehmer und einem Verbraucher geschlossen worden sein. Der Zweck der Regelungen der §§ 312 f. BGB ist es, den Verbraucher in Lebenssituationen, welche nicht auf einen Vertragsschluss ausgerichtet sind, vor Überrumpelung zu schützen.[76] Der Begriff Haustürgeschäft ist deshalb eher als ein Sammelbegriff zu verstehen. Er umfasst weit mehr als den Abschluss von Verträgen in und um den privaten Lebensbereich der Wohnung. Vielmehr soll nach § 312 Abs. 1 Satz 1 Ziff. 1 bis 3 BGB ein Schutz bei Verträgen bestehen, die

- durch mündliche Verhandlungen am Arbeitsplatz oder im Bereich einer Privatwohnung,
- anlässlich einer vom Unternehmer oder von einem Dritten zumindest auch im Interesse des Unternehmers durchgeführten Freizeitveranstaltung oder
- im Anschluss an ein überraschendes Ansprechen in Verkehrsmitteln oder im Bereich öffentlich zugänglicher Verkehrsflächen

abgeschlossen werden.

In all diesen Fällen hat der Verbraucher die Möglichkeit, innerhalb von zwei Wochen von seinem Widerrufsrecht Gebrauch zu machen. Die Frist beginnt hierbei erst dann zu laufen, wenn der Verbraucher ordnungsgemäß belehrt worden und die Ware bei ihm eingetroffen ist. Im oben genannten Beispielfall, kann A das Zeitungsabonnement innerhalb der Zweiwochenfrist widerrufen, da der Vertrag zwischen dem Verlag als Unternehmer und ihm als Verbraucher aufgrund eines Ansprechens in Verkehrsmitteln zustande gekommen ist. Es sei aber noch einmal ausdrücklich betont: ein Widerrufsrecht besteht nur bei Verträgen zwischen Unternehmen und Verbrauchern. Beim Kauf zwischen Privatpersonen besteht kein Widerrufsrecht, da die Vorschriften über Haustürwiderruf lediglich Verbraucherschutz beinhalten und lediglich Verbraucher vor Überrumpelung durch Unternehmer schützen sollen.

---

[76] Vgl. Musielak, Grundkurs BGB, 11. Auflage, München 2009, Rn. 260.

3.3.2 Fernabsatzgeschäfte

Unter Fernabsatzverträgen kann man alle Verträge über Waren und Dienstleistungen verstehen, die zwischen einem Unternehmer und einem Verbraucher unter ausschließlicher Verwendung von Fernkommunikationsmitteln wie beispielsweise Telefon, Telefax oder Internet abgeschlossen werden.[77] Das Bürgerliche Gesetzbuch hat mit den §§ 312b ff. BGB Verbraucherschutzvorschriften geschaffen, die dazu dienen sollen, die Rechte des Verbrauchers im Rahmen des Fernabsatzes zu stärken.[78]

> *Beispiel:*
>
> *K sieht im Katalog des Unternehmens U einen weißen Strickpullover, der ihm gefällt. Mittels einer Bestellkarte, die sich in dem Katalog befindet, bestellt K bei U den Pullover. Als ihm der bestellte Pullover eine Woche später mit der Post zugeht und er ihn auspackt, stellt er fest, dass ihm der Pullover überhaupt nicht gefällt. So schön wie auf dem Bild in dem Katalog erscheint er ihm nicht mehr. Deshalb schickt K den Pullover an U zurück und bezahlt die beiliegende Rechnung nicht. Hat U einen Anspruch auf Abnahme und Bezahlung der Ware?*

Ein Anspruch des Unternehmens U auf Abnahme und Bezahlung des Pullovers könnte sich vorliegend aus § 433 Abs. 2 BGB ergeben. Am Vorliegen eines wirksamen Kaufvertrages bestehen keine Zweifel. Der Katalog stellt eine Einladung zum Abgeben eines Angebots – also eine „invitatio ad offerendum" - dar, die Bestellung des K ist das Angebot und das Zuschicken der Ware durch das Unternehmen ist die wirksame Annahme. Mangels Fehlerhaftigkeit des Produktes kommt ein Rücktritt vom Vertrage über Mängelgewährleistungsrechte nicht in Betracht. Auch für eine Anfechtung des Vertrages fehlt der Rechtsgrund. K könnte den Vertrag allerdings gemäß den §§ 312d, 355 Abs. 1 BGB wirksam widerrufen haben. Voraussetzung dafür ist, dass ein Fernabsatzvertrag vorliegt. Unter einem Fernabsatzvertrag versteht man nach § 312b Abs. 1 BGB einen Vertrag über die Lieferung von Waren oder über die Erbringung von Dienstleistungen, der zwischen einem Unternehmer und einem Verbraucher unter ausschließlicher Verwendung von Fernkommunikationsmitteln abgeschlossen wird. Im vorliegenden Fall ist U Unternehmer und K Verbraucher. Der Kaufvertrag ist nur per Fernkommunikationsmittel, nämlich per Bestellkarte und Zusendung der Ware per Post zu Stande gekommen. Insofern konnte K den Vertrag wirksam widerrufen. Das Widerrufsrecht richtet sich nach § 355 BGB. Diese Vorschrift lautet:

§ 355 BGB Widerrufsrecht bei Verbraucherverträgen

> *(1) Wird einem Verbraucher durch Gesetz ein Widerrufsrecht nach dieser Vorschrift eingeräumt, so ist er an seine auf den Abschluss des Vertrages gerichtete Willenserklärung nicht mehr gebunden, wenn er sie fristgerecht widerrufen hat. Der Widerruf*

---

[77] Vgl. hierzu vertiefend auch: Föhlisch, Reichweite des Prüfungsrechts im Fernabsatz, NJW 2011, S. 30 ff.
[78] Vgl. zur Vertiefung: Alexander, Neuregelungen zum Schutz der Verbraucher bei unerlaubter Telefonwerbung, JuS 2009, S. 1070 ff.

muss keine Begründung enthalten und ist in Textform oder durch Rücksendung der Sache innerhalb der Widerrufsfrist gegenüber dem Unternehmer zu erklären; zur Fristwahrung genügt die rechtzeitige Absendung.

(2) Die Widerrufsfrist beträgt 14 Tage, wenn dem Verbraucher spätestens bei Vertragsschluss eine den Anforderungen des § 360 Abs. 1 entsprechende Widerrufsbelehrung in Textform mitgeteilt wird. Bei Fernabsatzverträgen steht eine unverzüglich nach Vertragsschluss in Textform mitgeteilte Widerrufsbelehrung einer solchen bei Vertragsschluss gleich, wenn der Unternehmer den Verbraucher gemäß Art. 246 § 1 Abs. 1 Nr. 10 des Einführungsgesetzes zum Bürgerlichen Gesetzbuche unterrichtet hat. Wird die Widerrufsbelehrung dem Verbraucher nach dem gemäß Satz 1 oder Satz 2 maßgeblichen Zeitpunkt mitgeteilt, beträgt die Widerrufsfrist einen Monat. Dies gilt auch dann, wenn der Unternehmer den Verbraucher über das Widerrufsrecht gemäß Art. 246 § 2 Abs. 1 Satz 1 Nr. 2 des Einführungsgesetzes zum Bürgerlichen Gesetzbuche zu einem späteren als dem in Satz 1 oder Satz 2 genannten Zeitpunkt unterrichten darf.

(3) Die Widerrufsfrist beginnt, wenn der Verbraucher eine den Anforderungen des § 360 Abs. 1 entsprechende Belehrung über sein Widerrufsrecht in Textform mitgeteilt worden ist. Ist der Vertrag schriftlich abzuschließen, so beginnt die Frist nicht, bevor dem Verbraucher auch eine Vertragsurkunde, der schriftliche Antrag des Verbrauchers oder eine Abschrift der Vertragsurkunde oder des Antrags zur Verfügung gestellt wird. Ist der Fristbeginn streitig, so trifft die Beweislast den Unternehmer.

(4) Das Widerrufsrecht erlischt spätestens sechs Monate nach Vertragsschluss. Diese Frist beginnt bei der Lieferung von Waren nicht vor deren Eingang beim Empfänger. Abweichend von Satz 1 erlischt das Widerrufsrecht nicht, wenn der Verbraucher nicht entsprechend den Anforderungen des § 360 Abs. 1 über sein Widerrufsrecht in Textform belehrt worden ist, bei Fernabsatzverträgen über Finanzdienstleistungen ferner nicht, wenn der Unternehmer seine Mitteilungspflichten gemäß Art. 246 § 2 Abs. 1 Satz 1 Nr. 1 und Satz 2 Nr. 1 bis 3 des Einführungsgesetzes zum Bürgerlichen Gesetzbuche nicht ordnungsgemäß erfüllt hat.

Alternativ zum Widerrufsrecht können Unternehmer ihren Kunden auch ein Rückgaberecht nach § 356 BGB einräumen. In derartigen Fällen kann sich der Verbraucher nach § 356 Abs. 2 BGB nur dann vom Vertragsschluss lösen, wenn er die ihm vom Unternehmer zugesandte Ware nach Erhalt innerhalb der Widerrufsfrist an den Unternehmer zurücksendet. Die Rücksendung der Ware findet bei Ausübung des Widerrufsrechts grundsätzlich auf Kosten und Gefahr des Unternehmers statt. Allerdings dürfen Unternehmer im Rahmen des Widerrufsrechts den Verbrauchern die regelmäßigen Kosten der Rücksendung vertraglich auferlegen, wenn der Preis der zurückzusendenden Sache einen Betrag von 40 € nicht übersteigt und wenn bei einem höheren Preis der Sache der Verbraucher die Gegenleistung oder eine Teilzahlung zum Zeitpunkt des Widerrufs noch nicht erbracht hat. Dieses ergibt sich aus § 357 Abs. 2 Satz 2 und Satz 3 BGB. Dementsprechend ist im oben aufgeführten Beispielfall der K aufgrund des wirksamen Widerrufs nicht dazu verpflichtet den Pullover abzunehmen bzw. diesen zu bezahlen.

3.4 Positive Vertragsverletzung

Das Rechtskonstrukt „positive Vertragsverletzung" geht bereits auf eine langjährige Rechtsprechung zurück. Da es sowohl in Rechtsprechung als auch in der Literatur einhellig anerkannt war, ist es kaum verwunderlich, dass es im Rahmen der Schuldrechtsreform 2002 auch in den Gesetzestext des § 280 BGB aufgenommen wurde. Seitdem wird § 280 BGB als eigenständige Anspruchsgrundlage des bürgerlichen Gesetzbuchs gesehen. Da diese Vorschrift allerdings die langjährige Rechtsprechung der positiven Vertragsverletzung beinhaltet, ist es nicht verwunderlich, dass viele Lehrbücher – ebenso wie das vorliegende – weiterhin den Begriff „positive Vertragsverletzung" synonym für den § 280 BGB verwenden.

Ein Vertrag verpflichtet die Vertragsparteien nicht nur allein zur Erbringung der vertraglich vereinbarten Hauptpflichten. Vielmehr bestehen bei der Abwicklung von Verträgen auch Nebenpflichten. Insbesondere wird nach § 241 Abs. 2 BGB erwartet, dass beide Vertragspartner Rücksicht auf die Rechte, Rechtsgüter und Interessen des anderen Vertragspartners nehmen. Wird gegen diese Nebenpflicht verstoßen, so kann der Betroffene Schadensersatz nach § 280 BGB verlangen. Diese Vorschrift lautet:

§ 280 BGB Schadensersatz wegen Pflichtverletzung

(1) Verletzt der Schuldner eine Pflicht aus dem Schuldverhältnis, so kann der Gläubiger Ersatz des hierdurch entstehenden Schadens verlangen. Dies gilt nicht, wenn der Schuldner die Pflichtverletzung nicht zu vertreten hat.

(2) Schadensersatz wegen Verzögerung der Leistung kann der Gläubiger nur unter der zusätzlichen Voraussetzung des § 286 verlangen.

(3) Schadensersatz statt der Leistung kann der Gläubiger nur unter den zusätzlichen Voraussetzungen des § 281, des § 282 oder des § 283 verlangen.

Auch wenn der Gesetzestext die Differenzierung in Hauptpflicht- und Nebenpflichtverletzung nicht vornimmt, wird dieser Paragraph in der Praxis zumeist bei Nebenpflichtverletzungen angewandt; denn sofern im Rahmen eines Vertrages eine Hauptpflicht nicht erfüllt wird, kann deren Erfüllung bereits aus dem Vertrag und den darin getroffenen Vereinbarungen vom Vertragspartner gefordert werden. Der Tatbestand des § 280 BGB ist auch nur subsidiär anwendbar. Dies bedeutet, dass diese Vorschrift als alleinige Anspruchsgrundlage nur dann genutzt werden kann, wenn keine anderen, spezielleren Vorschriften die bemängelten Pflichtverletzungen regeln. Darüber hinaus tritt eine Ersatzpflicht des Schädigers nach § 280 Abs. 1 Satz 2 BGB nur dann ein, wenn er die Pflichtverletzung zu vertreten – also zu verantworten – hat.

Positive Vertragsverletzung 3.4

Beispiel:

A beauftragt den Malermeister M, die Wände seines Wohnzimmers grün anzustreichen. M erledigt diese Arbeit auch; verschüttet jedoch etwas Farbe auf dem Teppich und kommt aus Unachtsamkeit mit der Leiter gegen den Wohnzimmerschrank, so dass dessen Holz einen großen Kratzer aufweist.

In diesem Beispielfall hat der Malermeister M die Hauptpflicht des Vertrages, nämlich das Streichen der Wohnzimmerwand, tadellos ausgeführt. Aus den Hauptpflichten des Vertrages kann der A also keinen Anspruch gegen M herleiten. Nach § 241 Abs. 2 BGB ist jedoch jeder Vertragspartner verpflichtet, Rücksicht auf die Rechtsgüter des anderen Vertragspartners zu nehmen. Indem M den Teppich und den Schrank des A beschädigte, hat er gegen diese Pflicht verstoßen und macht sich gemäß § 280 BGB dem A gegenüber schadensersatzpflichtig. Zwar kennt das BGB neben dem § 280 BGB noch andere Vorschriften, die in derartigen Situationen wegen der Sachbeschädigung zu Schadensersatz führen können (z.B. § 823 BGB), doch liegt in der Praxis der Vorteil des § 280 Abs. 1 BGB darin, dass der Schädiger hier den Schaden zu ersetzen hat, sofern er nicht darlegen und beweisen kann, dass er die Pflichtverletzung nicht zu verantworten hat. Die positive Vertragsverletzung führt also zu einer für den Geschädigten günstigeren Beweislastverteilung. Anders als bei den meisten Anspruchsgrundlagen, bei denen der Geschädigte alles für ihn Günstige darlegen und beweisen muss, ist es bei § 280 BGB umgekehrt. Der Gesetzgeber hat in § 280 Abs. 1 Satz 2 BGB festgelegt, dass kein Schadensersatz verlangt werden kann, wenn der Schuldner die Pflichtverletzung nicht zu vertreten hat. Diese Art der Formulierung hat der Gesetzgeber bewusst gewählt, um damit auszudrücken, dass grundsätzlich von einer Haftung ausgegangen wird und der Schädiger beweisen muss, dass ihn kein Verschulden trifft, damit er für den Schaden nicht einstehen muss. Hier muss der Schädiger also nach § 280 Abs. 1 Satz 2 BGB darlegen und beweisen, dass er den Schaden nicht zu verantworten hat. Gelingt ihm dies nicht, so muss er bei Vorliegen der übrigen Voraussetzungen, nämlich bei dem Vorliegen eines Schuldverhältnisses und eines Schadens, Ersatz für den Schaden leisten. Die Rechtsfolge eines Verstoßes gegen § 280 BGB ist Schadensersatz. Anders als beispielsweise in Amerika, wo es kein gesetzlich normiertes Schadensersatzrecht gibt und aus einem Strafgedanken heraus extrem hohe Schadensersatzsummen gefordert werden können, ist der Schadensersatz in Deutschland lediglich auf Naturalrestitution gerichtet. Naturalrestitution bedeutet, dass der ursprüngliche Zustand vor dem schädigenden Ereignis wieder hergestellt werden soll. Ist dies nicht möglich, so hat der Schädiger ersatzweise den Geldbetrag zu zahlen, der hierfür notwendig ist. Dabei soll der Geschädigte nicht besser gestellt werden, als er vor dem schädigenden Ereignis stand.

Es können jedoch auch Schadensereignisse in Situationen existieren, in denen zwar noch kein Vertrag geschlossen worden ist, in welchen jedoch die Anbahnung eines Vertrages kurz bevor stand bzw. ein vertragsähnliches Näheverhältnis gegeben ist. Auch hier hat der Gesetzgeber für den Geschädigten mit § 311 Abs. 2 BGB („culpa in contrahendo") eine sinnvolle Regelung geschaffen.

3.5 Culpa in contrahendo

Unter culpa in contrahendo versteht man ein Verschulden vor oder bei Vertragsschluss. Der Begriff culpa in contrahendo ist zusammengesetzt aus dem lateinischen Wort „culpa", was soviel bedeutet wie „Schuld" und den lateinischen Worten „in contrahendo", die mit den Worten „beim Verhandeln" übersetzt werden können. Culpa in contrahendo wird in der Literatur bisweilen auch mit „c.i.c." abgekürzt. Ebenso wie die oben dargestellte positive Vertragsverletzung war auch das rechtliche Konstrukt culpa in contrahendo bis zum 01.01.2002 nicht gesetzlich geregelt, sondern geht auf den - auf dem römischen Recht fußenden - Grundsatz des § 242 BGB zurück[79] und wird dem deutschen Juristen Rudolf von Ihering zugeschrieben.[80] Die nähere Ausgestaltung und Fortentwicklung dieses Rechtskonstrukts wurde dann über die Jahre durch die Rechtsprechung der Zivilgerichte geleistet.[81] Erst im Rahmen der Schuldrechtsreform im Jahre 2002 wurde das Rechtsinstitut culpa in contrahendo in § 311 Abs. 2 BGB erstmals gesetzlich normiert. Diese Vorschrift lautet:

§ 311 BGB Rechtsgeschäftliche und rechtsgeschäftsähnliche Schuldverhältnisse

> *(1) Zur Begründung eines Schuldverhältnisses durch Rechtsgeschäft sowie zur Änderung des Inhalts eines Schuldverhältnisses ist ein Vertrag zwischen den Beteiligten erforderlich, soweit nicht das Gesetz ein anderes vorschreibt.*
>
> *(2) Ein Schuldverhältnis mit Pflichten nach § 241 Abs. 2 entsteht auch durch*
>
> *1. die Aufnahme von Vertragsverhandlungen,*
>
> *2. die Anbahnung eines Vertrages, bei welcher der eine Teil im Hinblick auf eine etwaige rechtsgeschäftliche Beziehung dem anderen Teil die Möglichkeit zur Einwirkung auf seine Rechte, Rechtsgüter und Interessen gewährt oder ihm diese anvertraut, oder*
>
> *3. ähnliche geschäftliche Kontakte.*
>
> *(3) Ein Schuldverhältnis mit Pflichten nach § 241 Abs. 2 kann auch zu Personen entstehen, die nicht selbst Vertragspartei werden sollen. Ein solches Schuldverhältnis entsteht insbesondere, wenn der Dritte in besonderem Maße Vertrauen für sich in Anspruch nimmt und dadurch die Vertragsverhandlungen oder den Vertragsschluss erheblich beeinflusst.*

Hintergrund dieser Regelung ist, dass zumeist bei Anbahnung eines Vertrages oder eines geschäftlichen Näheverhältnisses bereits im Vorfeld des Vertragsschlusses gegenseitiges Vertrauen gewährt wird, welches es rechtfertigt, dass dem potentiellen

---

[79] Vgl. Metzler-Müller / Dörrschmidt, Wie löse ich einen Privatrechtsfall?, 4. Auflage, Stuttgart u.a. 2005, S. 107.
[80] Vgl. Reich, Einführung in das Bürgerliche Recht, 4. Auflage, Wiesbaden 2007, S. 178.
[81] Vgl. Müssig, Wirtschaftsprivatrecht, 9. Auflage, Heidelberg 2006, S. 153.

Vertragspartner auch hier durch eine gesetzliche Anspruchsgrundlage die Möglichkeit des Schadensersatzes zur Seite gestellt wird.

Beispiel (für die Möglichkeit zur Einwirkung auf Rechte):

A besitzt eine alte teure Armbanduhr. Da diese regelmäßig 5 Minuten nachgeht, beschließt er diese zum Uhrmacher zu bringen, um nach dem Preis für eine Reparatur zu fragen. Als der Uhrmacher sich die Uhr ansieht, rutscht sie ihm versehentlich aus den Händen. Die Uhr schlägt auf den Steinfußboden auf und es entsteht ein großer Sprung im Glas.

Im oben genannten Beispielfall hat der A im Hinblick auf einen möglichen Vertragsschluss dem Uhrmacher die Möglichkeit zur Einwirkung auf sein Rechtsgut, nämlich auf seine Armbanduhr, gegeben. Insofern kann A gegen den Uhrmacher einen Anspruch auf Schadensersatz gemäß § 311 Abs. 2 BGB geltend machen.

Beispiel (für ähnliche geschäftliche Kontakte):

A ist gerade dabei, das Technikhaus X zu betreten, um sich die dort ausgestellten Fernsehgeräte anzusehen. Er kommt allerdings nur bis in den Eingangsbereich. Dort rutscht er auf einer auf dem Fußboden liegenden Bananenschale aus und fällt so unglücklich auf den Arm, dass er sich einen schmerzhaften Knochenbruch zuzieht.

In diesem Beispielfall handelt es sich um die mögliche Anbahnung eines geschäftlichen Kontaktes. Schließlich wollte A das Technikhaus betreten, um sich die dort ausgestellten Fernsehgeräte anzusehen. In der Praxis ist eine Kaufabsicht nicht einmal erforderlich. Es genügt, wenn man ein Geschäft betritt, um sich die Ware anzusehen. Es ist Aufgabe eines potentiellen Vertragspartners, seine Geschäftsräume so einzurichten bzw. abzusichern, dass seine möglichen Kunden nicht in ihren Rechtsgütern geschädigt werden. Ein Schadensersatzanspruch nach § 311 Abs. 2 BGB setzt also eine objektive Pflichtverletzung des potentiellen Vertragspartners voraus. Derartige Pflichten sind in § 241 Abs. 2 BGB gesetzlich geregelt. Hierbei spielen insbesondere die Verletzung von Schutz- und Sorgfaltspflichten gegenüber dem potentiellen Vertragspartner sowie Offenbarungspflichten wie beispielsweise Aufklärungspflichten eine große Rolle. Die im Eingangsbereich des Geschäftes befindliche Bananenschale wäre dementsprechend ein Verstoß gegen eine Schutzpflicht und stellt damit eine Pflichtverletzung im Sinne des § 311 Abs. 2 BGB durch das Technikhauses X dar. Das Geschäft hätte dafür sorgen müssen, dass der Fußboden sauber ist und keine Gefährdung für die Kunden darstellt. Darüber hinaus ist es erforderlich, dass der Schuldner die Pflichtverletzung auch zu vertreten, also zu verantworten hat. Hierbei hat der Schuldner sowohl für eigenes Verschulden als auch nach § 278 BGB für das Verschulden seiner Erfüllungsgehilfen einzustehen. Sofern aufgrund einer derartigen schuldhaften Pflichtverletzung ein Schaden entsteht, so ist dieser entsprechend dem in §§ 249 ff. BGB normiertem Umfang zu ersetzen. Aus diesem Grunde steht A gegen X ein Anspruch auf Schadensersatz, nämlich auf Heilbehandlungskosten bezüglich des Knochenbruchs zu. Sofern ihm in diesem Zusammenhang noch weitere Schäden entstanden sind, beispielsweise Verdienstausfall, so kann er auch diese über die Vorschrift des § 311 Abs. 2 BGB ersetzt verlangen. Auch wenn diese Vorschrift als vorvertragliche Pflichtverletzung bezeichnet wird, ist es für den Anspruch auf Schadensersatz nicht erforderlich, dass nach dem schädigenden Ereignis noch ein Vertrag mit dem Schädiger abgeschlossen wird. Gemeint ist vielmehr, dass in einer Lebenssituation, die auf einen möglichen Vertragsschluss ausgerichtet ist, jemand zu Schaden kommt. Dementsprechend kommt es auf einen tatsächlich später stattfindenden Vertragsschluss nicht an.

3.5.1 Prüfschema

Für die Pflichtverletzung vor Vertragsschluss im Sinne des § 311 Abs. 2 BGB bietet sich folgendes Prüfungsschema an:

- Bestehen eines vorvertraglichen Schuldverhältnisses,
- objektive Pflichtverletzung des Schuldners,
- Vertretenmüssen,
- auf die Pflichtverletzung zurückzuführender Schaden,
- Rechtsfolge: Schadensersatz.

3.5.2 Vorvertragliches Schuldverhältnis

Für das vorliegen eines vorvertraglichen Schuldverhältnisses ist nicht jede beliebige Form eines gesteigerten sozialen Kontaktes ausreichend. Es muss sich vielmehr um einen geschäftlichen Kontakt handeln, welcher auf den Abschluss eines Vertrages bzw. auf die Anbahnung einer geschäftlichen Beziehung ausgerichtet ist. Die hierfür infrage kommenden Alternativen sind in § 311 Abs. 2 BGB unter den Ziffern 1-3 explizit genannt.

3.5.3 Objektive Pflichtverletzung

Was genau unter einer objektiven Pflichtverletzung zu verstehen ist, lässt der § 311 BGB insoweit offen, als er hierfür keine explizite Definition bietet. Aus dem Grundsatz von Treu und Glauben im Sinne des § 242 BGB wird hergeleitet, dass im Rahmen der Aufnahme von Vertragsverhandlungen bzw. bei geschäftlichen Kontakt dem potentiellen Vertragspartner die Pflicht zur Rücksichtnahme auf die Rechtsgüter und Belange seines potentiellen Kunden zukommt. Darüber hinaus treffen ihn auch Obhutspflichten bezüglich der ihm überlassenen Gegenstände. Ebenso treffen ihn darüber hinaus gegebenenfalls Sorgfalts- und Aufklärungspflichten.

3.5.4 Vertretenmüssen

Der Anspruch aus culpa in contrahendo (§ 311 Abs. 2 BGB in Verbindung mit § 280 BGB) hat ebenso wie der Anspruch aus positiver Vertragsverletzung (§ 280 BGB) eine Beweislastumkehr zum Inhalt. Das bedeutet, dass nicht der Geschädigte das Verschulden des Schädigers beweisen muss, sondern dass dieses vermutet wird. Diese Vermutung kann der Schädiger entkräften, indem er den Gegenbeweis antritt. Er hat nach § 276 BGB sowohl für eigenes Verschulden wie auch nach § 278 BGB für das Verschulden seiner Erfüllungsgehilfen einzustehen.

3.5.5 Schaden

Dem Geschädigten muss aus der Pflichtverletzung ein Schaden entstanden sein. Dieser kann entweder wie im Beispiel mit dem Uhrmacher in einem Sachschaden oder wie in dem Beispielfall mit der Bananenschale in einer Körperverletzung bestehen. Auch andere Schadenspositionen wie beispielsweise entgangener Gewinn sind denkbar.

3.6 Art und Umfang des Schadensersatzes

Die im Bürgerlichen Gesetzbuch zu findenden Anspruchsgrundlagen, welche auf Schadensersatz abzielen, treffen lediglich Regelungen darüber, ob jemand Schadensersatz zu leisten hat. Derartige Anspruchsgrundlagen sagen jedoch nichts darüber aus, welchen Umfang diese Zahlung haben soll. Regelungen zum Umfang des Schadensersatzes finden sich in den §§ 249 ff. BGB. Für den Bereich des Deliktsrechts sind darüber hinaus zusätzlich auch die §§ 842 ff. BGB anzuwenden. Hierbei ist zu beachten das § 249 Abs. 1 keine Anspruchsgrundlage darstellt. Es handelt sich hierbei nur um eine Norm, welche die Rechtsfolge der Anspruchsgrundlagen wie beispielsweise § 280 Abs. 1 BGB, § 311 Abs. 2 BGB, § 823 Abs. 1 BGB oder § 831 Abs. 1 BGB in ihrem Umfang umreißt.

3.6.1 Naturalrestitution

Der § 249 Abs. 1 BGB stellt die Ausgangsnorm für die Betrachtung der Schadensersatzpflicht bzw. für deren Umfang dar. Gewöhnlich hat der Schädiger, wenn er Schadensersatz zu leisten hat, den Zustand wiederherzustellen, welcher bestehen würde, wenn der zum Ersatz verpflichtende Umstand nicht eingetreten wäre.[82] Dieser Grundsatz stützt sich auf § 249 Satz 1 BGB und wird auch als Naturalrestitution – also Wiederherstellung des alten Zustands in Natur – bezeichnet.[83] Hierbei ist zu beachten, dass es dem Schädiger gewöhnlich nicht möglich ist, seine Handlung ungeschehen zu machen. Hieraus wird deutlich, dass der Begriff Naturalrestitution nicht verlangt, den genauen früheren Zustand wiederherzustellen, sondern dass der Gesetzgeber und die ständige Rechtsprechung lediglich von der Herstellung eines wirtschaftlich gleichwertigen Zustands ausgehen.[84] Hat beispielsweise jemand eine ehrverletzende Äußerung von sich gegeben, so ist es ihm zwar nicht möglich dieses ungeschehen zu machen, doch wird ein Widerruf dieser Äußerung als Wiederherstellung des ursprünglichen Zustands gesehen.

3.6.2 Geldersatz

In der Praxis ist es dem Schädiger jedoch zumeist nicht möglich, persönlich den alten Zustand wieder herzustellen. Aus diesem Grund sieht das Gesetz vor, dass der Schädiger dem Geschädigten auch Geldersatz leisten kann. Hierbei soll die Zahlung eines Geldbetrages dazu dienen, den Schaden wieder gut zu machen. Die genauen Umstände, wie sich dieser Geldbetrag zusammensetzt, können aus den Regelungen der §§ 249 bis 251 BGB entnommen werden.

3.6.2.1 Personen- oder Sachschäden

Nach § 249 Abs. 2 Satz 1 BGB hat der Gläubiger wegen Verletzung einer Person oder wegen Beschädigung einer Sache, statt der Herstellung durch Naturalrestitution, die Möglichkeit, den dazu erforderlichen Geldbetrag zu verlangen. Der Geschädigte ist dementsprechend nicht verpflichtet, dem Schädiger Einwirkung auf seiner Rechtsgüter zuzugestehen, damit dieser eine Naturalrestitution vornehmen kann. So kann beispielsweise im Rahmen der Abwicklung eines Unfallschadens, der geschädigte seinen Pkw in eine Fachwerkstatt zur Reparatur geben und die Reparaturkosten später vom Schädiger ersetzt verlangen. Er ist nicht verpflichtet Reparaturversuche seitens des

---

[82] Vgl. hierzu vertiefend: Hirsch, Schadensersatz nach Verkehrsunfall – Reparaturkosten oder Wiederbeschaffungsaufwand?, JuS 2009, S. 299 ff.
[83] Vgl. zu Schaden und Schadensersatz vertiefend: Deutsch / Ahrens, Deliktsrecht, 5. Auflage, Köln 2009, Rn. 621 ff.; Schwab / Löhnig, Einführung in das Zivilrecht, 18. Auflage, Heidelberg 2010, Rn. 357 ff.
[84] Vgl. RGZ 76, S. 146.

Art und Umfang des Schadensersatzes **3.6**

Schädigers zu dulden. Im Rahmen der Schadensersatzansprüche, welche in Geldbeträgen erstattet werden, ist zu differenzieren zwischen einem Schadensersatz in Geld nach Fristsetzung im Sinne des § 250 BGB und dem Schadensersatz in Geld ohne Fristsetzung gemäß § 251 BGB.

3.6.2.2 Schadensersatz in Geld nach Fristsetzung

Schadensersatz in Geld nach Fristsetzung kann der Gläubiger nach § 250 BGB vom Ersatzpflichtigen dann verlangen, wenn er zur Herstellung eine angemessene Frist mit der Erklärung bestimmt, dass er die Herstellung nach dem Ablauf der Frist ablehnt. Ist die Frist dann abgelaufen, so kann der Gläubiger den Ersatz in Geld verlangen und ist nicht mehr auf Naturalrestitution angewiesen.

3.6.2.3 Schadensersatz in Geld ohne Fristsetzung

Anders verhält es sich, wenn eine Wiederherstellung in Natur überhaupt nicht mehr möglich oder zur Entschädigung des Gläubigers nicht ausreichend ist. Mit dieser Regelung sind also die Fälle erfasst, die unter die anfängliche, nachträgliche, objektive und subjektive Unmöglichkeit im Sinne des § 275 BGB fallen. In derartigen Fällen bedarf es keiner Fristsetzung mehr, sondern der Schuldner hat gemäß § 251 Abs. 1 Satz 1 BGB den Gläubiger in Geld zu entschädigen.

3.6.3 Unverhältnismäßige Aufwendungen

Ein weiteres Anwendungsfeld für die Entschädigung in Geld, sind die Fälle, in welchen die Wiederherstellung des ursprünglichen Zustands in Natur nur mit unverhältnismäßigen Aufwendungen möglich ist. Für derartige Fälle sieht der § 251 Abs. 2 BGB vor, dass der Ersatzpflichtige den Gläubiger auch dann in Geld entschädigen kann, obwohl die Wiederherstellung theoretisch möglich ist. Erfasst werden hiervon jedoch nur Fälle, in welchen der Aufwand zur Wiederherstellung unverhältnismäßig ist. Von einer Unverhältnismäßigkeit kann nach einer von der Rechtsprechung angewandten Faustformel beispielsweise bei Kraftfahrzeugschaden ausgegangen werden, wenn die Reparaturkosten den Wert eines PKWs um 30 % seines Zeitwertes übertreffen. Allgemein lässt sich sagen, dass die Unverhältnismäßigkeit dadurch ermittelt wird, dass ein Vergleich zwischen Herstellungskosten und dem Wert zu ziehen ist. Hierbei kommt es auf den reinen Sachwert zur Zeit der Schädigung und nicht auf einen etwaigen subjektiven Wert eines Gegenstandes an.

3.6.4 Entgangener Gewinn

Zu den zu ersetzenden Schadenspositionen gehört auch der so genannte entgangene Gewinn. Dieser ist in § 252 BGB gesetzlich geregelt. Diese Vorschrift führt dazu, dass beispielsweise ein Selbstständiger, der bei einem Unfall derart schwer verletzt wird, dass er drei Wochen im Krankenhaus liegt und nicht arbeiten kann, auch seinen entgangenen Gewinn als Schadensersatzanspruch beim Schädiger geltend machen kann. Die Formulierung des § 252 Satz 2 BGB, nach welcher ein Gewinn als entgangen gilt, der nach dem gewöhnlichen Lauf der Dinge oder nach den besonderen Umständen, insbesondere nach den getroffenen Anstalten und Vorkehrungen, mit Wahrscheinlichkeit erwartet werden konnte, führt zu einer Beweiserleichterung des Geschädigten.[85] Denn hiernach ist er nicht verpflichtet zu beweisen, dass ihm ein Gewinn entgangen ist. Es genügt vielmehr, wenn er Umstände darlegt, aus welchen der Schluss gezogen werden kann, dass er nach dem gewöhnlichen Lauf der Dinge einen Gewinn gemacht hätte.

3.6.5 Weitere Möglichkeiten des Geschädigten

Neben den oben genannten Möglichkeiten hat der Geschädigte bei dem Vorliegen entsprechender Voraussetzungen auch die Möglichkeit, ein Schmerzensgeld nach § 253 Abs. 2 BGB zu verlangen. Die Ansprüche des Geschädigten verjähren nach den Vorschriften über die regelmäßige Verjährung in drei Jahren.[86]

3.6.6 Mitverschulden des Geschädigten

Im Rahmen aller Schadensersatzansprüche kann ein eventuelles Mitverschulden des Geschädigten nach § 254 BGB ebenfalls berücksichtigt werden. Diese Vorschrift lautet:

§ 254 BGB Mitverschulden

(1) Hat bei der Entstehung des Schadens ein Verschulden des Geschädigten mitgewirkt, so hängt die Verpflichtung zum Ersatz sowie der Umfang des zu leistenden Ersatzes von den Umständen, insbesondere davon ab, inwieweit der Schaden vorwiegend von dem einen oder dem anderen Teil verursacht worden ist.

(2) Dies gilt auch dann, wenn sich das Verschulden des Geschädigten darauf beschränkt, dass er unterlassen hat, den Schuldner auf die Gefahr eines ungewöhnlich hohen Schadens aufmerksam zu machen, die der Schuldner weder kannte noch kennen

---

[85] Vgl. BGHZ 29, S. 393.
[86] Vgl. hierzu aber auch vertiefend: Grote, Aushebelung der dreijährigen Verjährungsfrist bei Forderungen aus unerlaubter Handlung durch den BGH?, NJW 2011, S. 1121 ff.

musste, oder dass er unterlassen hat, den Schaden abzuwenden oder zu mindern. Die Vorschrift des § 278 findet entsprechende Anwendung.

3.7 Unmöglichkeit

Unter Unmöglichkeit versteht man Fälle, in welchen der Schuldner die Leistung nicht mehr erbringen kann. Er leistet nicht, weil es ihm unmöglich ist. Wie ist bei einer solchen Sachverhaltsgestaltung zu verfahren? Muss der Kunde die Ware bezahlen, obwohl der Verkäufer sie nicht mehr übereignen kann? Bei derart gelagerten Fallgestaltungen spricht man von „Unmöglichkeit". Wurde früher, bis zur Schuldrechtsreform, noch zwischen anfänglicher und nachträglicher, objektiver und subjektiver Unmöglichkeit unterschieden, so wird nunmehr auf alle diese Formen der Unmöglichkeit dieselbe Regelung angewandt. Unter anfänglicher Unmöglichkeit versteht man Fälle, bei denen bereits vor Vertragsschluss die Erfüllung des Vertrages unmöglich war. Unter nachträglicher Unmöglichkeit hingegen versteht man Fälle, bei denen zum Zeitpunkt des Vertragsschlusses die Erfüllung zwar noch möglich war, nach dem Vertragsschluss jedoch nicht mehr.

> *Beispiel (für eine anfängliche Unmöglichkeit):*
>
> *A schließt mit B einen Kaufvertrag über den Hund des A. Zu dem Zeitpunkt als sie den Vertrag geschlossen haben, lag der Hund bereits tot in der Hundehütte. Der Vertrag war, was beide Vertragsparteien nicht wussten, bereits zum Zeitpunkt des Vertragsschlusses nicht mehr zu erfüllen. Es handelt sich hier also um eine anfängliche Unmöglichkeit.*
>
> *Beispiel (für eine nachträgliche Unmöglichkeit):*
>
> *Wenn bei der selben Fallgestaltung wie eben, der Hund zum Zeitpunkt des Vertragsschlusses noch lebte und erst nach dem Vertragsschluss aber bevor er an den B übergeben und übereignet werden konnte stirbt, so handelt es sich um eine nachträgliche Unmöglichkeit.*

Die Differenzierung zwischen objektiver und subjektiver Unmöglichkeit wird danach getroffen, ob es jedem auf der Welt unmöglich ist, den Vertrag zu erfüllen, dann handelt es sich um eine objektive Unmöglichkeit oder ob es nur dem Vertragspartner unmöglich ist, den Vertrag zu erfüllen; dann handelt es sich um eine subjektive Unmöglichkeit.

Beispiel (für objektive Unmöglichkeit):

> *Die Privatpersonen A und B schließen einen Kaufvertrag über einen gebrauchten Computer. A soll ihn dem B am nächsten Tag zuschicken. In der Nacht brennt jedoch*

> das Unversicherte Haus des A mitsamt dem Computer ab. Da niemand auf der Welt den Vertrag bezüglich des vereinbarten Computers erfüllen kann, handelt es sich um eine objektive Unmöglichkeit.
>
> Beispiel (für subjektive Unmöglichkeit):
>
> A und B haben, wie im vorigen Beispiel, einen Vertrag bezüglich des gebrauchten Computers geschlossen. Diesmal brennt jedoch nicht das Haus ab, sondern der Computer wird dem A nachts gestohlen. Wieder ist es dem A nicht möglich, den Kaufvertrag durch Übereignung zu erfüllen. Da der Computer jedoch noch existiert, ist es nicht jedem auf der Welt unmöglich den Computer zu übergeben. Insofern handelt es sich hier nicht um eine objektive sondern um eine subjektive Unmöglichkeit. Denn es ist subjektiv, also nur dem Vertragspartner, unmöglich, den Vertrag zu erfüllen.

Zu diesen Fällen tritt noch eine weitere Form der Unmöglichkeit, nämlich die faktische Unmöglichkeit. Unter faktischer Unmöglichkeit sind Fälle zu verstehen, bei denen der Vertrag zwar noch erfüllt werden könnte, die Erfüllung jedoch einen erheblichen und unverhältnismäßigen Aufwand erfordern würde.

> Beispiel:
>
> A und B haben einen Kaufvertrag über einen schönen, aber relativ wertlosen Ring geschlossen. A steht auf einer Brücke und schaut sich den Ring noch einmal genau an. Dabei fällt er ihm aus der Hand und landet in dem unter der Brücke fließenden Fluss. Da dies alles geschah, bevor A dem B den Ring übereignen konnte, wäre er eigentlich aus dem Vertrag noch zu Übereignung verpflichtet. Es ist ihm tatsächlich auch nicht unmöglich, den Ring zu übereignen. Denn der Ring existiert noch und A weiß auch ungefähr, wo er im Fluss gelandet ist. Ein Bergen des Ringes durch Taucher wäre aber für den relativ wertlosen Ring ein viel zu hoher Aufwand, so dass hier von einer faktischen Unmöglichkeit ausgegangen wird.

Auf alle diese Varianten (anfänglich, nachträglich, objektiv, subjektiv oder faktisch) wenden Juristen dieselben Vorschriften an. Für denjenigen Vertragspartner, dem die Leistung unmöglich wird, gilt die Regelung des § 275 BGB.

§ 275 BGB Ausschluss der Leistungspflicht

> (1) Der Anspruch auf Leistung ist ausgeschlossen, soweit diese für den Schuldner oder für jedermann unmöglich ist.
>
> (2) Der Schuldner kann die Leistung verweigern, soweit diese einen Aufwand erfordert, der unter Beachtung des Inhalts des Schuldverhältnisses und der Gebote von Treu und Glauben in einem groben Missverhältnis zu dem Leistungsinteresse des Gläubigers steht. Bei der Bestimmung der dem Schuldner zuzumutenden Anstrengungen ist auch zu berücksichtigen, ob der Schuldner das Leistungshindernis zu vertreten hat.

3.7 Unmöglichkeit

(3) Der Schuldner kann die Leistung ferner verweigern, wenn er die Leistung persönlich zu erbringen hat und ihm unter Abwägung des seiner Leistung entgegenstehenden Hindernisses mit dem Leistungsinteresse des Gläubigers nicht zugemutet werden kann.

(4) Die Rechte des Gläubigers bestimmen sich nach den §§ 280, 283 bis 285, 311a und 326.

Der § 275 BGB sieht also vor, dass der Schuldner im Falle der Unmöglichkeit von seiner Leistungspflicht frei wird. Je nachdem, ob der Schuldner dafür verantwortlich ist, dass die Leistung nicht mehr erbracht werden kann oder er schuldlos daran ist, hat der Schuldner dem Gläubiger bei Verschulden Schadensersatz zu leisten.[87] Ohne Verschulden muss er dies nicht.

Was passiert mit der Gegenleistung? Muss der Gläubiger möglicherweise bezahlen, obwohl der Schuldner über § 275 BGB von seiner Leistungspflicht frei wird? Das Bürgerliche Gesetzbuch verweist bezüglich der Rechte des Gläubigers in § 275 Abs. 4 BGB auf die §§ 280, 283 bis 285, 311a und 326 BGB. Dies bedeutet, dass der Gläubiger folgende Rechte hat:

- Er kann nach § 326 Abs. 5 BGB von einem Rücktrittsrecht Gebrauch machen.
- Er hat bei anfänglicher objektiver und subjektiver Unmöglichkeit die Möglichkeit, Schadensersatz statt der Leistung oder Ersatz seiner Aufwendungen in dem in § 284 BGB bestimmten Umfang zu verlangen.
- Bei nachträglicher Unmöglichkeit hat er nach § 284 BGB die Möglichkeit, anstelle des „Schadensersatzes statt der Leistung" im Sinne der §§ 280, 283 BGB Ersatz vergeblicher Aufwendungen zu verlangen.
- Sofern der Schuldner im Rahmen der Unmöglichkeit für den geschuldeten Gegenstand einen Ersatz oder einen Ersatzanspruch erlangt hat (z.B. eine Versicherungssumme für einen zerstörten Gegenstand), so kann der Gläubiger nach § 285 BGB von ihm die Herausgabe des als Ersatz Empfangenen bzw. die Abtretung des Ersatzanspruches verlangen.
- Er kann, sofern der Schuldner nach § 275 BGB von seiner Leistungspflicht frei wird, gemäß § 326 Abs. 1 BGB von seiner Pflicht zur Gegenleistung frei werden.

Die Vorschrift, welche das Recht der Gegenleistung bzw. den Untergang der Pflicht zur Gegenleistung regelt, ist der § 326 BGB. Diese Vorschrift lautet:

§ 326 BGB Befreiung von der Gegenleistung und Rücktritt beim Ausschluss der Leistungspflicht.

---

[87] Vgl. hierzu vertiefend auch: Looschelders, „Unmöglichkeit" und Schadensersatz statt der Leistung, JuS 2010, 849 ff.

> (1) Braucht der Schuldner nach § 275 Abs. 1 bis 3 nicht zu leisten, entfällt der Anspruch auf die Gegenleistung; bei einer Teilleistung findet § 441 Abs. 3 entsprechende Anwendung. Satz 1 gilt nicht, wenn der Schuldner im Falle der nicht vertragsgemäßen Leistung die Nacherfüllung nach § 275 Abs. 1 bis 3 nicht zu erbringen braucht.
>
> (2) Ist der Gläubiger für den Umstand, aufgrund dessen der Schuldner nach § 275 Abs. 1 bis 3 nicht zu leisten braucht, allein oder weit überwiegend verantwortlich oder tritt dieser vom Schuldner nicht zu vertretende Umstand zu einer Zeit ein, zu welcher der Gläubiger im Verzug der Annahme ist, so behält der Schuldner den Anspruch auf die Gegenleistung. […].

Hat der Schuldner die Unmöglichkeit selbst zu verantworten, so verliert er seinen Anspruch auf die Gegenleistung. Ist hingegen der Gläubiger selbst schuld daran, dass der Schuldner die Leistung nicht mehr erbringen kann, so behält der Schuldner nach § 326 Abs. 2 Satz 1, 1. Alt. BGB seinen Anspruch auf die Gegenleistung. Sind weder Schuldner noch Gläubiger für die Unmöglichkeit verantwortlich, so verliert der Schuldner nach § 326 Abs. 1 Satz 1 BGB seinen Anspruch auf die Gegenleistung.

3.8 Verzug

Was für Rechte hat der Kunde, wenn ein Verkäufer die bestellte Ware nicht rechtzeitig liefert? Welche Rechte hat ein Verkäufer, wenn ein Kunde die Ware nicht bezahlt? Nicht immer, wenn der Schuldner nicht leistet, liegt eine Unmöglichkeit vor. Oftmals kann geleistet werden; aber der betreffende Vertragsteil erbringt die vertraglich geschuldete Leistung nur verspätet. In derartigen Fällen bezeichnet man dieses Vorgehen als „Verzug". Sofern der Schuldner nicht rechtzeitig leistet, liegt ein Schuldnerverzug vor; sofern der Gläubiger nicht rechtzeitig seinen Verpflichtungen nachkommt, liegt ein Gläubigerverzug vor.

3.8.1 Schuldnerverzug

§ 286 BGB Verzug des Schuldners

> (1) Leistet der Schuldner auf eine Mahnung des Gläubigers nicht, die nach dem Eintritt der Fälligkeit erfolgt, so kommt er durch die Mahnung in Verzug. Der Mahnung stehen die Erhebung der Klage auf die Leistung sowie die Zustellung eines Mahnbescheids im Mahnverfahren gleich.
>
> (2) Der Mahnung bedarf es nicht, wenn
>
> 1. für die Leistung eine Zeit nach dem Kalender bestimmt ist,

Verzug 3.8

2. der Leistung ein Ereignis vorauszugehen hat und eine angemessene Zeit für die Leistung in der Weise bestimmt ist, dass sie sich von dem Ereignis an nach dem Kalender berechnen lässt,

3. der Schuldner die Leistung ernsthaft und endgültig verweigert,

4. aus besonderen Gründen unter Abwägung der beiderseitigen Interessen der sofortige Eintritt des Verzugs gerechtfertigt ist.

(3) Der Schuldner einer Entgeltforderung kommt spätestens in Verzug, wenn er nicht innerhalb von 30 Tagen nach Fälligkeit und Zugang einer Rechnung oder gleichwertigen Zahlungsaufstellung leistet; dies gilt gegenüber einem Schuldner, der Verbraucher ist, nur, wenn auf diese Folgen in der Rechnung oder Zahlungsaufstellung besonders hingewiesen worden ist. Wenn der Zeitpunkt des Zugangs der Rechnung oder Zahlungsaufstellung unsicher ist, kommt der Schuldner, der nicht Verbraucher ist, spätestens 30 Tage nach Fälligkeit und Empfang der Gegenleistung in Verzug.

(4) Der Schuldner kommt nicht in Verzug, solange die Leistung infolge eines Umstands unterbleibt, den er nicht zu vertreten hat.

Unabhängig davon, um was für eine Leistung es sich handelt, setzt der Schuldnerverzug als erste Voraussetzung den Eintritt der „Fälligkeit" voraus. Diese richtet sich nach der Leistungszeit und ist in § 271 BGB geregelt. Der Schuldner muss die Leistung also zu der vereinbarten Zeit erbringen. Damit der Schuldner sich nach der Fälligkeit im Verzug befindet, muss jedoch grundsätzlich zuvor noch eine Mahnung des Gläubigers nach dem Zeitpunkt der Fälligkeit hinzutreten. Erst ab dieser Mahnung tritt der Verzug ein. Das Gesetz kennt aber einige Ausnahmefälle, in welchen es ausnahmsweise einer Mahnung nicht mehr bedarf. Derartige Ausnahmen, bei denen ohne vorherige Fristsetzung durch den Schuldner Verzug eintritt, sind gegeben wenn:

- für die Leistung eine Zeit nach dem Kalender bestimmt ist (§ 286 Abs. 2 Nr. 1 BGB),
- der Termin zumindest nach der Kalenderzeit bestimmbar ist (§ 286 Abs. 2 Nr. 2 BGB),
- der Schuldner die Leistung ernsthaft verweigert (§ 286 Abs. 2 Nr. 3 BGB),
- besondere Gründe bestehen (§ 286 Abs. 2 Nr. 4).

Handelt es sich bei der Forderung um eine Geldschuld, so kommt der Schuldner nach § 286 Abs. 3 BGB automatisch spätestens dann in Verzug, wenn er nicht innerhalb von 30 Tagen nach Fälligkeit und Zugang der Rechnung bezahlt. Durch die explizite Aussage, dass er „spätestens" in Verzug kommt, bietet der Gesetzgeber dem Gläubiger die Möglichkeit, durch eine - vor Ablauf der 30 Tage erfolgte Mahnung - nach § 286 Abs. 1 und Abs. 2 BGB auch eine kürzere Frist herbeizuführen. Bei dem nach 30 Tagen automatisch eintretenden Verzug ist jedoch unbedingt zu beachten, dass dies gegenüber einem Schuldner, der Verbraucher ist, nur dann geschieht, wenn in der Rechnung auf die Folge besonders hingewiesen wurde.

3.8.2 Rechtsfolgen des Schuldnerverzuges

Der Verzug bietet dem Gläubiger mehrere Möglichkeiten. Der Gläubiger kann die zu spät erbrachte Leistung annehmen und wegen des aufgrund des Verzuges entstandenen Verzugsschadens Schadensersatz verlangen. Relevante Paragraphen sind die §§ 280 BGB und § 286 BGB. Schäden des Gläubigers können beispielsweise sein:

- Kosten für Rechtsverfolgung;
- Kosten für die Arbeit eines Inkassobüros. Hierbei ist jedoch zu beachten, dass die Kosten wegen der Schadensminderungspflicht nach § 254 BGB auf die Höhe von Anwaltskosten begrenzt werden.
- Verzugszinsen.

Ist der Schuldner mit einer Geldschuld in Verzug, so hatte sie er während des Verzuges nach § 288 Abs. 1 Satz 1 BGB zu verzinsen. Der Zinssatz hierfür beträgt nach § 288 Abs. 1 Satz 2 BGB bei Rechtsgeschäften an denen ein Verbraucher beteiligt ist 5 % über dem Basiszinssatz und bei Rechtsgeschäften unter Kaufleuten, an denen also kein Verbraucher beteiligt ist, nach § 288 Abs. 2 BGB 8 % über dem Basiszinssatz. Der Basiszinssatz ist in § 247 BGB festgelegt und verändert sich jeweils zum 1. Januar und 1. Juli[88] eines jeden Jahres.[89] Eine andere Alternative, die sich dem Gläubiger bietet, ist die Möglichkeit, die verspätete Leistung abzulehnen und einen Schadensersatz statt der Leistung zu fordern. Hierfür ist es jedoch – anders als bei der Annahme der verspäteten Leistung - erforderlich, dass dem Schuldner zuvor noch eine angemessene Frist zur Leistungserbringung gesetzt wird. Erbringt der Schuldner die Leistung innerhalb dieser Frist nicht, so kann der Gläubiger nach Ablauf der Frist nach § 281 Abs. 4 BGB Schadensersatz statt der Leistung fordern und mit dieser Erklärung erreichen, dass der Anspruch auf Leistung untergeht.

Sofern der Gläubiger einer Leistung bereits eine Anzahlung geleistet hat, ist es von Vorteil darüber hinaus gemäß §§ 325, 323 BGB vom Vertrag zurückzutreten. Denn dann kann die bereits geleistete Anzahlung zurückgefordert werden. Die Tatbestandsvoraussetzungen des § 323 BGB entsprechen denen des Schadensersatzes statt der Leistung. Aber auch hier ist zu beachten, dass der § 323 BGB nicht automatisch zum Rücktritt führt. Vielmehr muss der Gläubiger nach Ablauf der Frist entsprechend § 349 BGB den Rücktritt erklären.

Die gesetzliche Regelung zu den Verzugszinsen lautet:

§ 288 Verzugszinsen

> *(1) Eine Geldschuld ist während des Verzuges zu verzinsen. Der Verzugszinssatz beträgt für das Jahr fünf Prozentpunkte über dem Basiszinssatz.*

---

[88] Vgl. Klunzinger, Einführung in das Bürgerliche Recht, 15. Auflage, München 2011, S. 223.
[89] Der aktuelle Basiszinssatz kann im Internet unter www.basiszinssatz.de abgerufen werden.

(2) Bei Rechtsgeschäften, an denen ein Verbraucher nicht beteiligt ist, beträgt der Zinssatz für Entgeltforderungen acht Prozentpunkte über dem Basiszinssatz.

(3) Der Gläubiger kann aus einem anderen Rechtsgrund höhere Zinsen verlangen.

(4) Die Geltendmachung eines weiteren Schadens ist nicht ausgeschlossen.

Die in § 288 Abs. 3 BGB genannten höheren Zinsen können in der Praxis beispielsweise über eine Bankbescheinigung geltend gemacht werden, wenn der Gläubiger gegenüber einer Bank oder Sparkasse Verpflichtungen mit einem höheren Zinssatz eingegangen ist.

3.8.3 Gläubigerverzug

Nicht immer ist es der Schuldner, der sich im Verzug befindet. Gegenstück zum Schuldnerverzug ist der Gläubigerverzug. Dieser ist in § 293 BGB geregelt. Der Gläubigerverzug kann zum Beispiel zur Anwendung kommen, wenn der Kunde eines Versandhändlers die gelieferte Ware nicht annehmen möchte.

§ 293 BGB Annahmeverzug

Der Gläubiger kommt in Verzug wenn er die ihm angebotene Leistung nicht annimmt.

Beispiel:

B ist DJ und hat bei einem Internetversand mehrere CDs bestellt. Er vereinbart mit dem Internetversand ausdrücklich, dass die CDs zu einer bestimmten vereinbarten Zeit von einem Kurierdienst zu ihm gebracht werden. Als der Kurierdienst vereinbarungsgemäß bei seiner Adresse erscheint, öffnet B die Haustür nicht, so dass der Kurierfahrer unverrichteter Dinge wieder geht. Nach einem weiteren erfolglosen Zustellversuch gibt der Kurierdienst die verpackten CDs an den Internetversand zurück. Am Abend desselben Tages wird dort eingebrochen. Die noch immer verpackten CDs werden ebenfalls gestohlen. Hat B gegen den Internetversand ein Anspruch auf Übereignung neuer CDs? Hat der Internetversand ein Anspruch auf Bezahlung?

Erste Voraussetzung für den Gläubigerverzug ist, dass die Leistung erfüllbar ist. Eine Leistung ist erfüllbar, wenn der Schuldner zur Leistung berechtigt ist. Wann dieses der Fall ist, erläutert der § 271 BGB.

§ 271 BGB Leistungszeit

(1) Ist eine Zeit für die Leistung weder bestimmt noch aus den Umständen zu entnehmen, so kann der Gläubiger die Leistung sofort verlangen, der Schuldner sie sofort bewirken.

Allgemeines Schuldrecht

> (2) Ist eine Zeit bestimmt, so ist im Zweifel anzunehmen, dass der Gläubiger die Leistung nicht vor dieser Zeit verlangen, der Schuldner aber sie vorher bewirken kann.

Die zweite Voraussetzung für den Gläubigerverzug ist, dass der Schuldner die Leistung ordnungsgemäß anbietet. Ordnungsgemäß im Sinne des §294 BGB bedeutet: die Leistung muss zur rechten Zeit, am rechten Ort und in der richtigen Art und Weise vollständig angeboten werden. Hiervon kann nur unter den, in § 295 BGB genannten Umständen, ausnahmsweise abgewichen werden.

§ 295 BGB wörtliches Angebot.

> Ein wörtliches Angebot des Schuldners genügt, wenn der Gläubiger ihm erklärt hat, dass er die Leistung nicht annehmen würde, oder wenn zur Bewirkung der Leistung eine Handlung des Gläubigers erforderlich ist, insbesondere wenn der Gläubiger die geschuldete Sache abzuholen hat. Dem Angebot der Leistung steht die Aufforderung an den Gläubiger gleich, die erforderliche Handlung vorzunehmen.

Dritte Voraussetzung des Gläubigerverzuges ist, dass der Gläubiger die Leistung nicht annimmt. Anders als beim Schuldnerverzug kommt es hier auf ein Verschulden des Gläubigers, also auf ein „Vertretenmüssen", nicht an.

3.8.4 Rechtsfolgen des Gläubigerverzuges

Während des Gläubigerverzuges findet eine Haftungserleichterung des Schuldners nach § 300 Abs. 1 BGB statt. Sollte der zu liefernde Gegenstand beschädigt werden, so hat der Schuldner nur Vorsatz und grobe Fahrlässigkeit zu vertreten. Sollte der Gegenstand zerstört werden und Unmöglichkeit tritt ein, so wird der Schuldner gemäß § 275 Abs. 1 BGB von der Leistungspflicht frei. Ist dem Schuldner bezüglich des Untergangs der Sache nur leichte Fahrlässigkeit vorzuwerfen, so scheidet ein Schadensersatzanspruch des Gläubigers nach den §§ 280 Abs. 1 und 3, 283 BGB aus. Der Schuldner hingegen behält gemäß § 326 Abs. 2 Satz 1, 2. Alt. BGB seinen Anspruch auf die Gegenleistung, da er nach § 300 Abs. 1 BGB für leichte Fahrlässigkeit nicht einzustehen hat.

Im vorliegenden Beispielfall war der B bezüglich der CDs im Annahmeverzug. Sie wurden zur vereinbarten Zeit geliefert. Insofern trägt B das Risiko bzw. die Gefahr der Unmöglichkeit. Zwar sind derartige CDs als Gattung sicherlich noch erhältlich, doch hat sich hier die Gattungsschuld in eine Stückschuld gewandelt, als der Internetversand die CDs aus ihren Lagerbeständen für B aussonderte und zu ihm schickte. Durch seinen Annahmeverzug trägt er nun das Risiko der Verschlechterung oder des Untergangs der Kaufsache. Der Internetversand wird nach § 275 Abs. 1 BGB von seiner Leistungspflicht frei. Er verliert aber nicht seinen Zahlungsanspruch gegenüber B. Denn dieser hat den Untergang zu verantworten. Hätte er die CDs zum vereinbarten Zeitpunkt entgegengenommen, so hätte der Internethandel den Vertrag erfüllen können. Somit muss B im vorliegenden Beispielfall die CDs bezahlen, obwohl er keine CDs mehr übereignet bekommt.

3.9 Störung der Geschäftsgrundlage

Beispiel:

A pachtet an einem See in Brandenburg für 2 Jahre zu einem extrem teuren Pachtzins ein Bootshaus mit Bootssteg, um von dort aus jeden Sommer mit seinem kleinen Boot Ausflüge auf dem See unternehmen zu können. Eine Woche nachdem der Vertrag abgeschlossen worden ist, wird das Bootfahren auf dem See behördlich untersagt. A möchte nicht mehr an dem Vertrag festhalten. Welche Möglichkeiten hat er?

Hilfe bei der Lösung des Falles bietet der § 313 BGB, welcher die Störung der Geschäftsgrundlage regelt. Es sei allerdings ausdrücklich darauf hingewiesen, dass diese Vorschrift nur in Ausnahmefällen anzuwenden ist und diese Fälle so extrem sind, dass einer Vertragspartei unter Berücksichtigung aller Umstände das Festhalten am geschlossenen Vertrag nicht zugemutet werden kann. Denn grundsätzlich gilt der Satz „pacta sunt servanda"; also Verträge sind einzuhalten. In Deutschland soll Rechtssicherheit bestehen. Auf geschlossene Verträge müssen sich die Vertragspartner verlassen können. Schließlich soll nicht bei jeder Änderung der äußeren Gegebenheiten die Möglichkeit bestehen, dass sich eine Partei schnell vom Vertrag lösen kann. Bei Extremfällen jedoch bietet § 313 BGB eine Möglichkeit der Vertragsanpassung, die als letztes Mittel sogar bis hin zur Vertragsauflösung führen kann. Diese Vorschrift lautet:

§ 313 BGB Störung der Geschäftsgrundlage

(1) Haben sich Umstände, die zur Grundlage des Vertrages geworden sind, nach Vertragsschluss schwerwiegend verändert und hätten die Parteien den Vertrag nicht oder mit anderem Inhalt geschlossen, wenn sie diese Veränderung vorausgesehen hätten, so kann Anpassung des Vertrages verlangt werden, soweit einem Teil unter Berücksichtigung aller Umstände des Einzelfalls, insbesondere der vertraglichen oder gesetzlichen Risikoverteilung das Festhalten am unveränderten Vertrag nicht zugemutet werden kann.

(2) Einer Veränderung der Umstände steht es gleich, wenn wesentliche Vorstellungen, die zur Grundlage des Vertrages geworden sind, sich als falsch herausstellen.

(3) Ist eine Anpassung des Vertrages nicht möglich oder einem Teil nicht zumutbar, so kann der benachteiligte Teil vom Vertrag zurücktreten. An die Stelle des Rücktrittsrechts tritt für Dauerschuldverhältnisse das Recht zur Kündigung.

Im oben genannten Beispielfall haben sich nach dem Vertragsschluss zwischen A und dem Verpächter des Bootsanlegers mit dem Schifffahrtverbot Umstände, die zur

Grundlage des Vertrages geworden sind, so schwerwiegend verändert, dass beide den Vertrag zumindest nicht so abgeschlossen hätten, wenn sie zum Zeitpunkt des Vertragsschlusses vom Schifffahrtverbot gewusst hätten. Gerade wegen des exorbitant hohen Pachtzinses und der langjährigen Vertragsbindung handelt es sich vorliegend um einen Extremfall, der auch bei einer Abwägung der Risikoverteilung den Schluss nahe legen muss, dass hier ausnahmsweise eine nachträgliche Anpassung des Vertrages wegen Störung der Geschäftsgrundlage angemessen ist. Eine derartige Anpassung kann im vorliegenden Fall unter Abwägung der Interessen beider Vertragsparteien darin bestehen, den Pachtzins bzw. die Dauer des Vertrages angemessen herabzusetzen oder, sollte einem der Vertragsparteien die Anpassung des Vertrages nicht zumutbar sein, dem A ein Kündigungsrecht bezüglich des Vertrages einzuräumen.

3.10 Der Dritte im Schuldverhältnis

Beispiel:

Der Hauseigentümer und Kunstsammler H schließt einen Vertrag mit dem Malermeister M ab, das Wohnzimmer seines Hauses neu zu streichen. M führt diese Arbeiten jedoch nicht persönlich durch, sondern schickt seinen Angestellten A. Während der Durchführung der Arbeit in der Wohnung des H fällt dem A versehentlich eine an die Wand gelehnte Leiter um und schlägt gegen das Wohnzimmerfenster, welches daraufhin zerbricht. Bei dem Versuch des A, die Leiter während des Umfallens noch festzuhalten, gelingt es A zwar noch, die Leiter während des Auftreffens auf die Fensterscheibe zurückzureißen, doch kommt A bei dieser ruckartigen Bewegung mit dem hinteren Ende der Leiter gegen eine im Wohnzimmer aufgestellten Vitrine, in welcher sich eine wertvolle chinesische Vase befindet. Auch diese wird hierdurch zerstört. Wie ist die Rechtslage?

Im vorliegenden Fall hat der Geschädigte H zwar nach § 823 BGB direkte Schadensersatzansprüche gegen den Schädiger A; doch ist der Schaden wegen der wertvollen chinesischen Vase so hoch, dass es für den H interessanter wäre, wenn er mit seinen Ansprüchen nicht gegen den Angestellten A sondern gegen den viel reicheren Malermeister M vorgehen könnte. Doch M war bei dem Schadensereignis nicht anwesend. Dies ist in der Praxis nicht ungewöhnlich. Nicht immer handeln Vertragspartner selbst. Sie schicken Angestellte oder Subunternehmer. Das BGB bietet einem Geschädigten mit den Rechtsfiguren des Erfüllungsgehilfen (§ 278 BGB) und des Verrichtungsgehilfen (§ 831 BGB) die Möglichkeit einem Selbständigen bzw. einem Unternehmer das schädigende Verhalten seines Angestellten zurechnen zu können bzw. ihn für nicht ordnungsgemäße Auswahl oder fehlende Beaufsichtigung haften zu lassen.[90]

3.10.1 Abgrenzung Erfüllungsgehilfe und Verrichtungsgehilfe

Bei der Prüfung von Ansprüchen aus Vertrag gibt es die Figur des Erfüllungsgehilfen im Sinne von § 278 BGB. Dies ist keine eigenständige Anspruchsgrundlage.[91] Vielmehr ist § 278 BGB eine Zurechnungsnorm, durch die man das Verhalten eines Angestellten oder Subunternehmers dem Arbeitgeber zurechnen kann. Diese Möglichkeit besteht jedoch nur, wenn der Geschädigte ein Vertragspartner des Selbstständigen bzw. Unternehmers ist; also nur wenn der Angestellte bzw. Subunternehmer für die Erfüllung des Vertragszwecks eingesetzt wurde und im Rahmen seiner Tätigkeit den Vertragspartner geschädigt hat. Nur in derartigen Fällen kann man sein Verhalten dem Selbstständigen bzw. dem Unternehmer zurechnen.

§ 278 BGB Verantwortlichkeit des Schuldners für Dritte

> *Der Schuldner hat ein Verschulden seines gesetzlichen Vertreters und der Personen, deren er sich zur Erfüllung seiner Verbindlichkeit bedient, in gleichem Umfange zu vertreten wie eigenes Verschulden. Die Vorschrift des § 276 Abs. 3 findet keine Anwendung.*

Von der Zurechnungsnorm des § 278 BGB abzugrenzen ist die Figur des Verrichtungsgehilfen, welche in § 831 BGB geregelt ist. Anders als § 278 BGB ist der § 831 BGB eine eigenständige Anspruchsgrundlage. Diese unterscheidet sich auch in weiteren Punkten von der Figur des Erfüllungsgehilfen. Zunächst ist ihr Anwendungsbereich nicht ganz so weit wie der des Erfüllungsgehilfen. Erfasst von dieser Vorschrift werden nämlich lediglich sozial abhängige Angestellte des Selbstständigen bzw. des Unternehmers. Subunternehmer können in die Haftung des § 831 BGB nicht mit einbezogen werden. Darüber hinaus bietet das Konstrukt des Verrichtungsgehilfen dem Arbeitgeber die Möglichkeit relativ einfach aus der Haftung wieder herauszukommen. Denn § 831 Abs. 1 Satz 2 BGB bietet dem Arbeitgeber die Möglichkeit der so genannten „Exculpation". Wird er also in Anspruch genommen, so muss er vortragen und gegebenenfalls auch beweisen, dass ihm selbst bei der Auswahl des eingesetzten Angestellten bzw. bei dessen Beaufsichtigung oder der Beschaffung von Arbeitsmaterialien kein Vorwurf gemacht werden kann. Gelingt ihm dieser Beweis, so ist er für die Schäden, welche seine Verrichtungsgehilfen in der Ausübung der Tätigkeit anrichten, nicht verantwortlich zu machen. Dem Geschädigten bleibt dann lediglich ein An-

---

90 Vgl. zur Vertiefung: Fleck / Arnold, Übungsklausur – Zivilrecht: Schadensersatz im gesetzlichen Schuldverhältnis – Die Stoßstange, JuS 2009, S. 823 ff. (825 ff.).
91 Vgl. Jauernig / Stadler, Bürgerliches Gesetzbuch, Kommentar, 13. Auflage, München 2009, § 278 Rn. 1.

Allgemeines Schuldrecht

spruch gegen seinen direkten Schädiger, welcher sich gewöhnlich aus § 823 BGB ergibt. Die Vorschrift, welche die Haftung für Verrichtungsgehilfen normiert lautet:

§ 831 BGB Haftung für Verrichtungsgehilfen

> *(1) Wer einen anderen zu einer Verrichtung bestellt, ist zum Ersatz des Schadens verpflichtet, den der andere in Ausführung der Verrichtung einem Dritten widerrechtlich zufügt. Die Ersatzpflicht tritt nicht ein, wenn der Geschäftsherr bei der Auswahl der bestellten Person und, sofern er Vorrichtungen oder Gerätschaften zu beschaffen oder die Ausführung der Verrichtung zu leiten hat, bei der Beschaffung oder der Leitung die im Verkehr erforderliche Sorgfalt beobachtet oder wenn der Schaden auch bei Anwendung dieser Sorgfalt entstanden sein würde.*
>
> *(2) Die gleiche Verantwortlichkeit trifft denjenigen, welcher für den Geschäftsherrn die Besorgung eines der im Absatz 1 Satz 2 bezeichneten Geschäfte durch Vertrag übernimmt.*

Für viele Studierende ist die Abgrenzung des Erfüllungsgehilfen von der Rechtsfigur des Verrichtungsgehilfen bisweilen etwas verwirrend. Dies mag daran liegen, dass in manchen Fallkonstellationen dieselbe Person sowohl Erfüllungsgehilfe als auch Verrichtungsgehilfe sein kann. Die Abgrenzung wird deutlicher, wenn man sich vergegenwärtigt, wo die beiden Paragraphen systematisch im Gesetz untergebracht sind. Die Figur des Erfüllungsgehilfen, die in § 278 BGB geregelt ist, wird im Rahmen der Prüfung von vertragsähnlichen Ansprüchen wie pVV (§ 280 BGB) und c.i.c. (§ 311 Abs. 2 BGB) als Zurechnungsnorm gebraucht. Prüft man also einen Anspruch wie pVV oder c.i.c. gegen den eigentlichen Vertragspartner und stellt fest, dass dieser nicht selbst bei der Erfüllung des Vertrages gehandelt hat, so kann man das schädigende Verhalten seiner Angestellten bzw. Subunternehmer ihm zurechnen. Prüft man in der Reihenfolge der Anspruchsgrundlagen weiter, und gelangt zu den deliktischen Ansprüchen der §§ 823 ff. BGB, so kann dieselbe Person, die im Rahmen der Prüfung vertragsähnlicher Ansprüche als Erfüllungsgehilfe qualifiziert worden ist, bei vorliegen der Voraussetzungen des § 831 BGB im Rahmen der Prüfung deliktischer Ansprüche zugleich auch als Verrichtungsgehilfe angesehen werden.

Für den oben genannten Beispielfall bedeutet dieses, dass der Kunstsammler und Hauseigentümer H gegen den Angestellten A einen Anspruch auf Ersatz des zerstörten Fensters und der zersplitterten Vase gemäß § 823 Abs. 1 BGB hat. Da die Schadenssumme, insbesondere wegen der wertvollen chinesischen Vase, recht hoch sein wird, wäre es wohl eher im Interesse des H, den Schadensersatz von seinem Vertragspartner, dem Malermeister M, zu verlangen. Als Anspruchsgrundlage könnte ihm hier die positive Vertragsverletzung im Sinne des § 280 BGB zur Seite stehen. Nach dieser Vorschrift hat ein Vertragspartner bei der Abwicklung von Verträgen alles zu unterlassen, was zu einer Schädigung des Vertragspartners führen könnte. Im Rahmen der Prüfung des § 280 BGB wird man feststellen, dass der Malermeister nicht selbst gehandelt, sondern seinen Angestellten A geschickt hat. Das Fehlverhalten des A kann allerdings über § 278 BGB dem Malermeister zugerechnet werden, so dass insoweit ein

Anspruch des Hauseigentümers H auf Ersatz des zerbrochenen Fensters sowie der chinesischen Vase gegen M besteht. Bei der Suche nach anderen Anspruchsgrundlagen kämen auch die deliktischen Ansprüche im Sinne der §§ 823 ff. BGB in Betracht. Möchte H auch hiernach gegen M vorgehen, so bleibt ihm als Anspruchsgrundlage der § 831 BGB. Diese Norm kann unabhängig von Vertragsbeziehungen angewandt werden und gibt jedem Geschädigten das Recht, nicht nur gegen den eigentlichen Schädiger, sondern, sofern der Schaden im Rahmen der Verrichtung einer beruflichen Tätigkeit entstanden ist, auch gegen den Arbeitgeber mit Schadensersatzansprüchen vorzugehen. A war im vorliegenden Fall kein Subunternehmer sondern ein von M sozial abhängiger Arbeitnehmer. Insofern ist die Anwendung der Regelungsstruktur des § 831 BGB möglich. M kann dieser Haftung nur entkommen, wenn er vorträgt und auch nachweisen kann, dass er bei der Auswahl des Arbeitnehmers sorgfältig vorgegangen ist bzw. dass er, sofern er Vorrichtungen oder Gerätschaften zu beschaffen hatte, hierbei die erforderliche Sorgfalt beobachtet hat bzw. die Arbeiten sinnvoll überwacht hat. Kann er dies nicht und kann er nicht darlegen, dass der Schaden auch bei Anwendung dieser Sorgfalt entstanden sein würde, so ist seine Exculpation gescheitert und er muss auch nach § 831 BGB für die zerbrochene Scheibe und die chinesische Vase haften.

3.10.2 Vertrag zugunsten Dritter

Beispiel:

A möchte B eine Flugreise nach Mallorca schenken. Zu diesem Zweck bucht er im Reisebüro des R die Flugreise und schenkt B das Flugticket. Kann B dem Reiseunternehmen gegenüber die Leistungserbringung fordern oder darf dies nur A tun?

Ein Vertrag zugunsten Dritter führt dazu, dass eine dritte Person in einen Vertrag mit einbezogen wird. Allerdings sind hierbei zwei Arten zu unterscheiden: der echte Vertrag zugunsten Dritter und der unechte Vertrag zugunsten Dritter. Der echte Vertrag zugunsten Dritter gibt dem Dritten ein selbstständiges Forderungsrecht und ist in den §§ 328ff. BGB geregelt.

§ 328 BGB Vertrag zugunsten Dritter

(1) Durch Vertrag kann eine Leistung an einen Dritten mit der Wirkung bedungen werden, dass der Dritte unmittelbar das Recht erwirbt, die Leistung zu fordern.

(2) In Ermangelung einer besonderen Bestimmung ist aus den Umständen, insbesondere aus dem Zwecke des Vertrages zu entnehmen, ob der Dritte das Recht erwerben, ob das Recht des Dritten sofort oder nur unter gewissen Voraussetzungen entstehen und ob den Vertragschließenden die Befugnis vorbehalten sein soll, das Recht des Dritten ohne dessen Zustimmung aufzuheben oder zu ändern.

Hiervon abzugrenzen ist der so genannte unechte Vertrag zugunsten Dritter. Dieser ist nicht im Gesetz geregelt. Beim unechten Vertrag zugunsten Dritter steht es dem Dritten nicht selbst zu, die Leistung zu verlangen. Nur der Gläubiger selbst hat hierbei die Möglichkeit, die Leistung an den Dritten vom Schuldner zu verlangen. Beim oben genannten Beispielfall handelt es sich um einen echten Vertrag zugunsten Dritter, bei welchem B als Dritter das Recht hat, auch ohne A vom Reiseunternehmen die vertraglich festgelegten Reiseleistungen zu verlangen.

3.10.3 Vertrag mit Schutzwirkung zugunsten Dritter

Beispiel:

A hat für sich und seine Ehefrau B beim Vermieter V eine Wohnung gemietet. Nur A hat den Mietvertrag unterschrieben. Im Treppenhaus ist das Treppengeländer nicht in Ordnung. Als B eines Tages vom Einkaufen kommt und die Treppe nach oben geht, bricht das Treppengeländer, so dass B stürzt und sich einen Arm bricht. Welche Rechte hat B?

Das Rechtskonstrukt des Vertrages mit Schutzwirkung zugunsten Dritter basiert auf § 242 BGB.[92] Es handelt sich bei dem Vertrag mit Schutzwirkung zugunsten Dritter um keine Anspruchsgrundlage. Insofern ist zunächst zu prüfen, ob ein Rechtsverhältnis besteht, aus welchem Obhutspflichten auch dritten Personen gegenüber erwachsen. Damit ein etwaiger Schaden nicht in uferloser Höhe zu ersetzen ist, sind die Voraussetzungen für einen Anspruch aus dem Vertrag mit Schutzwirkung zugunsten Dritter sehr eng gezogen.[93] Erste Voraussetzung ist, dass der geschädigte Dritte sich in einer Leistungsnähe zu der geschuldeten Leistung befindet.[94] Als zweite Voraussetzung ist die so genannte Gläubigernähe zu prüfen. Hiernach sind nur die Personen vom Schutzbereich eines Vertrages mit Schutzwirkung zugunsten Dritter umfasst, die nach dem hypothetischen Parteiwillen in den Genuss der vertraglichen Leistung kommen sollen. Als drittes Tatbestandsmerkmal ist zu prüfen, inwieweit die Leistungsnähe dritter Personen und die Gläubigernähe für den Vertragspartner erkennbar waren.[95] Die Rechtsfolge, die bei einem Vertrag mit Schutzwirkung zugunsten Dritter entsteht, ist, dass der Dritte in den Schutzbereich eines Vertrages einbezogen wird und insofern einen eigenen vertraglichen Schadensersatzanspruch geltend machen kann.

Im oben genannten Beispielsfall hat die Ehefrau des A zwar nicht den Mietvertrag unterschrieben, doch kommt sie als Mitbewohnerin in der Wohnung des A in Leistungsnähe zu der geschuldeten Leistung. Als Ehefrau des A befindet sie sich in Gläubigernähe, was auch für den Vermieter als Vertragspartner des A erkennbar war. Somit

---

[92] Vgl. Palandt / Grüneberg, Bürgerliches Gesetzbuch, 70. Auflage, München 2011, § 328 Rn. 14.
[93] Vgl. Palandt / Grüneberg, Bürgerliches Gesetzbuch, 70. Auflage, München 2011, § 328, Rn. 16.
[94] Vgl. BGHZ 49, 350 (354); Faust, Schuldrecht: Haftung des Vermieters gegenüber Arbeitnehmerin des Mieters, JuS 2011, S. 550 ff. (S. 551).
[95] Vgl. Faust, Schuldrecht: Haftung des Vermieters gegenüber Arbeitnehmerin des Mieters, JuS 2011, S. 550 ff. (S. 551).

liegen die Voraussetzungen eines Vertrages mit Schutzwirkung zugunsten Dritter vor. B hat somit, obwohl sie nicht Vertragspartnerin des Vermieters ist, einen Anspruch auf Schadensersatz wegen positiver Vertragsverletzung des Mietvertrages nach § 280 BGB.

3.10.4 Abtretung

Das Rechtskonstrukt der Abtretung wird bisweilen auch als Zession bezeichnet. Eine Abtretung dient dazu, durch Vertrag eine Forderung von einem Gläubiger auf eine andere Person zu übertragen. Das Gesetz schreibt hierfür keine besondere Form vor. Die Abtretung ist in den §§ 398 ff. BGB geregelt. Auch wenn der Schuldner an diesem Rechtsgeschäft nicht beteiligt ist, gibt die Abtretung, welche eine Verfügung darstellt, dem neuen Gläubiger das Recht, den Schuldner aus der abgetretenen Forderung direkt in Anspruch zu nehmen. Eine Abtretung hat mehrere Voraussetzungen. Die erste Voraussetzung ist, dass die abzutretende Forderung überhaupt besteht. Wird dieselbe Forderung durch denselben Gläubiger mehrfach abgetreten, so gilt das so genannte Prioritätsprinzip. Hiernach ist es einem Gläubiger nicht möglich, nach dem abtreten einer Forderung diese auch auf weitere Personen zu übertragen. In solchen Fällen ist nur die erste Abtretung wirksam.

Zweite Voraussetzung ist, dass die Forderung übertragbar ist. Denn nach §§ 399 und 400 BGB sind nicht alle Forderungen im Rahmen einer Abtretung übertragbar. So können beispielsweise höchstpersönliche Forderungen, wie Unterhaltsansprüche nicht abgetreten werden. Auch Forderungen deren Abtretung durch Vereinbarung mit dem Schuldner ausgeschlossen worden sind, können nicht übertragen werden. Ein weiteres Hindernis besteht bei unpfändbaren Forderungen wie beispielsweise Lohnforderungen unterhalb der Pfändungsgrenze.

Rechtsfolge der Abtretung ist nach § 398 Satz 2 BGB, dass nun der neue Gläubiger an die Stelle des alten Gläubigers tritt. Sofern aber der Schuldner von der Abtretung noch keine Kenntnis erlangt hat, kann er nach § 407 BGB bis zur Kenntniserlangung noch schuldbefreiend an den alten Gläubiger leisten. Der § 410 BGB gibt dem Schuldner dem neuen Gläubiger gegenüber das Recht, die Leistung so lange zu verweigern, bis ihm die Abtretungsurkunde ausgehändigt oder die Abtretung vom alten Gläubiger schriftlich angezeigt worden ist.

Der Schuldner ist berechtigt, alle Einwendungen und Einreden, welche er im Zeitpunkt der Abtretung gegen den alten Gläubiger geltend machen konnte, nunmehr auch dem neuen Gläubiger gegenüber geltend zu machen.

4 Besonderes Schuldrecht

Der Besondere Teil des Schuldrechts enthält im BGB die gängigen Vertragstypen, die im Rechts- und Geschäftsleben tagtäglich abgeschlossen werden. Hierzu zählen Kauf, Tausch, Darlehen, Schenkung, Miete, Pacht, Leihe, Dienstvertrag, Werkvertrag, Reisevertrag und Maklervertrag. Im BGB existiert keine abschließende Aufzählung der gängigen Vertragstypen. Vielmehr enthält der Gesetzestext neben den oft anzutreffenden Vertragsarten auch so genannte Verträge „sui generis", was soviel heißt wie „Verträge eigener Art". Ihre Existenz ist auf die in Deutschland geltende Vertragsfreiheit zurückzuführen. Aber nicht nur die durch Rechtsgeschäft vereinbarten Schuldverhältnisse werden im „Besonderen Teil" des Schuldrechts dargestellt; auch nicht rechtsgeschäftliche Schuldverhältnisse wie die Geschäftsführung ohne Auftrag, die ungerechtfertigte Bereicherung und die Schadensersatzvorschriften des Deliktsrechts gehören hierzu.

4.1 Kaufvertrag

Der Kaufvertrag gehört zu den wichtigsten und im Wirtschaftsleben am häufigsten getätigten Umsatzgeschäften. Ziel dieses Vertragstyps ist die Übereignung von Waren oder Rechten gegen Entgelt. Der Kaufvertrag ist ein gegenseitiger Vertrag, denn die zu erbringenden Leistungen von Käufer und Verkäufer stehen in einem Gegenseitigkeitsverhältnis. Der Vertrag ist ein Verpflichtungsgeschäft.[96] In ihm verpflichtet sich der Verkäufer, den Kaufgegenstand zu übereignen und der Käufer verpflichtet sich, diesen Gegenstand zu bezahlen. Wegen des Abstraktionsprinzips[97] ist der Kaufvertrag stets rechtlich vom Erfüllungsgeschäft, also der tatsächlichen Übereignung der Kaufsache, zu trennen. Der Kaufvertrag ist in den §§ 433 ff. BGB geregelt. Auf ihn finden die allgemeinen Regelungen der §§ 145 ff. BGB Anwendung. Der Vertrag ist grundsätzlich formfrei. Dies bedeutet, dass er sowohl schriftlich, mündlich als auch durch schlüssiges Verhalten zustande kommen kann.

---

[96] Vgl. hierzu auch: Wilhelm, Sachenrecht, 4. Auflage, Berlin 2010, Rn. 99 ff.
[97] Vgl. hierzu vertiefend: Strack, Hintergründe des Abstraktionsprinzips, JURA 2011, S. 5 ff.

Beispiel:

A möchte an einem Kiosk eine Zeitung kaufen. Wortlos nimmt er das entsprechende Druckerzeugnis aus dem Ständer, legt es auf den Tresen und gibt dem Verkäufer wortlos den passenden Kaufpreis. Dieser nickt dem A kurz zu und A geht mit der Zeitung weiter.

Hier ist ein wirksamer Kaufvertrag zustande gekommen, obwohl es keine schriftlichen und auch keine mündlichen Willenserklärungen gab. Ein Kaufvertrag über bewegliche Gegenstände ist, anders als ein Kaufvertrag über Immobilien, an keine Form gebunden. Er kann mündlich, schriftlich oder durch schlüssiges Verhalten, also konkludent, geschlossen werden. Im vorliegenden Fall liegt in dem Zeigen der Zeitung und dem gleichzeitigen passenden Bezahlen konkludent die Willenserklärung zum Kaufangebot vor. Indem der Verkäufer dem A zunickt und das Geld an sich nimmt, erklärt er durch schlüssiges Verhalten, dass er das Kaufangebot des A annimmt und bereit ist, ihm die Zeitschrift zu dem entsprechenden Preis zu verkaufen. Die Vorschrift des Kaufvertrages, welche die Hauptpflichten der Kaufvertragsparteien enthält ist § 433 BGB. Sie lautet:

§ 433 BGB Vertragstypische Pflichten beim Kaufvertrag

(1) *Durch den Kaufvertrag wird der Verkäufer einer Sache verpflichtet, dem Käufer die Sache zu übergeben und Eigentum an der Sache zu verschaffen. Der Verkäufer hat dem Käufer die Sache frei von Sach- und Rechtsmängeln zu verschaffen.*

(2) *Der Käufer ist verpflichtet, dem Verkäufer den vereinbarten Kaufpreis zu zahlen und die gekaufte Sache abzunehmen.*

Ein Kaufvertrag kommt durch zwei übereinstimmende Willenserklärungen, nämlich durch Angebot und Annahme zustande. Damit folgt er den allgemeinen Vorschriften der §§ 145 ff. BGB über den Abschluss von Verträgen. Für die Wirksamkeit von Kaufverträgen ist es allerdings zwingend erforderlich, dass sich die Vertragsparteien über die wesentlichen Vertragsbestandteile des Kaufvertrages geeinigt haben. Diese werden auch als „essentialia negotii" bezeichnet. Diese wesentlichen Punkte sind: Vertragspartner, Kaufsache und Preis. Sollte auch nur über einen dieser Punkte keine Übereinkunft erzielt worden sein, so ist der Kaufvertrag nicht wirksam zustande gekommen. Kaufgegenstand können sowohl Sachen im Sinne der §§ 90 ff. BGB oder Rechte, wie beispielsweise Forderungen, Patente oder Urheberrechte, sowie sonstige verkehrsfähige Güter, wie z.B. Strom, sein. Die Pflicht zur Kaufpreiszahlung stellt für den Käufer die Hauptleistungspflicht des Vertrages dar. Der vom Käufer zu entrichtende Kaufpreis ist, sofern zwischen den Parteien nichts anderes vereinbart wurde, nach § 271 Abs. 1 BGB mit Abschluss des Kaufvertrages fällig. Er muss in Geld bestehen, da ansonsten ein Tauschgeschäft im Sinne des § 480 BGB vorliegt[98], auf welches allerdings die kaufvertraglichen Vorschriften entsprechend angewendet werden. Eine Vorleis-

---

[98] Vgl. hierzu näher: Looschelders, Schuldrecht, Besonderer Teil, 6. Auflage, München 2011, Rn. 292 ff.

tungspflicht des Käufers besteht aber nicht. Dies bedeutet, dass er gemäß § 320 Abs. 1 BGB die Bezahlung der Kaufsache so lange verweigern kann, bis der Verkäufer ihm diese übereignet. Dieses Recht aus § 320 BGB wird auch als „Einrede des nicht erfüllten Vertrages" bezeichnet. Aus § 433 Abs. 2 BGB ergibt sich die Pflicht des Käufers, die Kaufsache abzunehmen. Dieses ist nur im Rahmen des Sachkaufes relevant. Die Pflicht zur Abnahme der Kaufsache stellt gewöhnlich nur eine Nebenpflicht des Vertrages dar. Sie kann nur dann ausnahmsweise zur Hauptpflicht werden, wenn die Parteien dieses so vereinbart haben. Fehlt es an einer derartigen außergewöhnlichen Vereinbarung, so kann der Verkäufer sich auch nicht auf die Einrede des nicht erfüllten Vertrages im Sinne der §§ 320, 322 BGB berufen, wenn der Käufer die Kaufsache nicht entgegennimmt. Zu den Hauptpflichten des Verkäufers gehört nicht nur die Übereignung der Ware sondern auch die Pflicht, dass der Kaufgegenstand frei von Sach- und Rechtsmängeln ist. Die Hauptpflicht des Käufers ist die Bezahlung. Solange Kaufverträge ordnungsgemäß abgewickelt werden, entstehen juristisch keine Probleme. Doch was passiert, wenn beispielsweise jemand einen schadhaften Gegenstand verkauft? Welche Rechte hat dann der Käufer?

> *Beispiel:*
>
> *K kauft im Elektronikgeschäft des H einen teuren Plasmafernseher. Dieser funktioniert auch 6 Wochen fehlerfrei. Doch dann zeigt der Fernseher kein Bild mehr. Welche Rechte hat der Käufer K gegen den H?*

Da die Mangelfreiheit der Kaufsache zu den Hauptpflichten des Verkäufers gehört, haftet dieser, wenn Mängel an der Kaufsache vorliegen.[99] Damit der Käufer Mängelgewährleistungsansprüche überhaupt geltend machen kann, muss die Kaufsache einen Mangel aufweisen. Ein Mangel kann in einem Sach- oder in einem Rechtsmangel bestehen.[100] Eine bewegliche Sache ist nach § 434 Abs. 1 Satz 1 BGB mangelhaft, wenn sie nicht die vereinbarte Beschaffenheit[101] aufweist. Haben die Parteien also eine bestimmte Vereinbarung getroffen, so muss das Kaufobjekt auch die vereinbarten Eigenschaften besitzen. Tut es das nicht, so liegt ein Mangel vor. Haben die Vertragsparteien, wie es oftmals in der Praxis vorkommt, keine konkrete Vereinbarung über die Eigenschaften der Kaufsache getroffen, so ist die Sache nach § 434 Abs. 1 Satz 2 Nr. 1 BGB dann frei von Sachmängeln, wenn sie sich für die nach dem Vertrag vorausgesetzte Verwendung eignet.[102] Dieses bedeutet, dass eine gekaufte Ware auch dann als mangelhaft anzusehen ist, wenn sie sich nicht für eine vertraglich festgelegte Verwendung eignet. Sofern der Vertrag keinen konkreten Gebrauch festlegt, liegt nach § 434

---

[99] Vgl. hierzu vertiefend auch: Schall, Nochmals: Die Anwendbarkeit des Sachmangelrechts im Falle unbehebbarer Mängel der Kaufsache, NJW 2011, S. 343 ff.
[100] Vgl. zur Mängelgewährleistung bei Tieren: Eichelberger / Zentner, Tiere im Kaufrecht, JuS 2009, 201 ff.; zur Haftung bei Falschangaben vgl.: Kleinhenz / Junk, Die Haftung des Verkäufers für Falschangaben beim Unternehmenskauf, JuS 2009, S. 787 ff.
[101] Vgl. hierzu auch: Braunschmidt / Vesper, Die Garantiebegriffe des Kaufrechts, JuS 2011, S. 393 ff.
[102] Vgl. hierzu auch: Alexander, Anfängerklausur – Zivilrecht: Kaufrecht – Der defekte Kühlschrank, JuS 2010, 609 ff.

Abs. 1 Satz 2 Nr. 2 BGB ein Sachmangel auch dann vor, wenn sich die Ware nicht „für die gewöhnliche Verwendung eignet und keine Beschaffenheit aufweist, die bei Sachen der gleichen Art üblich ist, die der Käufer nach der Art der Sache erwarten kann". Nach § 434 Abs. 1 Satz 3 BGB erfährt die Beschaffenheit der Ware insbesondere auch dadurch eine nähere Ausgestaltung, wie sie nach öffentlichen Äußerungen des Verkäufers oder auch in der Werbung angepriesen wird. Pauschal kann man also sagen, dass man unter einem Sachmangel jede nachteilige Abweichung der so genannten Ist-Beschaffenheit von der Soll-Beschaffenheit des Kaufgegenstandes verstehen kann. Rechtsmängel im Sinne des § 435 Satz 1 BGB hingegen sind immer dann gegeben, wenn bezüglich des Kaufgegenstandes Dritte in der Lage sind, gegen den Käufer Rechte wie beispielsweise Pfand- oder Nutzungsrechte geltend zu machen.

4.1.1 Rechte des Käufers bei Mängeln

Auch wenn der § 437 BGB mit seinen Ziffern 1 bis 3 mehrere unterschiedliche Rechte des Käufers bei Sach- und Rechtsmängeln ermöglicht[103], so darf sich der betroffene Käufer hier nicht frei für einen der unter den Ziffern 1 bis 3 genannten Wege entscheiden, sondern er hat hierbei zwingend eine bestimmte Reihenfolge einzuhalten.[104] Zunächst hat der Käufer nur den in § 437 Nr. 1 BGB genannten Anspruch auf Nacherfüllung. Der Begriff der Nacherfüllung stellt hierbei den Oberbegriff für Nachlieferung und Nachbesserung[105] dar. Zwischen diesen beiden Alternativen hat der Kunde nach § 439 BGB die Wahl. Er kann also frei entscheiden, ob der Mangel durch Reparatur der Kaufsache behoben werden soll oder ob er lieber ein neues fehlerfreies identisches Produkt haben möchte.[106] Das Wahlrecht liegt beim Kunden. Der Verkäufer darf dem Kunden nicht vorschreiben, welche der beiden Alternativen zur Mängelbeseitigung durchgeführt wird. Nur in sehr begrenzten Fällen kann das Wahlrecht des Kunden auf eine Alternative eingeschränkt sein. So kann es beispielsweise vorkommen, dass ein Kunde ein limitiertes Gerät kauft, welches zum Zeitpunkt der Inanspruchnahme der Mängelgewährleistung nicht mehr vorrätig ist und auch nicht mehr beschafft werden kann. In derartigen Fällen wären die Alternativen auf die Nachbesserung - also auf eine Reparatur - beschränkt. Ebenso sind Fälle denkbar, bei welchen die Nachbesse-

---

[103] Vgl. hierzu vertiefend: Klees, Die Ansprüche des Käufers auf Schadensersatz bei Lieferung einer mangelhaften Kaufsache zwischen Verschuldensprinzip und Garantiehaftung – zugleich eine Anmerkung zu der „Parkettstäbe-Entscheidung" des BGH, JURA 2010, S. 207 ff.; Looschelders, Schuldrecht, Besonderer Teil, 6. Aufl. München 2011, Rn. 82 ff.

[104] Vgl. zur Vertiefung auch den Übungsfall zum Mängelgewährleistungsrecht: Jaensch, Übungsklausur – Zivilrecht: Gewährleistungsrecht – Ein- und Ausbaukosten mangelhafter Fliesen, JuS 2009, S. 131 ff.

[105] Vgl. zu den Anforderungen an die Beweislast für Fehlschlagen der Nachbesserung vertiefend: BGH, Urteil vom 09.03.2011, VIII ZR 266/09, mit Anmerkung von Kleinhenz, NJW 2011, 1664 ff.

[106] Vgl. hierzu vertiefend: Mankowski, Nachbesserung und Verbesserung beim Kauf, NJW 2011, S. 1025 ff.

rung einen unverhältnismäßigen Kostenaufwand erfordert. Auch in derartigen Fällen wird die Wahl des Kunden auf eine Alternative beschränkt.

Beispiel:

Kunde K kauft in einem Baumarkt einen Beutel mit Schrauben. Zuhause entdeckt er, dass er die Schrauben nicht verwenden kann. Bei ihnen ist das Gewinde nämlich nicht korrekt gestanzt worden. Sie ähneln eher Nägeln und lassen sich nicht einschrauben. K moniert im Baumarkt den Mangel und meint, da er als Kunde das Wahlrecht im Rahmen der Nacherfüllung hat, sich für Nachbesserung entscheiden zu können. Er möchte also, dass bei jeder einzelnen Schraube das Gewinde nachgefräst wird.

Hier liegt ein Fall vor, bei welchem die Nachbesserung einen viel zu hohen Kostenaufwand erfordern würde. In derartigen Fällen wird das Wahlrecht des Kunden beschnitten, so dass der Verkäufer dem Begehren des K nicht nachgeben muss und dem K berechtigterweise statt einer Nachbesserung lediglich eine neue Packung Schrauben liefern kann. Erst wenn der Verkäufer das Ansinnen des Kunden auf Mängelgewährleistung grundlos verweigert oder – sofern sich der Kunde für Reparatur entschieden hat – diese zwei Mal fehlgeschlagen ist, kann der Käufer zu den übrigen unter § 437 Nr. 2 und Nr. 3 BGB genannten Rechten, nämlich Rücktritt, Minderung und Schadensersatz, übergehen. Hierbei besteht keine zwingende Reihenfolge mehr, so dass der Käufer frei unter den verbleibenden Möglichkeiten wählen kann.

Die Mängelgewährleistungsrechte des Kaufvertrages verjähren nach § 438 Abs. 1 Nr. 3 BGB bei beweglichen Sachen gewöhnlich nach zwei Jahren ab Übereignung der Ware. Zwar kann die Verjährungsfrist grundsätzlich durch vertragliche Vereinbarung verkürzt werden, doch ist dies gemäß § 475 Abs. 2 BGB nur bei Verträgen zwischen Unternehmern, nicht aber bei Verträgen mit Verbrauchern möglich. Sollte der Verkäufer jedoch den betreffenden Mangel arglistig verschwiegen haben, so ist hierauf nach § 438 Abs. 3 Satz 1 in Verbindung mit § 195 BGB ausnahmsweise die dreijährige regelmäßige Verjährungsfrist anzuwenden. Die Verjährungsfrist beginnt bei beweglichen Sachen nach § 438 Abs. 2 BGB mit der Ablieferung der Sache und bei Immobilien mit deren Übergabe durch Eintragung des Eigentums in das Grundbuch.

Anknüpfungspunkt für die Mängelgewährleistung ist die Pflicht des Verkäufers eine fehlerfreie Ware zu übereignen. Nach § 476 BGB wenden Gerichte innerhalb der ersten sechs Monate nach der Übereignung der Ware zu Gunsten des Verbrauchers eine Beweislastumkehr an. Das heißt, weist eine Ware - wie zum Beispiel ein Fernsehgerät - innerhalb der ersten sechs Monate einen Mangel auf, so trägt der Verkäufer die Beweislast dafür, dass er den Fernseher mangelfrei übereignet hat. Es wird also unterstellt, dass der Fehler bereits bei Übereignung in dem Produkt angelegt war. Tritt der Mangel erst in einem Zeitraum auf, welcher mehr als sechs Monate nach der Übereignung der Ware liegt, so muss der Käufer beweisen dass der Gegenstand bereits bei Übereignung mangelhaft war.

4 Besonderes Schuldrecht

Beispiel (für einen Rechtsmangel):

A möchte seinen alten PKW für 7.000 Euro verkaufen. Er inseriert ihn in der Zeitung. Auf seine Annonce meldet sich der K. Er schaut sich den Wagen an, hat viele Punkte zu bemängeln und bietet dem A 6.000 Euro für den Wagen. Nach langem Überlegen nimmt A das Angebot des K an. Beide schließen einen Kaufvertrag und einigen sich darauf, dass K am nächsten Tag mit dem Geld zu A kommt und den PKW abholt. Einige Stunden später erscheint X bei A. Er weiß nichts von dem bereits geschlossenen Vertrag, sieht den PKW und ist begeistert. Sofort ist er bereit dem A die 7.000 Euro für den Wagen zu zahlen. A ist einverstanden. Erhält sofort das Geld und gibt X den PKW samt Papieren mit. Als K am nächsten Tag erscheint, um den PKW abzuholen und den Wagen zu bezahlen, erfährt er diese Tatsachen. Er ist wütend. Welche Rechte hat er?

Wird dieselbe Sache doppelt verkauft, so sind, sofern keine sonstigen Nichtigkeitsgründe vorliegen, beide Kaufverträge wirksam. Der Kaufvertrag ist nur ein Verpflichtungsgeschäft. Es gibt dem Käufer lediglich einen schuldrechtlichen Anspruch gegen den Verkäufer auf Übereignung der Kaufsache. Ein dingliches Vorrecht an der Sache ist damit nicht verbunden. Der Käufer, welcher die Sache tatsächlich erhält, kann dementsprechend auch dann Eigentümer des Kaufgegenstands werden, wenn bereits vorher ein Kaufvertrag mit einer anderen Person bestand. Der andere Vertragspartner, welcher die Kaufsache trotz geschlossenen Vertrages nicht mehr bekommen kann, hat gegen den Neueigentümer demnach gewöhnlich keine Rechte. Er hat bei einer derartigen Fallkonstellation gegen den Verkäufer lediglich die Möglichkeit, aus § 433 Abs. 1 Satz 1 BGB auf Erfüllung zu klagen und, sofern ihm diese Forderung nicht erfüllt wird, nach §§ 280 Abs. 1 und 3 BGB sowie aus § 283 Satz 1 BGB Schadensersatz statt der Leistung zu fordern. Ausnahmsweise kann ein Käufer, der im Rahmen eines Doppelverkaufs die Kaufsache nicht erhält dann Rechte gegenüber dem Neueigentümer geltend machen, wenn ein sittenwidriges Zusammenwirken von Verkäufer und Zweitkäufer vorliegt. Wurde er also deshalb geschädigt, weil der Zweitkäufer im vollen Wissen um einen bereits geschlossenen Vertrag bewusst im Zusammenwirken mit dem Verkäufer den Eigentumserwerb durch den Erstkäufer verhindert, so entsteht hier ausnahmsweise ein auf § 826 BGB basierender Schadensersatzanspruch des Erstkäufers gegen den Zweitkäufer. Dieser kann wegen des Grundsatzes der Naturalrestitution auch dazu führen, dass der Zweitkäufer den Kaufgegenstand an den Erstkäufer herauszugeben hat. Ist dies nicht möglich, so hat er Ersatz in Geld zu leisten.

Im vorliegenden Beispielfall war dem X jedoch der Vertrag zwischen A und K nicht bekannt. Insofern liegt kein bewusstes Zusammenwirken von A und X vor, so dass dem K gegen X kein Anspruch zusteht. X ist Eigentümer des PKW geworden. K kann dementsprechend von A lediglich erfolglos Erfüllung des Vertrages verlangen und, weil dieses nach der Übereignung an X nicht mehr möglich ist, von A Schadensersatz statt der Leistung verlangen.

4.1.2 Garantie

Von der Mängelgewährleistung abzugrenzen sind so genannte Garantiefälle. Viele Hersteller sind derart überzeugt von ihren Produkten, dass sie darauf eine „Garantie" geben. In der Praxis betragen die Garantiezeiträume meistens ein oder zwei Jahre. Sie können aber durchaus auch länger sein. Die Garantie des Herstellers darf nicht mit der Mängelgewährleistung des Verkäufers verwechselt werden. Oftmals versuchen Verkäufer Kunden, die mit berechtigten Mängelgewährleistungsforderungen zu ihnen kommen, loszuwerden, indem sie auf eine Herstellergarantie verweisen und die Kunden auffordern, sich an den Hersteller zu wenden. Dies müssen sich die Käufer nicht gefallen lassen. Schließlich ist der Verkäufer ihr Vertragspartner und nicht der Hersteller. Das Nutzen der Garantie ist für einen Verbraucher oftmals nur dann vorteilhaft, wenn der Verkäufer sich bei berechtigter Forderung nach Mängelgewährleistung auf die nach sechs Monaten einsetzende Beweislastumkehr beruft und es deshalb für den Kunden nicht möglich ist, ohne großen Kostenaufwand diesen Beweis anzutreten.

4.1.3 Umtausch

Ebenso wie die Garantie ist auch der so genannte „Umtausch" nicht mit Mängelgewährleistungsrechten gleichzusetzen. Mit einem Umtauschrecht arbeiten manche Unternehmen, um den Absatz ihrer Ware zu erhöhen. Sie gestatten den Kunden, originalverpackte bzw. noch mit Preisschild versehene Ware innerhalb von 14 Tagen bei Vorlage des Kassenbons ohne Angabe von Gründen umtauschen zu können. Hierdurch erhoffen sich die Unternehmen, dass Kunden unbekümmert Ware für Verwandte und Bekannte kaufen, da sie diese bei Nichtgefallen umtauschen können. Oftmals, wenn Saisonware ausverkauft wird, finden sich Schilder mit der Formulierung „Saisonware ist vom Umtausch ausgeschlossen" an den Verkaufsständen. Wenn ein Kunde dann die Ware zurückbringt und Fehler an der Ware moniert, kommt es bisweilen vor, dass Verkäufer unter Hinweis auf den Ausschluss des Umtauschrechts Kunden mit berechtigten Mängelgewährleistungsansprüchen abweisen wollen. Dieses ist nicht zulässig. Umtausch und Mängelgewährleistung sind zwei unterschiedliche rechtliche Möglichkeiten. Der Ausschluss eines Umtauschrechts, also des Rechts ohne Angabe von Gründen Ware umtauschen zu können, existiert unabhängig vom Mängelgewährleistungsrecht. Der Ausschluss des Umtauschrechts kann aber die Mängelgewährleistungsrechte des Kunden nicht aushebeln. Der Kunde hat also auch bei ausgeschlossenem Umtauschrecht die Möglichkeit, seine Mängelgewährleistungsrechte gegen den Verkäufer geltend zu machen.

Besonderes Schuldrecht

4.2 Dienstvertrag

Der Dienstvertrag ist in den §§ 611 ff. BGB geregelt. Er gehört zu den gegenseitigen Verträgen und sein Abschluss ist formlos möglich. In einem Dienstvertrag verpflichtet sich der eine Teil zur Erbringung der vereinbarten Dienstleistung, der andere Vertragspartner verpflichtet sich zur Gewährung der versprochenen Vergütung. Bereits aus diesem Gegenseitigkeitsverhältnis kann geschlossen werden, dass der Dienstverpflichtete seinen Lohnanspruch bereits aus seinem Tätigwerden herleiten kann, ohne dass es hierfür auf die Erbringung eines bestimmten Erfolges ankommt. Nach § 611 Abs. 2 BGB können Dienste jeder Art Gegenstand eines Dienstvertrages sein. Typische Dienstverträge sind beispielsweise der Vertrag über ärztliche Heilbehandlung, Verträge über die Beratung oder Prozessvertretung durch einen Anwalt sowie der Arbeitsvertrag mit einem Arbeitnehmer. Bereits diese Aufzählung zeigt, dass das Dienstvertragsrecht ein weites Spektrum von selbständigen Tätigkeiten bis hin zu sozial abhängigen Angestelltentätigkeiten umfasst. Die Unterscheidung von selbständigen Tätigkeiten und weisungsgebundenen fremdbestimmten Dienstverhältnissen ist in der juristischen Praxis deshalb so wichtig, weil die selbständige Tätigkeit dem gewöhnlich dispositiven Recht des Bürgerlichen Gesetzbuches unterliegt, wohingegen die weisungsabhängige Angestelltentätigkeit nicht allein auf dem BGB fußt, sondern zusätzlich zu den wenigen Regelungen des BGB vorwiegend durch Vorschriften des Arbeitsrechts ergänzt wird. Der Anspruch auf die Dienstleistung ist gemäß § 613 Satz 2 BGB im Zweifel nicht übertragbar.

4.2.1 Abgrenzung

Bevor auf den Dienstvertrag näher eingegangen werden kann, ist es zunächst erforderlich den Dienstvertrag begrifflich vom Werkvertrag abzugrenzen. Während beim Werkvertrag für die Bezahlung der Erfolg im Vordergrund steht, genügt für das Vorliegen eines Dienstvertrages das schlichte „sich Bemühen". Ein Hausbau ist ein Werkvertrag; denn es ist vollkommen egal mit wie viel Maurern und Handwerkern der Bauunternehmer arbeitet. Sein Geld steht ihm erst zu, wenn der Erfolg eingetreten ist und er das Haus - oder einzelne Bauabschnitte - wie vereinbart errichtet hat. Klassische Dienstverträge sind beispielsweise Verträge mit Ärzten und Anwälten. Zwar würden die Patienten bzw. Mandanten auch hier gerne einen Erfolg, wie beispielsweise Heilung der Krankheit oder Gewinnen des Gerichtsprozesses sehen, doch steht hier für die Bezahlung das „sich Bemühen" im Vordergrund. Egal ob der Patient gesund wird oder nicht und egal ob der Anwalt den Prozess gewinnt oder nicht, der Patient bzw. der Mandant muss die geleistete Tätigkeit bezahlen.

4.2.2 Vertragsschluss

Dienstverträge werden durch Angebot und Annahme abgeschlossen. Auch ansonsten gelten hierbei die allgemeinen Vorschriften des BGB. Der Vertragsschluss ist grundsätzlich an keine Form gebunden. Zwar können Tarifverträge oder das Gesetz für Arbeitsverträge bzw. Dienstverträge beispielsweise die Schriftform vorschreiben, doch handelt es sich hierbei zumeist nicht um Regelungen, deren Verletzung zu einer Unwirksamkeit des Vertrages führen.

4.2.3 Vergütung

Beispiel:

A hat ein Rechtsproblem und geht zum Rechtsanwalt R. Als er später die Rechnung des R zugeschickt bekommt fragt er sich, ob er diese überhaupt zahlen muss; schließlich hatten beide nicht über eine Bezahlung gesprochen und dementsprechend keinen Geldbetrag vereinbart.

Anders als beim Kaufvertrag, bei dem erst eine Einigung über die „essentialia negotii", also über die drei wesentlichen Vertragsbestandteile Vertragsparteien, Kaufgegenstand und Kaufpreis erfolgt sein muss, ist es beim Dienstvertrag nicht erforderlich, dass über Geld gesprochen wird, damit ein wirksamer Dienstvertrag zustande kommen kann. Dies wird auch explizit in § 612 BGB festgelegt.

§ 612 BGB Vergütung

(1) *Eine Vergütung gilt als stillschweigend vereinbart, wenn die Dienstleistung den Umständen nach nur gegen eine Vergütung zu erwarten ist.*

(2) *Ist die Höhe der Vergütung nicht bestimmt, so ist beim Bestehen einer Taxe die taxmäßige Vergütung, in Ermangelung einer Taxe die übliche Vergütung als vereinbart anzusehen.*

(3) *(weggefallen)*

Im oben genannten Beispielfall haben A und R zwar nicht über Geld gesprochen, doch ist eine anwaltliche Beratung gewöhnlich nur gegen Geld zu erwarten. Insofern gilt eine Vergütung zwischen A und R nach § 612 Abs. 1 BGB als stillschweigend vereinbart. Die Höhe des Anwaltshonorars wird nach einer Taxe, nämlich nach einer Gebührentabelle im Rahmen des Rechtsanwaltsvergütungsgesetzes (RVG) bemessen. Mithin muss A die Rechnung des R also bezahlen, sofern diese den Werten des RVG entspricht.

4.2.4 Pflichtverletzungen

Der Dienstberechtigte hat die Möglichkeit den Dienstverpflichteten auf Erfüllung des Vertrages zu verklagen, sofern der Dienstverpflichtete der vereinbarten Dienstpflicht überhaupt nicht oder zumindest nicht rechtzeitig nachkommt. Daneben hat er gemäß § 320 Abs. 1 BGB auch das Recht, den Lohn zurückzubehalten.

Neben der Pflicht zur Dienstleistung hat der Dienstverpflichtete eine große Anzahl an Nebenpflichten. Vorwiegend handelt es sich hierbei um Treuepflichten, welche auf § 241 Abs. 2 BGB und § 242 BGB zurückzuführen sind. Sofern der Dienstverpflichtete diese Treuepflichten verletzt, hat der Dienstberechtigte die Möglichkeit, von ihm nach § 280 Abs. 1 BGB in Verbindung mit § 241 Abs. 2 BGB Schadensersatz neben der Leistung oder nach § 280 BGB in Verbindung mit § 282 BGB Schadensersatz statt der Leistung zu fordern.

4.2.5 Mängelgewährleistung

Besondere Mängelgewährleistungsvorschriften wird man in den § 611 ff. BGB vergeblich suchen. Der Gesetzgeber hat diese nicht regeln müssen, da der zur Dienstleistung Verpflichtete im Rahmen des Dienstvertrages nur zum Tätigwerden verpflichtet wird, aber kein Erfolg eintreten muss. Insofern ist es nur folgerichtig, dass es hierbei keinerlei besonderer Gewährleistungsvorschriften bedarf. Lediglich die Vorschriften des allgemeinen Schuldrechts, wie beispielsweise die §§ 275 ff. BGB, können auf etwaige Leistungsstörungen angewendet werden. Auch Arbeitsverträge fallen unter das Dienstvertragsrecht. Weil jedoch das Arbeitsverhältnis für viele Menschen essentiell wichtig ist und die Grundlage ihrer Existenz darstellt, bietet das Arbeitsrecht in Ergänzung zu den §§ 611 ff. BGB eine Vielzahl an Sonderregelungen, die der besonderen Bedeutung des Arbeitsverhältnisses Rechnung tragen.[107]

4.2.6 Beendigung

Es gibt unterschiedliche Gründe, die zu einer Beendigung des Dienstverhältnisses führen können. So endet das Dienstverhältnis beispielsweise:

- bei Erreichung des vereinbarten Zwecks,
- bei Abschluss eines Aufhebungsvertrages,
- nach einer Anfechtung des Dienstvertrages,

---

[107] Vgl. hierzu vertiefend: Wien, Arbeitsrecht, Wiesbaden 2009.

- bei dem Tod einer Vertragspartei, sofern nicht ausnahmsweise die Dienstberechtigung in Abänderung des § 613 Satz 2 BGB übertragbar ist,
- bei befristet abgeschlossenen Dienstverhältnissen durch Zeitablauf,
- durch ordentliche oder durch außerordentliche Kündigung.

4.3 Werkvertrag

Der Werkvertrag ist in den §§ 631 ff. BGB geregelt. Es handelt sich hierbei um einen gegenseitigen, in der Regel entgeltlichen Vertrag. Durch diesen Vertrag wird der Unternehmer zur Herstellung des versprochenen Werkes und der Besteller zur Entrichtung der vereinbarten Vergütung verpflichtet. Gegenstand eines Werkvertrages kann nach § 631 Abs. 2 BGB sowohl die Herstellung oder Veränderung einer Sache als auch ein anderer durch Arbeit oder Dienstleistung herbeizuführender Erfolg sein. Im Gegensatz zum Dienstvertrag steht beim Werkvertrag der Erfolg im Vordergrund der Tätigkeit. Typische Beispiele für Werkverträge sind: Hausbau, Herstellung von Zahnersatz im Dentallabor, die Erstellung von Gutachten oder schlichte Reparaturleistungen. Derjenige, welcher sich werkvertraglich zur Herstellung eines Werkes verpflichtet, wird als Unternehmer bzw. Werkunternehmer bezeichnet, wohingegen sein Vertragspartner „Besteller" genannt wird. Der Werkunternehmer muss das Werk nicht persönlich erbringen, sondern kann sich bei der Vertragserfüllung auch dritter Personen, wie beispielsweise Subunternehmern, bedienen. Allerdings muss er sich dann deren Verschulden nach § 278 BGB zurechnen lassen, sofern diese im Rahmen der Vertragsabwicklung den Besteller schädigen.

4.3.1 Vergütung

Der Werkunternehmer erhält für die Herstellung eines Werkes eine Vergütung, welche gewöhnlich in Geld gezahlt wird. Die Höhe der Bezahlung kann sich, je nach vertraglicher Vereinbarung, entweder nach der benötigten Zeit oder nach der Anzahl der hergestellten Werkstücke richten. Ist mit dem Besteller nicht über die Vergütung gesprochen worden, so sieht der § 632 Abs. 1 BGB vor, dass eine Vergütung als stillschweigend vereinbart gilt, wenn die Herstellung des Werkes den Umständen nach nur gegen eine Vergütung zu erwarten ist. Ähnlich wie bei den Regelungen des Dienstvertrages, sieht der § 632 Abs. 2 BGB vor, dass in den Fällen, in denen die Höhe der Vergütung nicht vereinbart worden ist, bei dem Bestehen einer Taxe – also bei Bestehen einer Gebührentabelle - die taxmäßige Vergütung, in Ermangelung einer Taxe die übliche Vergütung als vereinbart angesehen wird. Da der Werkunternehmer im Werkvertragsrecht vorleistungspflichtig ist, also sein Geld erst dann erhält, wenn er das Werk fertig gestellt hat und seine Vergütung aufgrund der Abnahme fällig geworden ist, hat ein Werkunternehmer ein nachvollziehbares Interesse daran, möglichst früh sein Geld zu verlangen. Der Gesetzgeber trägt diesem nachvollziehbaren Bedürfnis des Werkunternehmers dadurch Rechnung, dass er ihm mit § 632a BGB die Möglichkeit einräumt, Abschlagszahlungen zu fordern.[108] Hierbei hat der Werkunternehmer das Recht zu verlangen, dass der Besteller für bereits abgeschlossene Teile des Werkes oder erforderliche Stoffe Abschlagszahlungen vorzunehmen hat.

Ein Kostenvoranschlag ist nach § 632 Abs. 3 BGB im Zweifel nicht zu vergüten. Anders verhält es sich lediglich, wenn der Werkunternehmer mit dem Besteller explizit einen Vertrag über eine Vergütungspflicht des Kostenvoranschlags vereinbart hat. Das bedeutet, dass ein Werkunternehmer ausdrücklich eine Bezahlung vereinbaren sollte, wenn ihm daran gelegen ist, dass er bereits für den Kostenvoranschlag eine Bezahlung erhält.

4.3.2 Abnahme

Der Begriff „Abnahme" unterscheidet sich im Werkvertragsrecht von der kaufrechtlichen körperlichen Entgegennahme eines Werkes. Im Rahmen des Werkvertrages kommt zu der körperlichen Entgegennahme des Werkes noch die Billigung des Werkes als im Großen und Ganzen vertragsgemäße Leistung[109] hinzu. Der Besteller gibt also im Rahmen der Abnahme zu verstehen, dass er mit der erbrachten Werkleistung zufrieden ist. Der Abnahme kommt im Rahmen des Werkvertrages eine große Bedeutung zu. Man könnte sogar sagen, dass die Abnahme der Dreh- und Angelpunkt des gesamten Werkvertragsrechts bildet. Von der Abnahme sind nämlich folgende Aspekte abhängig:

- Der Erfüllungsanspruch erlischt. Bis zur Abnahme kann der Besteller aus dem Vertrag die Erfüllung der vereinbarten Werkleistung fordern. Mit der Abnahme erlischt der Erfüllungsanspruch und an seine Stelle treten die Ansprüche des Bestellers auf Mängelgewährleistung.

- Die Frist der Mängelgewährleistungsansprüche beginnt mit der Abnahme zu laufen. Die in § 634a BGB genannten Verjährungsfristen für die Mängelansprüche beginnen ab der Abnahme.

- Mit der Abnahme findet nach § 644 Abs. 1 BGB der Gefahrübergang statt. Bis zur Abnahme trägt der Werkunternehmer das Risiko der Verschlechterung oder des Untergangs des Werkes. Ab der Abnahme geht dieses Risiko auf den Besteller über.

---

[108] Vgl. zur Neufassung der Absicherung von Werkunternehmern auch: Huber, Forderungssicherungsgesetz – Neues aus der zivilrechtlichen Reformküche des Gesetzgebers, JuS 2009, S. 23 ff.
[109] Vgl. BGH, NJW 1993, S. 1972 (S. 1973).

Werkvertrag 4.3

- Mit der Abnahme findet eine Beweislastumkehr statt. Die Beweislastumkehr ist nicht gesetzlich geregelt, sondern ergibt sich aus ständiger Rechtsprechung. Bis zur Abnahme muss der Werkunternehmer beweisen, dass das von ihm erbrachte Werk nicht mit Fehlern behaftet ist.[110] Ab der Abnahme tritt nun die Beweislastumkehr ein. Hat der Besteller das Werk als im Großen und Ganzen vertragsgemäße Leistung anerkannt, so muss ab diesem Zeitpunkt der Besteller etwaige Mängel oder Schwachstellen des Werkes beweisen.

- Mit der Abnahme ist nach § 641 BGB die Vergütung fällig.

4.3.3 Verletzung von Haupt- und Nebenpflichten

Der Werkunternehmer hat im Rahmen des Werkvertragsrechts als Hauptpflicht die Pflicht zur Herstellung des versprochenen Werkes, welches frei von Sach- und Rechtsmängeln sein muss. Hierzu kommen aber auch etliche Nebenpflichten. Diese ergeben sich je nach Inhalt und Zweck des Vertrages aus dem Grundsatz von Treu und Glauben im Sinne der §§ 241 Abs. 2, 242 BGB. Pflichten die hierbei entstehen können sind beispielsweise Obhutspflichten, Schutzpflichten, Fürsorgepflichten sowie Aufsichtspflichten. Verletzt ein Unternehmer seine Hauptpflicht zur Herstellung des Werkes vor der Abnahme, so kommt das im Bürgerlichen Gesetzbuch geregelte Recht der Leistungsstörungen unmittelbar zur Anwendung. Hierzu gehören beispielsweise die gesetzlichen Regelungen zur Unmöglichkeit und zum Verzug.

> *Beispiel:*
>
> *A ist begeisterter Motorradfahrer. Seit langem hat er mit Freunden eine Motorradtour quer durch Deutschland geplant. Am Freitag, den 15.5. soll die Fahrt beginnen. Doch eine Woche vor der großen Fahrt muss das Motorrad des A zur Reparatur in die Werkstatt. Werkstattmeister W verspricht dem A, dass das Motorrad bis zum Donnerstag, den 14.5. auf jeden Fall repariert und fertig sein wird. Als A am Donnerstag, den 14.5. kommt, um sein Motorrad abzuholen, stellt sich heraus, dass die Werkstatt aufgrund einer Vielzahl anderer Aufträge noch nicht einmal mit der Reparatur begonnen hat. Auch Freitag früh ist das Motorrad noch nicht fertig. A ist empört und mietet sich für die Fahrt bei einem Unternehmen für Mietfahrzeuge ein anderes Motorrad und fährt die Deutschlandtour mit. Kann A von der Werkstatt des W fordern, die Kosten für das gemietete Motorrad ersetzt zu bekommen?*

In Fällen, in welchen der Werkunternehmer das bestellte Werk trotz Vereinbarung später herstellt, hat der Besteller nach Ablauf einer angemessenen Frist, welche er dem Werkunternehmer setzen muss, folgende Möglichkeiten:

---

[110] Vgl. BGHZ 61, S. 42 (S. 47).

4 Besonderes Schuldrecht

- Er kann nach § 323 BGB vom Vertrag zurücktreten und nach den §§ 280 Abs. 1, 280 Abs. 3 BGB in Verbindung mit § 281 Abs. 1 BGB Schadensersatz statt der Leistung fordern.

- Er kann den Schaden, welcher sich aus der Verzögerung ergibt vom Unternehmer nach den §§ 280 Abs. 1, 280 Abs. 2 BGB in Verbindung mit § 286 BGB fordern.

Im vorliegenden Beispielfall ist die Werkstatt W mit ihrer vertraglichen Pflicht im Verzug. Der Verzug im Sinne des § 286 BGB hat zur Folge, dass der Gläubiger gegen den Schuldner gemäß § 280, Abs. 1 und Abs. 2 BGB in Verbindung mit § 286 BGB einen Anspruch auf Ersatz des Verzugsschadens hat. Im vorliegenden Fall war eine Mahnung nicht zwingend erforderlich, da die Reparaturleistung nach dem Kalender bestimmt war. A kann von W deshalb die Kosten für das gemietete Motorrad geltend machen. Er muss sich hierbei allerdings seine ersparten Aufwendungen anrechnen lassen.

4.3.4 Rechtsfolgen bei Sach- und Rechtsmängeln

Ist das Werk von einem Werkunternehmer mangelhaft hergestellt worden, so hat der Besteller die Möglichkeit, die in § 634 BGB genannten Rechtsbehelfe zu nutzen:

- So hat der Besteller nach § 634 Nr. 1 BGB in Verbindung mit § 635 BGB die Möglichkeit Nacherfüllung zu verlangen. Im Rahmen der Nacherfüllung kann der Unternehmer gemäß § 635 Abs. 1 BGB nach seiner Wahl den Mangel beseitigen oder ein neues Werk herstellen. Insofern unterscheidet sich das Nacherfüllungsrecht im Rahmen des Werkvertrages von dem des Kaufvertrages. Hat im Kaufvertrag der Käufer das Wahlrecht zwischen Nachlieferung und Nachbesserung, so liegt beim Werkvertrag das Wahlrecht zwischen Mangelbeseitigung und Neuherstellung beim Werkunternehmer.

- Nach § 634 Nr. 2 BGB in Verbindung mit § 637 BGB hat der Besteller auch die Möglichkeit den Mangel selbst zu beseitigen und vom Werkunternehmer Ersatz der hierfür erforderlichen Aufwendungen zu verlangen. Dieser Anspruch besteht allerdings nur, wenn der Werkunternehmer die Nacherfüllung nicht zu Recht verweigert. In der Praxis bedeutet dieses Selbstvornahmerecht allerdings nicht, dass der zumeist handwerklich ungeübte Besteller den Mangel eigenhändig beseitigen muss. Vielmehr bedeutet das Selbstvornahmerecht auch, dass er einen anderen Unternehmer mit der Beseitigung des Mangels beauftragt und die hierdurch entstehenden Kosten vom ursprünglichen Werkunternehmer ersetzt haben möchte. Nach § 637 Abs. 3 BGB ist der Besteller sogar berechtigt bereits vor der Selbstvornahme die voraussichtlich zur Mängelbeseitigung erforderlichen Aufwendungen als Vorschuss zu verlangen.

- Der § 634 Nr. 3 BGB gibt dem Besteller die Möglichkeit nach den §§ 636, 323 und 326 Abs. 5 BGB vom Werkvertrag zurückzutreten oder nach § 638 BGB die Vergütung zu mindern.

- Zusätzlich hat der Besteller gemäß § 634 Nr. 4 BGB die Möglichkeit, nach den §§ 636, 280, 281, 283 und 311a BGB Schadensersatz oder nach § 248 BGB Ersatz vergeblicher Aufwendungen zu verlangen.

Im Rahmen des Werkvertragsrechtes ist es wichtig zu wissen, dass hier – ähnlich wie beim Kaufvertragsrecht – eine gewisse Staffelung der Mängelgewährleistungsrechte besteht. So gibt es im Werkvertragsrecht einen so genannten Vorrang des Nacherfüllungsanspruchs. Dieser Vorrang führt dazu, dass der Besteller grundsätzlich zunächst nur Nacherfüllungsansprüche hat, bevor er auf die übrigen Rechte übergehen kann.

4.3.5 Anwendungsbereich des Werkvertragsrechts

Im Rahmen der letzten großen BGB-Schuldrechtsreform des Jahres 2002 wurde mit dem § 651 BGB eine neue Vorschrift geschaffen, welche den Anwendungsbereich des Werkvertragsrechts erheblich einschränkt. Diese Vorschrift besagt nämlich, dass eine „noch herzustellende bewegliche Sache" nicht nach Werkvertragsrecht, sondern nach Kaufvertragsrecht zu beurteilen ist.[111] Mit diesem Gesetzeswortlaut trug die damalige Gesetzesänderung der Praxis Rechnung, dass Personen, welche etwas aus einem Katalog bestellen, was für sie noch hergestellt werden muss, eigentlich nur die Übereignung eines fehlerfreien Gegenstandes erwarten. Insofern liegt der Schwerpunkt des Vertrages also nicht in der Produktion eines Werkes, sondern in der Übereignung des Produktes. Konsequenz der Gesetzesreform war es, dass der Anwendungsbereich des Werkvertragsrechts geringer und der Anwendungsbereich des Kaufvertragsrechts größer wurde. Heutzutage spielt das Werkvertragsrecht in der Praxis deshalb vorwiegend nur noch in den Bereichen Hausbau, Herstellung von Zahnersatz im Dentallabor, Erstellung von Gutachten oder schlichten Reparaturleistungen eine große Rolle.

4.4 Darlehensvertrag

Im Rahmen eines Darlehensvertrages übereignet der eine Teil (Darlehensgeber) dem anderen Teil (Darlehensnehmer) entweder Geld oder andere vertretbare Sachen, wobei für den Darlehensnehmer die Pflicht entsteht, Sachen gleicher Art, Güte und Menge zurückzuerstatten. Insofern unterscheidet sich das Darlehen von der Miete oder Leihe dahingehend, dass hier nicht eine bloße Gebrauchsmöglichkeit, sondern eine Übereig-

---

[111] Vgl. hierzu vertiefend auch: Wien, Softwareerstellungsverträge – quo vadis? Hinweise zu einer neuen Rechtsansicht, WuM 2010, S. 66 ff.

nung mit der Möglichkeit des wirtschaftlichen Verbrauchs Vertragsgegenstand wird. Der Darlehensvertrag selbst zählt zu den Dauerschuldverhältnissen. Das Gesetz unterscheidet nach Sachdarlehen und Gelddarlehen.

4.4.1 Sachdarlehen

Das Sachdarlehen ist in § 607 Abs. 1 BGB geregelt. Im Rahmen eines derartigen Darlehensvertrages werden dem Darlehensnehmer vertretbare Sachen übereignet, die er dann nach Belieben verwenden oder aufbrauchen kann. Er ist lediglich verpflichtet, Sachen gleicher Art, Güte und Menge dem Darlehensgeber zurückzuerstatten.

> *Beispiel:*
>
> *A bittet seinen Nachbarn N, ihm zum Backen eines Kuchens 5 Eier zu „leihen".*

Würde es sich hierbei um eine echte Leihe handeln, so wäre A verpflichtet, dem N dieselben fünf Eier nach Beendigung der Leihe zurückzugeben. Die tatsächliche Fallgestaltung sieht jedoch vor, dass A die fünf Eier im Rahmen des Kuchenbackens auch verbrauchen darf. Insofern handelt es sich also um keine klassische Leihe, sondern um ein Darlehen. Hiernach ist A nämlich verpflichtet, dem N lediglich Eier in gleicher Art, Güte und Menge zurückzuerstatten. Es handelt sich bei dem Beispielsfall also um ein Sachdarlehen.

4.4.2 Gelddarlehen

In der Praxis ist jedoch das Gelddarlehen wesentlich bedeutender als das Sachdarlehen. Das Gelddarlehen findet seine Regelungen in § 488 Abs. 1 BGB. Nach dieser Vorschrift ist der Darlehensgeber verpflichtet, dem Darlehensnehmer einen Geldbetrag in der vereinbarten Höhe zur Verfügung zu stellen. Der Darlehensnehmer hingegen ist verpflichtet, einen geschuldeten Zins zu zahlen und bei Fälligkeit das zur Verfügung gestellte Darlehen zurückzuerstatten. Neben dieser gesetzlichen Regelung bleibt es den Vertragsparteien unbenommen, durch Allgemeine Geschäftsbedingungen die Darlehensverträge näher auszugestalten. Von dieser Möglichkeit haben viele Banken und Sparkassen auch in der Praxis Gebrauch gemacht.[112] Die in derartigen Allgemeinen Geschäftsbedingungen getroffenen Regelungen können von den Vertragspartnern nach den §§ 305 ff. BGB auf ihre Wirksamkeit hin überprüft werden. Im Rahmen von Darlehensverträgen mit Zahlungspflicht stehen die Pflicht des Darlehensgebers zur Verschaffung und Belassung des Darlehens zu den vom Darlehensnehmer zu zahlenden Zinsen in einem Gegenseitigkeitsverhältnis. Bei unentgeltlich gewährten Darlehen

---

[112] Vgl. zur Vertiefung der Materie: Koch, Zulässigkeit und Auswirkungen der Übertragung von Darlehensforderung und Grundschuld – Die Rechtslage nach den Änderungen im Schuld-, Sachen- und Zwangsvollstreckungsrecht, JURA 2010, S. 179 ff.

4.4 Darlehensvertrag

hingegen kann nur von einem „zweiseitig verpflichtenden Vertrag" ausgegangen werden. Grundsätzlich setzt der Darlehensvertrag nur zwei übereinstimmende Willenserklärungen, nicht jedoch die Einhaltung einer Formvorschrift, voraus. Insofern kann ein Darlehensvertrag theoretisch sogar konkludent, also durch schlüssiges Verhalten, abgeschlossen werden.[113]

Beispiel:

S hat im Januar 2011 mit der B-Bank einen Darlehensvertrag mit einer Laufzeit von drei Jahren abgeschlossen, welcher einen Zinssatz von 9 % vorsieht. Darüber hinaus bestand noch bis zum 30. Juni 2013 eine Zinsfestschreibungsfrist. Da allerdings bereits im Juni 2011 die Zinsen gesunken sind, überlegt S, ob es nicht vielleicht besser für ihn wäre, diese günstigen Konditionen zu nutzen und bei einer anderen Bank, nämlich bei der Z-Bank, einen neuen Darlehensvertrag mit einer Zinshöhe von 5 % abzuschließen, um mit diesem Geld das Darlehen bei der B-Bank zu tilgen und dementsprechend viel früher aus dem mit der B-Bank geschlossenen Darlehensvertrag herauszukommen. Kann S diesen Plan umsetzen?

Ein Darlehensvertrag ist als Dauerschuldverhältnis ausgestaltet. Insofern ist es dem Darlehensnehmer nicht ohne Weiteres möglich, vorzeitig aus einem bereits geschlossenen Darlehensvertrag durch Kündigung auszusteigen. So sieht beispielsweise § 489 Abs. 1 Nr. 1 BGB explizit vor, dass der Darlehensnehmer einen Darlehensvertrag mit gebundenem Sollzinssatz nur dann ganz oder teilweise kündigen kann, wenn die Sollzinsbindung vor der für die Rückzahlung bestimmten Zeit endet und keine neue Vereinbarung über den Sollzinssatz getroffen ist. Nur wenn diese Voraussetzungen vorliegen, wäre es dem Darlehensnehmer möglich, unter Einhaltung einer Kündigungsfrist von einem Monat den Darlehensvertrag zu kündigen; frühestens jedoch für den Ablauf des Tages, an dem die Sollzinsbindung endet. Im oben genannten Beispielfall ist es dem S also nicht möglich, das Darlehen bei der B-Bank vor Ablauf der Festschreibungsfrist zu tilgen bzw. zu kündigen. Insofern wird es ihm trotz der günstigen Konditionen der anderen Bank - nämlich der Z-Bank - wenig nützen, im Juli 2011 ein weiteres Darlehen zu günstigeren Konditionen abzuschließen.

Von dem Grundsatz Darlehensverträge nicht vor Ablauf der Festschreibungsfrist kündigen zu können, gibt es jedoch in engem Umfang Ausnahmen. Eine solche Ausnahme ist das außerordentliche Kündigungsrecht nach § 490 Abs. 2 BGB. Hiernach ist es einem Darlehensnehmer ausnahmsweise dann möglich einen Darlehensvertrag vorzeitig zu kündigen, wenn seine berechtigten Interessen dies gebieten und seit dem vollständigen Empfang des Darlehens sechs Monate abgelaufen sind. Der Gesetzeswortlaut macht bereits deutlich, dass nicht jeder Grund als wichtiger Grund genügt. Vielmehr müssen es Ausnahmesituationen sein, die den Darlehensnehmer zu diesem Schritt zwingen. Die Rechtsprechung hat dies beispielsweise in Fällen anerkannt, in

---

[113] Vgl. BGH WM 1986, S. 8 f.

denen eine schuldhafte Zerrüttung eines bei Vertragsschluss vorhandenen Vertrauensverhältnisses bestand.[114]

Für den Rückzahlungsanspruch des Darlehensgebers sind die Voraussetzungen in den §§ 488 Abs. 3, 489, 490 BGB geregelt. Sofern ein Darlehensvertrag keine von diesen gesetzlichen Bestimmungen abweichenden Regelungen enthält, wird auf diese Vorschriften zurückgegriffen. Die Rückzahlungspflicht des Darlehens ist eine einseitige Verpflichtung des Darlehensnehmers und steht nicht im Gegenseitigkeitsverhältnis zu den Pflichten des Darlehensgebers. Sofern ein Darlehensgeber mit einem Darlehensnehmer einen Darlehensvertrag geschlossen und diesem den Geldbetrag ausgezahlt hat, können folgende Gründe zur Beendigung des Vertrages führen:

- Eine Anfechtung nach den §§ 119, 123 BGB,
- der Abschluss eines Aufhebungsvertrages im Sinne des § 311 Abs. 1 BGB,
- der Eintritt einer auflösenden Bedingung im Sinne des § 158 Abs. 2 BGB,
- eine ordentliche Kündigung im Sinne der §§ 488 Abs. 3, 489 BGB,
- eine außerordentliche Kündigung im Sinne des § 490 BGB,
- Beendigung durch Zeitablauf im Sinne des § 488 Abs. 3 BGB.

Sofern der Darlehensgeber einen Anspruch auf Rückzahlung der Darlehenssumme geltend macht, so ist er für die Beendigung des Darlehensvertrages beweispflichtig.

4.4.3 Verbraucherdarlehen

Für verzinsliche Darlehensverträge, welche Verbraucher mit einem Unternehmer (Kreditgeber) abschließen, bieten die §§ 491 ff. BGB sowie die §§ 655a bis 655e BGB zum Schutze der privaten Verbraucher besondere Regelungen. Über den Wortsinn des Verbraucherdarlehens hinaus wird der Anwendungsbereich des Verbraucherdarlehens nach § 512 BGB auch ausgedehnt auf Existenzgründer, also auf Personen, welche ein Darlehen für die Aufnahme ihrer selbstständigen bzw. gewerblichen Berufstätigkeit benötigen. Dies ist allerdings nur dann der Fall, wenn der Nettodarlehensbetrag bzw. der Barzahlungspreis die Summe von 75.000 € nicht übersteigt. Verbraucherdarlehensverträge bedürfen gemäß § 492 BGB der Schriftform, wobei dem Schriftformerfordernis bereits dann genüge getan ist, wenn Antrag und Annahme durch die Vertragsparteien jeweils getrennt schriftlich erklärt werden. Darüber hinaus sieht § 492 Abs. 2 BGB vor, dass Verbraucherdarlehensverträge eine Anzahl zusätzlicher Angaben enthalten müssen, welche näher in Art. 247 §§ 6 bis 13 des Einführungsgesetzes zum Bürgerlichen Gesetzbuch (EGBGB) genannt sind. Der § 494 BGB nennt etwaige Sankti-

---

[114] Vgl. Palandt / Weidenkaff, Bürgerliches Gesetzbuch, 70. Auflage, München 2011, § 490 Rn. 11.

onen, für den Fall, dass die zwingenden Anforderungen an Verbraucherdarlehensverträge durch den Darlehensgeber nicht erfüllt werden.

4.5 Miet- und Pachtvertrag

Der Mietvertrag zählt zu den gegenseitig verpflichtenden Verträgen. Miete gehört zu den Dauerschuldverhältnissen. Unter Miete versteht man die Gebrauchsüberlassung gegen Entgelt. Das Mietrecht ist in §§ 535 ff. BGB normiert und gilt sowohl für bewegliche Gegenstände als auch für Immobilien.[115] In den §§ 535 bis 548 BGB werden allgemeingültige Vorschriften für jedwede Arten von Mietverhältnissen aufgestellt.[116] Die §§ 549 bis 577a BGB gehen auf die Besonderheiten für die Verträge über Wohnraum ein[117]; wohingegen die §§ 578 bis 580a BGB die Mietverhältnisse über andere Sachen regeln. Die Hauptpflichten des Mietvertrages sind in § 535 BGB normiert. Der Gesetzgeber folgt damit einer durchgehenden Systematik im BGB, nach welcher bei allen im BGB genannten Vertragstypen die Hauptpflichten des Vertrages in der ersten Vorschrift der Regelungsstruktur der betreffenden Vertragsnormen genannt werden. Nach § 535 Abs. 1 BGB ist der Vermieter dazu verpflichtet, dem Mieter den Gebrauch der Mietsache während der Mietzeit zu gewähren.[118] Darüber hinaus hat er dem Mieter die Mietsache in einem zum vertragsgemäßen Gebrauch geeigneten Zustand zu überlassen und sie während der Mietzeit in diesem Zustand zu erhalten.[119] Die Pflicht des Mieters ist es, nach § 535 Abs. 2 BGB dem Vermieter die vereinbarte Miete zu zahlen. Der Gesetzgeber spricht bewusst ganz allgemein von Mietsache; denn auch wenn viele Personen bei dem Begriff Miete an Wohnungen und Geschäftslokale denken, so kann jede Gebrauchsüberlassung gegen Entgelt als Miete bezeichnet werden. Insofern ist die gesetzliche Systematik nachzuvollziehen, nach der ab § 535 BGB grundsätzliche Regelungen für die Miete aufgestellt worden sind und erst ab § 549 BGB spezielle Vorschriften für die Miete von Wohnraum geschaffen wurden.

---

[115] Vgl. hierzu vertiefend: Löhning / Gietl, Grundfälle zum Mietrecht, JuS 2011, S. 107 ff.; zum Gewerberaummietrecht vgl. vertiefend: Fritz, Die Entwicklung des Gewerberaummietrechts im Jahre 2010, NJW 2011, 1048 ff. und zur Abrechnungsfrist der Nebenkosten in der Geschäftsraummiete vgl. BGH, Versäumnisurteil vom 17.11.2010, XII ZR 124/09, NJW 2011, S. 445 ff.
[116] Vgl. hierzu vertiefend: Looschelders, Schuldrecht, Besonderer Teil, 6. Auflage, München 2011, Rn 391 ff.
[117] Vgl. zur Rechtsprechungsentwicklung vertiefend: Herrlein, Die Rechtsprechung zur Wohnraummiete im zweiten Halbjahr 2010, NJW 2011, S. 1189 ff.
[118] Vgl. zur Mietminderung wegen Flächenabweichung einer Wohnung beispielsweise: BGH, Urteil vom 02.03. 2011, VIII ZR 209/10, NJW 2011, 1282.
[119] Vgl. zu den Pflichten des Vermieters vertiefend auch: Jauernig / Teichmann, Bürgerliches Gesetzbuch, Kommentar, 13. Auflage, München 2009, § 535 Rn. 11 ff.

4.5.1 Mietvertrag

Beispiel:

Mieter M möchte von Vermieter V eine geräumige Wohnung in der Stadt Senftenberg mieten. Beide einigen sich mündlich auf eine Mietdauer von zwei Jahren. Ein schriftlicher Mietvertrag existiert nicht. Ist der mündlich geschlossene Vertrag gültig?

Der Gesetzgeber schreibt für den Abschluss eines Mietvertrages keine besondere Form vor. Er kann also grundsätzlich mündlich, schriftlich oder sogar durch schlüssiges Verhalten zustande kommen. Für bestimmte Situationen gibt es hier jedoch auch eine Ausnahme. So ist nämlich nach § 550 Satz 1 BGB in Verbindung mit § 578 BGB eine Schriftform immer dann vorgeschrieben, wenn ein Mietvertrag über Wohnraum, Räume oder ein Grundstück für mehr als ein Jahr oder auf unbestimmte Zeit mit einer Kündigungsfrist von mehr als einem Jahr abgeschlossen wird. Wird bei Abschluss von längerfristigen Mietverträgen diese Formvorschrift nicht beachtet, so führt dies nicht zu einer Unwirksamkeit des Mietvertrages. Vielmehr wird aus dem Grundgedanken des Mieterschutzes lediglich die Vereinbarung der langen Mietzeit als unwirksam angesehen, so dass im oben genannten Beispielfall der zwischen M und V mündlich abgeschlossene Mietvertrag zwar grundsätzlich als wirksam angesehen wird, aber anstatt der zweijährigen Mietdauer lediglich ein Mietverhältnis auf unbefristete Zeit entstanden ist. Für den oben genannten Beispielfall bedeutet dies, dass der Mietvertrag mit einer gewöhnlichen Kündigungsfrist frühestens zum Ablauf eines Jahres gekündigt werden kann.

4.5.1.1 Pflichten der Vertragsparteien

Nach § 535 Abs. 1 BGB ist der Vermieter verpflichtet, dem Mieter die Mietsache in einem zum vertragsmäßigen Gebrauch geeigneten Zustand zu überlassen und zu erhalten. Hierbei handelt es sich um Hauptpflichten des Vermieters. Bei der Pflicht des Vermieters zur Instandhaltung der Mietsache handelt es sich allerdings um so genanntes dispositives Recht - also abwandelbares Recht. In der Praxis wird deshalb oftmals für den Teilbereich der Schönheitsreparaturen, die nach Gesetzeslage grundsätzlich vom Vermieter zu tragen sind, durch vertragliche Regelungen oder durch Allgemeine Geschäftsbedingungen abgewichen und dem Mieter auferlegt. Veränderungen oder Verschlechterungen der Mietsache, die lediglich durch den normalen Gebrauch der Mietsache entstehen, hat der Mieter nach § 538 BGB nicht zu vertreten. Diese sind schließlich durch seine Mietzahlung mit abgegolten.

Hauptpflicht des Mieters hingegen ist es, nach § 535 Abs. 2 BGB den Mietzins zu entrichten. Gewöhnlich ist die Miete in Geld zu zahlen. Zwingend vorgeschrieben ist dies jedoch nicht. So kann die Miete beispielsweise ausnahmsweise auch durch andere Gegenleistungen (wie beispielsweise Reparaturarbeiten oder Hausmeistertätigkeiten) erbracht werden.

Neben den Hauptpflichten bestehen für die Vertragsparteien aber auch etliche Nebenpflichten. Hierzu zählen beispielsweise allgemeine Sorgfaltspflichten, Obhutspflichten und Schutzpflichten. So ist der Mieter z.B. verpflichtet, das Mietobjekt pfleglich zu behandeln. Darüber hinaus ist er nach § 540 BGB nicht berechtigt, dass Mietobjekt ohne Einwilligung des Vermieters an Untermieter zu überlassen. Auch so genannte Verkehrssicherungspflichten wie beispielsweise das Schneeräumen im Winter oder das Fegen des Eingangs gehören hierzu. Der Mieter ist verpflichtet, die Mietsache nur der vertraglichen Bestimmung entsprechend zu benutzen. Sofern an der Mietsache durch den vertragsgemäßen Gebrauch eine Verschlechterung bzw. Veränderung an der gemieteten Sache entsteht, hat der Mieter diese nach § 538 BGB nicht zu ersetzen. Laut Gesetzeslage ist es vielmehr Aufgabe des Vermieters, die Mietsache in dem ursprünglichen Zustand zu erhalten. Schönheitsreparaturen sind also grundsätzlich vom Vermieter zu tragen. Lediglich wenn der Vermieter durch vertragliche Vereinbarung die Pflicht zu Schönheitsreparaturen auf den Mieter abgewälzt hat (was in der Praxis oftmals geschieht), hat dieser Schönheitsreparaturen vorzunehmen. Die Rechtsprechung hat eine derartige Vorgehensweise gebilligt.[120] Vermieter dürfen Schönheitsreparaturen durch Vertrag auf den Mieter abwälzen. Darüber hinausgehende Reparaturen zum Erhalt der Mietsache können hingegen auch nicht durch vertragliche Absprache auf den Mieter übergehen.[121]

4.5.1.2 Absicherung des Vermieters

Der Gesetzgeber hatte ursprünglich zur Absicherung der Ansprüche des Vermieters das in §§ 562 ff. BGB geregelte Vermieterpfandrecht vorgesehen. Das Vermieterpfandrecht sieht vor, dass der Vermieter für seine Forderungen aus dem Mietverhältnis ein Pfandrecht an den in die Mietwohnung eingebrachten Sachen hat. Dieses Pfandrecht erlischt nach § 562a BGB erst mit der Entfernung der Sachen von dem Grundstück. Eine Ausnahme besteht allerdings, wenn dieses ohne Wissen des Vermieters oder unter dessen Widerspruch erfolgt. Dann bleibt das Pfandrecht bestehen. Da sich das Vermieterpfandrecht in der Praxis jedoch als unpraktikabel erwiesen hat, lassen sich gewöhnlich insbesondere die Vermieter von Wohnraum zur Sicherung ihrer Ansprüche vom Mieter eine Mietkaution als Sicherheit zahlen.[122] Diese Kaution darf gemäß § 551 BGB die Höhe von drei Monatsmieten nicht übersteigen. Der Geldbetrag ist getrennt vom Vermögen des Vermieters anzulegen und die Zinsen erhöhen während der Mietzeit die Mietsicherheit des Vermieters. Nach Beendigung der Miete stehen die Zinsen sowie die nicht benötigte Sicherheit dem Mieter zu. Der Vermieter muss die Sicherheit – sofern keine anderen Gründe dagegen stehen – nach gängiger Rechtspre-

---

[120] Vgl. hierzu vertiefend: Schrader, Schönheitsreparaturklauseln in Rechtsprechung und Examensklausuren, JURA 2010, S. 241 ff.
[121] Vgl. zu Modernisierungsmaßnahmen vertiefend: BGH, Urteil vom 30.03.2011, VIII ZR 173/10, NRÜ 2011, S. 242 ff.
[122] Vgl. zu Miete und Kaution vertiefend: Milger, Miete und Kaution in der Zwangsverwaltung, NJW 2011, S. 1249 ff.

chung spätestens sechs Monate nach Beendigung der Miete, inklusive der Zinsen an den Mieter zurückzahlen. Sofern bereits bei Ende der Miete feststeht, dass keine weiteren Ansprüche des Vermieters gegen den Mieter bestehen, kann der Anspruch auf Rückzahlung der Sicherheit und der Zinsen auch früher bestehen.

4.5.1.3 Mietmangel

Ein Mietmangel knüpft im Mietrecht an der Gebrauchsfähigkeit des Mietobjektes an. Sofern das Mietobjekt bereits bei der Übergabe an den Mieter mangelhaft ist, oder die Mietsache während des bestehenden Mietverhältnisses mangelhaft wird, so kann der Mieter nach § 536 Abs. 1 BGB während dieser Zeit unter bestimmten Voraussetzungen die Zahlung des Mietzinses verringern oder sogar ganz einstellen. Fehlt der Mietsache eine zugesicherte Eigenschaft oder fällt eine solche Eigenschaft während des Bestehens des Mietverhältnisses später weg, so gilt nach § 536 Abs. 2 BGB das eben Gesagte entsprechend. Das Mietrecht sieht sowohl für Sachmängel, als auch für Rechtsmängel dieselben rechtlichen Möglichkeiten vor.

> *Beispiel:*
>
> *M mietet sich von V ein Haus mit 120 m² Wohnfläche. Im Winter fällt die Ölheizung des Hauses komplett aus. Obwohl M sich bei V sofort hierüber beschwert, trifft V keine Maßnahmen, um diesen Zustand zu ändern. Welche Möglichkeiten hat der M?*

Nach § 536 Abs. 1 BGB ist der Mieter von der Entrichtung des Mietzinses - je nach der Bedeutung des Fehlers - ganz oder teilweise befreit, wenn die Mietsache zur Zeit der Überlassung oder später einen Mangel aufweist. Der Mieter hat – wie oben bereits gesagt - die Möglichkeit, einen Mietmangel dem Vermieter anzuzeigen und nachdem er eine angemessene Frist zur Behebung des Mangels gesetzt hat, die Miete angemessen zu mindern. Ein Anspruch auf Mietminderung kann nach § 536 Abs. 2 BGB auch dann bestehen, wenn eine zugesicherte Eigenschaft der Mietsache fehlt oder eine solche später wegfällt.[123] Darüber hinaus hat der Mieter nach § 536a BGB das Recht, vom Vermieter Schadensersatz oder Aufwendungsersatz zu verlangen, wenn dieser Mangel bereits bei Vertragsschluss vorhanden war oder der Vermieter einen später auftretenden Mangel zu verantworten hat bzw. der Vermieter mit der Beseitigung eines Mangels in Verzug kommt. Im Rahmen derartiger Fallgestaltungen hat der Mieter nach § 536a Abs. 2 BGB auch das Recht, den Mangel selbst auf Kosten des Vermieters beseitigen zu lassen.

---

[123] Vgl. hierzu auch vertiefend: BGH, Urteil vom 15.12.2010, XII ZR 132/09, mit Anmerkungen von Alpmann, RÜ 2011, S. 151 f.

4.5.1.4 Beendigung der Miete

Es existieren drei Möglichkeiten, die Miete zu beenden. Entweder durch Kündigung des Mietvertrages, durch Ablauf der Zeit, für die das Mietverhältnis eingegangen worden ist oder durch einen so genannten Aufhebungsvertrag.

Verträge, die von Anfang an nur auf eine bestimmte Zeit eingegangen sind, werden als „befristete Mietverträge bezeichnet", Sie enden mit Ablauf der Zeit, für die der Mietvertrag abgeschlossen worden ist, ohne dass es hierzu noch einer Kündigung bedarf. Ebenso können bestehende Verträge auch durch einen so genannten Aufhebungsvertrag aufgelöst werden, in welchem die beiden Vertragsparteien übereinkommen, dass der bestehende Mietvertrag ab einem vereinbarten Zeitpunkt als aufgelöst gilt. Die in der Praxis wohl gebräuchlichste Methode zur Beendigung von Mietverträgen ist jedoch die Kündigung. Sofern es sich bei einem Mietvertrag um ein unbefristetes Dauerschuldverhältnis handelt, bei dem die Mietdauer nicht festgelegt wurde, kann jede Vertragspartei nach § 542 Abs. 1 BGB das Mietverhältnis nach den gesetzlichen Vorschriften kündigen. Hierbei existieren drei unterschiedliche Kündigungsarten: [124]

- Ordentliche Kündigung
- Außerordentliche Kündigung
- Fristlose Kündigung.

Im Rahmen des Mietrechts ist es wichtig zu wissen, dass ein Vermieter von Wohnraum nach § 573 Abs. 1 BGB nur dann mittels einer ordentlichen Kündigung kündigen darf, wenn er ein berechtigtes Interesse an der Beendigung des Mietverhältnisses hat. Ein berechtigtes Interesse des Vermieters ist nach § 573 Abs. 2 BGB insbesondere dann gegeben, wenn der Mieter seine vertraglichen Pflichten schuldhaft nicht unerheblich verletzt hat; wenn der Vermieter die Räume als Wohnung für sich, seine Familienangehörigen oder Angehörige seines Haushalts benötigt; oder wenn der Vermieter durch die Fortsetzung des Mietverhältnisses an einer angemessenen wirtschaftlichen Verwertung des Grundstücks gehindert wird. Eine Kündigung zum Zwecke der Mieterhöhung ist ihm verboten. Der Mieter hat nach Beendigung der Miete die Mietsache nach § 546 Abs. 1 BGB an den Vermieter zurückzugeben.

Beim Verkauf eines Wohngebäudes wird nach § 566 BGB das Mietverhältnis nicht beendet. Hier gilt der Grundsatz „Kauf bricht nicht Miete". Auch beim Tod des Vermieters findet keine Beendigung des Mietvertrages statt. Vielmehr wird das bestehende Mietverhältnis mit den Erben des Vermieters weitergeführt. Anders verhält es sich jedoch beim Tod eines Mieters. Hier muss berücksichtigt werden, ob der Mieter die Wohnung gemeinsam mit Familienangehörigen oder mit einem Lebenspartner bewohnt hat. War der Verstorbene alleiniger Mieter, so sieht der § 563 BGB für Ehegatten, Lebenspartner, Kinder und andere Personen, die mit dem Verstorbenen in einer dauerhaften Haushaltsgemeinschaft lebten, ein Eintrittsrecht in den Vertrag vor. War

---

[124] Vgl. Musielak, Grundkurs BGB, 11. Auflage, München 2009, Rn. 667.

der Verstorbene nicht alleiniger Mieter, so wird das Mietverhältnis nach § 563a BGB mit den überlebenden Mietern fortgesetzt.

4.5.2 Pacht

4.5.2.1 Wesen des Pachtvertrages

Beispiel:

A bewundert schon seit Jahren den Garten des V. In diesem Garten stehen nämlich viele alte Obstbäume. A vereinbart mit V in einem schriftlichen Vertrag, dass A für die nächsten vier Jahre den Garten gegen Zahlung eines jährlichen Geldbetrages von V überlassen bekommt und dass A die in dieser Zeit anfallenden Früchte behalten und nach seinem Wunsch verwenden darf.

Der Pachtvertrag ist in den §§ 581 ff. BGB normiert. Er ist vom Mietvertrag abzugrenzen und unterscheidet sich von ihm dadurch, dass – anders als bei der Miete, die eine schlichte Gebrauchsüberlassung gegen Entgelt darstellt – bei der Pacht der Pächter neben der Gebrauchsmöglichkeit auch das Recht hat, Früchte (Erträge) aus dem Pachtobjekt zu ziehen. So darf der Pächter einer Gaststätte die Räumlichkeiten nicht nur nutzen, sondern durch den Verkauf von Speisen und den Ausschank von Getränken auch Gewinne erzielen, die er behalten darf. Ebenso verhält es sich beim oben genannten Beispiel, in welchem der A den Garten des V überlassen bekommt. Hier liegt ein Pachtvertrag vor, weil A nicht nur den Garten zum Gebrauch gegen Entgelt erhalten hat, sondern mit der Zahlung des Pachtzinses auch das Recht erhalten hat, mit den Früchten nach seinem Wunsche zu verfahren. Das Eigentum an den Früchten fällt dem Pächter jedoch nicht alleine aufgrund des Pachtvertrages zu. Vielmehr ordnet das Gesetz mit § 956 BGB an, dass ein Eigentumserwerb an Erzeugnissen nur dann stattfinden kann, wenn der Eigentümer dies gestattet. Im vorliegenden Beispielfall ist V Eigentümer des Gartens, der Bäume und damit auch der Früchte. Nur, wenn er die Aneignung der Früchte, wie im vorliegenden Beispielfall z.B. durch eine vertragliche Regelung gestattet, kann also das Eigentum an den Pächter, hier an A, übergehen.

4.5.2.2 Erhalt gepachteter Gegenstände

Beispiel:

B liebt das Landleben. Er pachtet von Landwirt L einen alten Bauernhof mit dem darauf befindlichen Inventar. Zu diesem Inventar gehört auch ein alter Traktor. Nach einiger Zeit muss der Traktor zu einer regelmäßigen Inspektion und Wartung in eine Werkstatt für Landwirtschaftsmaschinen. Wer muss die Inspektions- und Wartungskosten bezahlen – der Pächter oder der Verpächter?

Nach § 582 Abs. 1 BGB obliegt es dem Pächter, die einzelnen Inventarstücke zu erhalten. Insofern muss im vorliegenden Beispielfall der B die Inspektions- und Wartungskosten für den Traktor bezahlen. Vereinfacht ausgedrückt: Der Pächter ist verpflichtet, für den Erhalt der ihm überlassenen Inventarstücke zu sorgen. Anders verhält es sich nur, wenn Inventarstücke ohne sein Verschulden abgängig werden. Für derartige Fälle ordnet § 582 Abs. 2 BGB an, dass in diesen Ausnahmefällen der Verpächter das abgängige Inventar zu ersetzen hat. Dies gilt allerdings nicht für abgängige Tiere. Diese hat der Pächter zu ersetzen. Nach § 581 Abs. 2 BGB sind auf einen Pachtvertrag mit Ausnahme des Landpachtvertrages die gesetzlichen Vorschriften über Miete entsprechend anzuwenden.

4.6 Leasing

Das Stichwort Leasing wird man im BGB vergeblich suchen. Dieser moderne Vertragstyp war dem Gesetzgeber bei Schaffung des BGB noch unbekannt. Aber auch später wurde niemals die Notwendigkeit gesehen, diesen Vertragstyp in das BGB zu integrieren, weil es sich bei Leasing streng genommen um eine Gebrauchsüberlassung gegen Entgelt handelt.[125] Und der Tatbestand der Gebrauchsüberlassung gegen Entgelt ist im Gesetz unter dem Begriff „Miete" bereits ausführlich geregelt. In der Bundesrepublik Deutschland wird deshalb auf Leasingverträge das Mietrecht analog angewandt. Der Leasingvertrag ist ein so genannter atypischer Vertrag, welcher aufgrund seiner Ausgestaltung viele Ähnlichkeiten zum Mietvertrag aufweist, aber sich auch in einigen Punkten vom Mietvertrag unterscheidet. So sind im Gegensatz zum Mietvertrag beispielsweise an einem Leasingvertrag gewöhnlich drei Personen beteiligt; nämlich der Leasinggeber, der Leasingnehmer und ein Hersteller bzw. Lieferant. Im Rahmen des Leasingvertrages sucht sich der Leasingnehmer beim Leasinggeber bestimmte Produkte aus, welche der Leasinggeber beim Leasingnehmer einkauft und gegen Zahlung einer Leasinggebühr dem Leasingnehmer überlässt. Gewöhnlich hat der Leasingnehmer im Rahmen dieses Vertrages auch - anders als bei der Miete - für die Instandhaltung des geleasten Gegenstandes finanziell einzustehen. Ein weiterer Unterschied zur Miete ist, dass der Leasingnehmer im Rahmen des Leasingvertrages auch dann Leasingraten zahlen muss, wenn der geleaste Gegenstand durch Zufall untergegangen ist. Anders als beim Mietvertrag trägt also der Leasingnehmer bei Leasingverträgen gewöhnlich die Gefahr des Untergangs oder der Verschlechterung der Sache. Er muss, anders als beim Mietvertrag, weiterhin Leasingraten zahlen, obwohl der Gegenstand nicht mehr existiert und er vom Leasinggeber auch keine neue Sache er-

---

[125] Vgl. vertiefend hierzu beispielsweise: Graf von Westphalen, Der Leasingvertrag, 6. Auflage, Köln 2008; Omlor, Leasingrecht im Dreieck von Gewährleistungs-, Verbraucherschutz- und Aufsichtsrecht, JuS 2011, S. 305 ff.

Besonderes Schuldrecht

hält.[126] Wenn man mehrere Leasing-Verträge nebeneinander legen würde, so könnte man feststellen, dass derartige Verträge sehr unterschiedlich ausgestaltet sein können. Trotzdem kann man bei genauerer Betrachtung in den Verträgen bestimmte Schwerpunkte erkennen, die dazu führen, dass die Verträge bestimmten Typen zugeordnet werden können. Die bekanntesten Leasingarten sind Operating-Leasing und Finanzierungs-Leasing.

Operating-Leasing ist daran zu erkennen, dass die Verträge oftmals eine kurze Grundlaufzeit aufweisen oder kurzfristige Kündigungsmöglichkeiten haben. Derartige Verträge sind in der Praxis immer dann interessant, wenn man einen Gegenstand nur kurzfristig benötigt oder immer das neuste Modell haben möchte. Derartige Leasingverträge bieten sich insbesondere bei technisch schnell veralternden Wirtschaftsgütern an oder auch dann, wenn in einem Unternehmen kurzfristige Kapazitätsschwankungen vorliegen.[127] Beispiel für Operating-Leasing: Der Betreiber eines Copy-Shops möchte sein Geld nicht damit binden, neue Kopiergeräte zu kaufen, die dann durch extreme Benutzung immer schlechter werden. Stattdessen least er mit kurzer Laufzeit neue Kopiergeräte und kann bereits nach kurzer Laufzeit wieder aus den Verträgen heraus, um neue Verträge über neue Kopiergeräte abzuschließen. So hat er immer neue Geräte und hat sein Kapital dennoch frei, für andere Investitionen.

Das Finanzierungs-Leasing ist ein Dauerschuldverhältnis, welches gewöhnlich Teilaspekte des Kaufrechts, Mietrechts und des Darlehensrechts enthält. Auch wenn die Rechtsnatur des Finanzierungs-Leasings juristisch umstritten ist, so gehen die herrschende Meinung in der Literatur und auch die Rechtsprechung davon aus, dass es sich bei Finanzierungs-Leasing um einen so genannten atypischen Mietvertrag handelt.[128] Finanzierungs-Leasing ist gewöhnlich daran zu erkennen, dass der Leasingvertrag eine lange Laufzeit aufweist und oftmals eine Kaufoption enthält, nach welcher der Leasingnehmer nach Ablauf der Leasingzeit gegen Zahlung einer Restsumme das Leasinggut kaufen kann.[129] Auch während der vertraglichen Grundlaufzeit bestehende längerfristige Kündigungsfristen, welche mindestens 50% bis 75% der betriebsgewöhnlichen Nutzungsdauer ausmachen, deuten auf Finanzierungs-Leasing hin.[130] Die Funktion des Leasing-Gebers ist beim Finanzierungs-Leasing mit der eines Kreditgebers zu vergleichen. Gewöhnlich decken die vom Leasing-Nehmer gezahlten Leasingraten sowohl den Kaufpreis des geleasten Objektes, als auch dessen Zinsen, Kosten sowie das Kreditrisiko und den unternehmerischen Gewinn des Leasing-Gebers ab.

Die bisweilen ebenfalls genannte Form des Hersteller-Leasing ist gewöhnlich eine Unterart des Finanzierungs-Leasings. Die Besonderheit hierbei besteht lediglich darin, dass hierbei nicht das typische Leasingverhältnis mit drei Personen, nämlich Leasing-

---

[126] Vgl. BGH NJW 1988, S. 198.
[127] Vgl. Wien, Existenzgründung, München 2009, S. 53.
[128] Vgl. beispielsweise BGHZ 96, 103 (106); 109, 364, (372 f.).
[129] Vgl. zur Vertiefung: Löhnig, / Gietl, Grundfälle zum Finanzierungsleasing, JuS 2009, 491 ff.
[130] Vgl. Wien, Existenzgründung, München 2009, S. 53.

geber, Leasingnehmer und Hersteller besteht, sondern der Hersteller bzw. Verkäufer und der Leasinggeber die selbe Person sind. Hauptziel des Hersteller-Leasings ist es, die Waren des Herstellers besser absetzen zu können. Bisweilen geht dieses Bestreben so weit, dass das Finanzierungsinteresse auch in den Hintergrund treten kann.

Es gibt mehrere Möglichkeiten einen Leasingvertrag zu beenden. Sofern der Leasingvertrag für eine bestimmte Zeit eingegangen ist, wird er gewöhnlich durch Zeitablauf enden. Denkbar sind jedoch auch die ordentliche oder außerordentliche Kündigung sowie der Abschluss eines Aufhebungsvertrages. Bei Leasing sind es früher vor allem steuerliche Erwägungen gewesen, die dazu geführt haben, bestimmte Leasingarten zu wählen. Die steuerlichen Konsequenzen können unter anderem den Leasingerlassen des Bundesfinanzministeriums entnommen werden. Doch heutzutage treten auch die steuerlichen Erwägungen immer mehr in den Hintergrund. Oftmals sind es heute Punkte, wie beispielsweise die professionelle Verwaltung des Leasinggutes sowie die damit verbundenen Dienstleistungen, die immer mehr in den Vordergrund rücken.

4.7 Schenkung

Die Schenkung ist in den §§ 516 ff. BGB geregelt. Sie ist ein schuldrechtlicher Vertrag, bei welchem der Schenker sich dazu verpflichtet, einen anderen aus seinem Vermögen zu bereichern. Obwohl durch einen Schenkungsvertrag lediglich der Schenker zu einer unentgeltlichen Leistung verpflichtet ist, handelt es sich bei dem Schenkungsvertrag um einen Vertragstyp, der die Einigung beider Vertragsteile voraussetzt. Dies ergibt sich bereits aus dem Gesetzeswortlaut des § 516 Abs. 1 BGB.

§ 516 BGB Begriff der Schenkung

(1) *Eine Zuwendung, durch die jemand aus seinem Vermögen einen anderen bereichert, ist Schenkung, wenn beide Teile darüber einig sind, dass die Zuwendung unentgeltlich erfolgt.*

(2) *Ist die Zuwendung ohne den Willen des anderen erfolgt, so kann ihn der Zuwendende unter Bestimmung einer angemessenen Frist zur Erklärung über die Annahme auffordern. Nach dem Ablaufe der Frist gilt die Schenkung als angenommen, wenn nicht der andere sie vorher abgelehnt hat. Im Falle der Ablehnung kann die Herausgabe des Zugewendeten nach den Vorschriften über die Herausgabe einer ungerechtfertigten Bereicherung gefordert werden.*

Beispiel:

Der Abfallbeseitigungsspezialist A möchte eine Tonne Abfall entsorgen. Er legt ihn auf dem Betriebsgelände des Unternehmers U mit dem Hinweis ab, dass er dem U den Abfall schenken möchte. Der U ist hiermit nicht einverstanden.

Ohne die Einigung beider Vertragsparteien ist im oben genannten Beispielfall kein wirksamer Schenkungsvertrag zu Stande gekommen. Darüber hinaus erfordert ein Schenkungsvertrag nach § 518 BGB eine notarielle Beurkundung. Nur wenn ein Schenkungsversprechen notariell beurkundet worden ist, kann von einer Wirksamkeit des Versprechens ausgegangen werden. Zweck dieses gesetzlichen Formerfordernisses ist es, den Schenker vor leichtfertig abgegebenen Schenkungsversprechen zu schützen.

> *Beispiel:*
>
> *A hat gerade eine Gehaltserhöhung erhalten. Er ist glücklich und verspricht seinem Arbeitskollegen X, ihm seinen alten Wagen zu schenken. X ist einverstanden. A überlegt es sich am nächsten Tag anders. Hat X einen Anspruch auf Übereignung des PKW?*

Hier schützt das Formerfordernis des § 518 BGB den A davor, dass er wegen seines übereilt abgegebenen Schenkungsversprechens von X in Anspruch genommen werden kann. Ohne dass der Vertrag von einem Notar beurkundet wurde, ist das Schenkungsversprechen des A unwirksam. Diese Vorschrift lautet:

§ 518 BGB Form des Schenkungsversprechens

> (1) Zur Gültigkeit eines Vertrages, durch den eine Leistung schenkweise versprochen wird, ist die notarielle Beurkundung des Versprechens erforderlich. Das gleiche gilt, wenn ein Schuldversprechen oder ein Schuldanerkenntnis der in den §§ 780, 781 bezeichneten Art schenkweise erteilt wird, von dem Versprechen oder der Anerkennungserklärung.
>
> (2) Der Mangel der Form wird durch die Bewirkung der versprochenen Leistung geheilt.

Der vom Gesetzgeber durch das Formerfordernis erreichte Schutz vor übereilten Schenkungsversprechen ist immer dann nicht mehr nötig, wenn die versprochene Schenkung auch tatsächlich stattgefunden hat. Insofern hat der Gesetzgeber mit § 518 Abs. 2 BGB eine Regelung getroffen, die eine Schenkung ohne Berücksichtigung des Notarerfordernisses immer dann wirksam werden lässt, wenn das Verpflichtungsgeschäft des Schenkungsversprechens tatsächlich erfüllt worden ist. Für den oben genannten Beispielfall bedeutet dies, dass beim Schenkungsvertrag zwischen A und X das notarielle Formerfordernis nicht eingehalten wurde. Folglich hat X gegen A auch keinen Anspruch auf Übereignung des PKW. Wenn aber im obigen Beispielfall der A dem X den Wagen nach Abschluss des formnichtigen Schenkungsvertrages tatsächlich übereignet hätte, so hätte er damit automatisch den Formfehler, nämlich dass das Schenkungsversprechen nicht von einem Notar beurkundet worden ist, geheilt. Dies bedeutet, dass die Schenkung nach der tatsächlichen Übereignung des Wagens trotz Nichtbeachtung der gesetzlichen Form als wirksam anzusehen wäre.

Über das Formerfordernis hinaus beinhaltet der Schenkungsvertrag noch zwei weitere Besonderheiten. Zum einen ist im Rahmen der Schenkung die Haftung des Schenkers gemäß § 521 BGB nur auf Vorsatz und grobe Fahrlässigkeit beschränkt. Er haftet in der

Regel auch nicht für Rechts- und Sachmängel. Zum anderen kann der Schenker unter bestimmten Voraussetzungen das Geschenkte vom Beschenkten zurückfordern. Er kann dies nach § 528 Abs. 1 BGB zum Beispiel tun, wenn er nach Vollziehung der Schenkung außerstande ist, seinen Unterhalt zu bestreiten.[131] Aus diesem Grunde spricht man auch bisweilen von der „schwachen Rechtsposition des unentgeltlichen Erwerbers". Einen weiteren Grund zur Rückforderung der Schenkung bietet § 530 BGB. Hiernach kann eine Schenkung widerrufen werden, wenn sich der Beschenkte durch eine schwere Verfehlung gegen den Schenker bzw. eines nahen Angehörigen des Schenkers oder des groben Undanks schuldig gemacht hat. Unter grobem Undank sind schwere Verfehlungen wie beispielsweise Ehebruch, tätliche Angriffe, schwere Beleidigungen gegen den Schenker oder einen nahen Angehörigen des Schenkers zu verstehen. Der Widerruf der Schenkung erfolgt gemäß § 531 Abs. 1 BGB durch Erklärung gegenüber dem Beschenkten.

4.8 Leihe

Die Leihe ist ein Vertrag, welcher den Verleiher, zumeist zeitlich beschränkt, dazu verpflichtet, dem Entleiher unentgeltlich die Gebrauchsüberlassung an einem Gegenstand zu gestatten. Durch die Voraussetzung der Unentgeltlichkeit unterscheidet sich die Leihe von der Miete, die eine Gebrauchsüberlassung gegen Entgelt darstellt. Weil bei der Leihe vom Entleiher keine Gegenleistung zu entrichten ist, sind die für gegenseitige Verträge geltenden §§ 320 ff. BGB nicht auf die Leihe anzuwenden. Sowohl bewegliche als auch unbewegliche Gegenstände können Gegenstand der Leihe sein; Rechte allerdings nicht. Der Leihvertrag ist in den §§ 598 ff. BGB geregelt. Wird der entliehene Gegenstand während der Dauer des Leihvertrages veräußert, so hat dies auf den Leihvertrag keine Wirkung. Nach § 599 BGB hat der Verleiher bezüglich seiner Haftung nur Vorsatz und grobe Fahrlässigkeit zu vertreten.

Die Dauer der Leihe wird durch zwei Faktoren bestimmt. Zum einen gemäß § 604 Abs. 1 BGB nach den individuellen Vereinbarungen die im Leihvertrag getroffen worden sind; zum anderen richtet sich die Dauer der Leihe entsprechend dem § 604 Abs. 2 BGB nach dem Vertragszweck. Ein juristisch interessanter Punkt im Rahmen der Leihe ist die Frage der Erhaltsaufwendungen für die entliehenen Gegenstände.

Beispiel:

M lebt in München. Er leiht sich von seinem Freund X für einen Wochenendtrip von München nach Hamburg das Motorrad des X. Während des Wochenendes muss M die Zündung reparieren und einen Ölwechsel durchführen lassen. Nach seiner Rück-

---

[131] Vgl. hierzu vertiefend auch: Wedemann, Rückforderung wegen Verarmung des Schenkers versus Elternunterhalt, NJW 2011, 571 ff.

kehr möchte er die von ihm verauslagten Geldbeträge für Reparatur und Ölwechsel von X erstattet bekommen. Hat er einen Anspruch darauf?

Nach § 601 Abs. 1 BGB hat der Entleiher die gewöhnlichen Kosten der Erhaltung der geliehenen Sache, bei der Leihe eines Tieres insbesondere die Fütterungskosten, zu tragen. Diese Vorschrift macht deutlich, dass der Entleiher während der gesamten Dauer der Leihe die von ihm entliehene Sache erhalten muss. Die dafür anfallenden gewöhnlichen Erhaltungskosten hat er insofern selbst aufzubringen. Unter gewöhnlichen Erhaltungskosten sind all diejenigen Aufwendungen zu verstehen, welche notwendig sind, um den bisherigen Zustand der Sache beizubehalten.

Im oben genannten Beispielfall hat M gegen X dementsprechend keinen Anspruch auf Erstattung der Kosten für den Ölwechsel. Denn hierbei handelt es sich um Kosten, die notwendig sind, um das Motorrad in einem gebrauchsfähigen Zustand zu erhalten. Die Wertung des Gesetzgebers ist insofern auch gerecht, weil jemandem, der unentgeltlich einen Gegenstand zur Verfügung gestellt bekommt, zugemutet werden kann, als Äquivalent für die Möglichkeit der unentgeltlichen Nutzung zumindest die gewöhnlichen Erhaltungskosten des Gegenstandes aufzubringen. Aufwendungen die über dieses normale Maß hinausgehen, wie im obigen Beispielfall die Zündung des Motorrades, gehen über die gewöhnlichen Erhaltungskosten eines Gegenstandes hinaus. Insofern hat der M gemäß § 601 Abs. 2 Satz 1 BGB gegen X einen Anspruch auf Ersatz seiner Auslagen, die er bezüglich der Reparaturkosten für die Zündung hatte. Denn er als Entleiher ist nicht verpflichtet diese - über die gewöhnlichen Erhaltungskosten hinausgehenden Kosten - zu tragen.

Es gibt mehrere Voraussetzungen, die zu einer Beendigung des Leihverhältnisses führen können. Hierzu gehören insbesondere:

- Die ordentliche oder außerordentliche Kündigung des Leihvertrages;
- Rückforderung der entliehenen Sache durch den Verleiher, sofern objektiv genug Zeit bestand, den Zweck der Leihe zu erreichen;
- Gemäß § 604 Abs. 2 Satz 1 BGB wenn der Zweck der Leihe erfüllt ist;
- Nach Ablauf der für die Leihe vereinbarten Zeit im Sinne des § 604 Abs. 1 BGB.

Aus § 604 BGB entspringt eine Pflicht des Entleihers, dem Verleiher die entliehene Sache zurückzugeben. Hierbei handelt es sich um eine einseitige Vertragspflicht. Bei dieser Pflicht handelt es sich um eine Bringschuld des Entleihers, welche dazu führt, dass er die Sache nach Beendigung der Leihe auf eigene Kosten gewöhnlich zum Wohnsitz des Verleihers bringen muss.

4.9 Bürgschaft

Die Bürgschaft ist ein schuldrechtlicher, einseitig verpflichtender Vertrag[132], in welchem sich der Bürge gegenüber dem Gläubiger eines Dritten verpflichtet, für die Erfüllung der Verbindlichkeit des Dritten einzustehen.[133] Obwohl drei Personen an dieser Konstellation beteiligt sind, kommt der Vertrag nur zwischen dem Bürgen und dem Gläubiger des Dritten zustande. Die Bürgschaft ist ein Sicherungsmittel.[134] Bei den Sicherungsmitteln kann zwischen Realsicherheiten und Personalsicherheiten unterschieden werden. Die Bürgschaft ist eine klassische Personalsicherheit. Sie ist in den §§ 765 ff. BGB geregelt. Durch den Bürgschaftsvertrag verpflichtet sich der Bürge als Nebenschuldner, dem Gläubiger gegenüber für die Schuld des Dritten aufzukommen, wenn dieser dem Gläubiger gegenüber nicht leistet.[135]

4.9.1 Formerfordernis

Der Bürgschaftsvertrag unterliegt zum Schutz des Bürgen einem Schriftformerfordernis. Durch diese in § 766 Satz 1 BGB vorgeschriebene Schriftform soll dem Bürgen deutlich gemacht werden, dass die Bürgschaft für ihn ein schwerwiegendes und ernstzunehmendes Rechtsgeschäft darstellt. Für Kaufleute gelten zusätzlich die Besonderheiten der §§ 349, 350 HGB. Das Handelsgesetzbuch sieht für Kaufleute kein Schriftformerfordernis vor. Sofern ein Kaufmann im Rahmen seines Handelsgeschäfts eine Bürgschaft abgibt, bedarf es insoweit nicht der im BGB vorgeschriebenen Schriftform.

4.9.2 Einrede der Vorausklage

Nach dem § 771 ff. BGB steht dem Bürgen grundsätzlich die Möglichkeit zu, die Befriedigung des Gläubigers zu verweigern, solange der Gläubiger nicht eine Zwangsvollstreckung gegen den Hauptschuldner ohne Erfolg versucht hat. Dieses Recht, eine Inanspruchnahme durch den Gläubiger abzulehnen, bezeichnet man auch als so genannte Einrede der Vorausklage. In der Praxis versuchen viele Gläubiger die dem Schuldner zustehende Einrede der Vorausklage vertraglich auszuschließen. Gängige Formulierungen hierfür lauten beispielsweise: „Der Bürge verpflichtet sich als selbstschuldnerischer Bürge" oder „Die Vorschrift des § 771 BGB ist ausgeschlossen". Hat

---

[132] Ein Muster für eine Bürgschaftserklärung ist abgedruckt bei: Muscheler / Schewe, BGB III: Kreditsicherungsrecht, Stuttgart 2011, S. 115.
[133] Vgl. zur Vertiefung auch: Schmolke, Grundfälle zum Bürgschaftsrecht, JuS 2009, S. 679 ff.; Schmolke, Grundfälle zum Bürgschaftsrecht, JuS 2009, S. 784 ff.
[134] Vgl. zu den Erscheinungsformen und Abgrenzungsfragen vertiefend auch: Klunzinger, Einführung in das Bürgerliche Recht, 15. Auflage, München 2011, S. 462 f.
[135] Vgl. zu den Verzugsvoraussetzungen vertiefend: BGH, Urt. Vom 10.02.2011, VII ZR 53/10, mit Anmerkungen von Alpmann, RÜ 2011, S. 276 ff.

ein Bürge auf die Einrede der Vorausklage verzichtet, so haftet er dem Gläubiger als so genannter selbstschuldnerischer Bürge in der Weise, dass der Gläubiger den Bürgen sofort in Anspruch nehmen kann, ohne zuvor versucht zu haben, den eigentlichen Schuldner zu verklagen. Die gesetzliche Grundlage für die Möglichkeit des Ausschlusses der Einrede der Vorausklage findet sich in § 773 Abs. 1 BGB.

4.9.3 Weitere Rechte des Bürgen

Über die Besonderheit der Einrede der Vorausklage hinaus, steht dem Bürgen auch die Möglichkeit zu, Einwendungen und Einreden dem Gläubiger gegenüber geltend zu machen. So kann der Bürge beispielsweise einen Verstoß gegen die Formvorschrift geltend machen, sofern die Schriftform nicht beachtet wurde oder auch bezüglich einer Gegenforderung, welche der Bürgen gegen den Gläubiger hat, die Aufrechnung erklären.

Eine ausführliche Darstellung der Bürgschaft findet sich im 6. Kapitel dieses Buches, welches sich mit dem Thema der Kreditsicherung befasst.

4.10 Maklervertrag

Der Maklervertrag ist ab § 652 BGB im Gesetz geregelt. Der Gesetzgeber verwendet immer noch den alten Ausdruck „Mäkler". Aber der moderne Ausdruck „Makler" kann heutzutage synonym zu dem Begriff „Mäkler" verwendet werden. Durch den Maklervertrag wird der Auftraggeber eines Maklers zur Bezahlung des Maklerlohnes verpflichtet, wenn ein Vertrag infolge des Nachweises oder infolge der Vermittlung des Maklers zustande kommt. Hierbei genügt es nach der herrschenden Meinung sogar, wenn der Hauptvertrag durch die Vermittlung bzw. den Nachweis des Maklers zumindest mitursächlich zu Stande gekommen ist.[136] In diesem Zusammenhang muss allerdings beachtet werden, dass der Abschluss des Hauptvertrages aber auch in diesen Fällen das Ergebnis einer wesentlichen Maklerleistung gewesen sein muss.[137] Der Maklervertrag ist demnach gemäß § 652 BGB ein einseitig verpflichtender Vertrag. Dies ergibt sich daraus, dass der Makler nach der Vorschrift des § 652 BGB aus dem Vertrag nicht zu einem Tätigwerden verpflichtet ist. Der Auftraggeber des Maklers hingegen hat dem Makler entsprechend den Regelungen des § 653 BGB den vereinbarten Lohn zu zahlen, sofern die Tätigkeit des Maklers zu einem Vertragsschluss geführt hat. Die Vorschrift des § 653 BGB lautet:

§ 653 BGB Mäklerlohn

---

[136] Vgl. BGH, NJW 1980, S. 123.
[137] Vgl. BGH, NJW 1999, S. 1255 (S. 1256).

(1) Ein Mäklerlohn gilt als stillschweigend vereinbart, wenn die dem Mäkler übertragene Leistung den Umständen nach nur gegen eine Vergütung zu erwarten ist.

(2) Ist die Höhe der Vergütung nicht bestimmt, so ist bei dem Bestehen einer Taxe der taxmäßige Lohn, in Ermangelung einer Taxe der übliche Lohn als vereinbart anzusehen.

Über die Höhe des Maklerlohns muss also nicht zwingend gesprochen worden sein. Nach § 653 BGB kann ein Makler auch, wenn nicht über eine Entlohnung gesprochen worden ist, davon ausgehen, dass diese als stillschweigend vereinbart worden gilt, sofern die ihm übertragene Leistung den Umständen nach nur gegen eine Vergütung zu erwarten ist.

Beispiel:

A beauftragt den Makler B für sich eine Immobilie zu suchen. Über Geld haben beide nicht gesprochen. Nachdem durch die Vermittlung des Maklers ein Kaufvertrag zustande gekommen ist, schickt der Makler dem A eine Rechnung. Dieser weigert sich zu zahlen, weil eine Provision niemals ausdrücklich vereinbart wurde.

Beauftragt jemand im Rahmen des Immobilienkaufs einen Makler, so ist er gewöhnlich auch verpflichtet bei Abschluss des Hauptvertrages (z.B. Kaufvertrag über eine Immobilie) die Maklerprovision zu entrichten.

Außer bei einem Alleinauftrag, bei welchem eine zeitliche Bindung eingegangen werden kann, ist der Vertrag mit einem Makler grundsätzlich für beide Vertragsparteien jederzeit auflösbar. Insoweit ist die Beendigung eines Maklervertrages in der Regel problemlos möglich.

4.11 Reisevertrag

Durch einen Reisevertrag wird der Reiseveranstalter verpflichtet, dem Reisenden eine Gesamtheit von Reiseleistungen gegen ein Entgelt zu erbringen.[138] Es handelt sich also um einen gegenseitigen Vertrag. Der Reisevertrag ist in den §§ 651a ff. BGB geregelt. Ziel dieser Regelungen ist es, Touristen von so genannten Pauschalreisen vor Benachteiligungen zu schützen, indem ein vertraglicher Mindeststandard festgelegt wird.[139] So darf nach § 651 m BGB zum Nachteil der Reisenden, mit Ausnahme der Verjährung, nicht von den gesetzlichen Regelungen abgewichen werden. Das Reisevertragsrecht regelt also die Fälle, in welchen eine Gesamtheit von Reiseleistungen erbracht

---

[138] Vgl. zur Einstandspflicht eines Reiseveranstalters für dritte Leistungserbringer: BGH, Urteil vom 28.10.2010, Xa ZR 46/10, NJW 2011, S. 371 ff.
[139] Vgl. grundlegend hierzu: Lettmaier / Fischinger, Grundfälle zum Reisevertragsrecht, JuS 2010, S. 99. ff.

wird. Zu derartigen Leistungen gehören neben der Unterkunft am Urlaubsort beispielsweise auch die Verpflegung sowie die Beförderung zum Urlaubsort durch Bus, Bahn, Schiff oder Flugzeug.

Gewöhnlich sind aber nicht die Reisebüros, bei welchen der Reisende die Reise gebucht hat, als Reiseveranstalter anzusehen. Diese treten normalerweise nur als Vermittler zwischen dem Reiseveranstalter und den Reisenden auf und sind selbst nicht diejenigen, welche die Durchführung der Reise erbringen müssen. Vielmehr sind es die Pauschalreiseveranstalter, die von den reisevertraglichen Regelungen des BGB erfasst werden. Denn nach § 651a Abs. 2 BGB kann der Veranstalter im Rahmen von Pauschalreisen bei fehlerhafter Leistungserbringung die Kunden nicht bloß an die jeweiligen Leistungsträger wie beispielsweise Hotel oder Fluggesellschaft verweisen und sich damit aus der Haftung stehlen, dass er vorgibt, nur Vermittler der jeweiligen Reiseleistung gewesen zu sein. Darüber hinaus hat der Reiseveranstalter bei Pauschalreisen dem Reisenden entweder bei Vertragsschluss oder unverzüglich nach einer derartigen Absprache gemäß § 651a Abs. 3 BGB eine Urkunde über den Reisevertrag zur Verfügung zu stellen. Diese Urkunde wird auch als Reisebestätigung bezeichnet.

Der Reisende kann gemäß § 651i BGB bis zum Beginn der Reise jederzeit vom Vertrag zurücktreten. Hierbei verliert der Reiseveranstalter seinen Anspruch auf den vereinbarten Reisepreis. Allerdings kann er dann einen Schadensersatz in angemessener Höhe verlangen. Der § 651b BGB ermöglicht es dem Reisenden deshalb als Alternative zum Rücktritt, bis zum Reisebeginn den Vertrag auf einen Dritten zu übertragen. Er kann ohne Angabe eines besonderen Grundes auch ohne das Einverständnis des Reiseveranstalters bis zum Beginn der Reise verlangen, dass statt seiner ein Dritter in die Rechte und Pflichten aus dem Reisevertrag eintritt. Der Reiseveranstalter hat lediglich wenn der Dritte den besonderen Reiseerfordernissen nicht genügt oder seine Teilnahme gesetzlichen oder behördlichen Anforderungen zuwiderläuft die Möglichkeit, dem Übergang zu widersprechen.

4.11.1 Mängelgewährleistung

Nach § 651c Abs. 1 BGB hat der Reiseveranstalter die Reiseleistungen so zu erbringen, dass sie die zugesicherten Eigenschaften haben und nicht mit Fehlern behaftet sind, welche den Wert oder die Tauglichkeit des Reisegenusses aufheben oder mindern. Sofern die Reise nach objektiven Kriterien nicht den Vereinbarungen der Vertragsparteien entspricht, ist der Reisende berechtigt, Abhilfe zu verlangen. Nach § 651c BGB kann der Reiseveranstalter die Abhilfe nur dann verweigern, wenn sie einen unverhältnismäßig hohen Aufwand erfordert. Hat der Reiseveranstalter nicht innerhalb einer angemessenen Frist für Abhilfe des Mangels gesorgt, so kann der Reisende nach § 651c Abs. 3 BGB selbst für Abhilfe sorgen und Ersatz der hierfür erforderlichen Aufwendungen verlangen.

Beispiel:

Das Hotelzimmer des Reisenden A entspricht nicht der vertraglichen Vereinbarung. Er meldet dies seinem Reiseveranstalter und setzt ihm eine angemessene Frist um Abhilfe zu schaffen.

Nachdem diese Frist verstrichen ist, ist der Reisende berechtigt, sich ein der Vereinbarung entsprechendes Zimmer anderweitig anzumieten. Darüber hinaus berechtigt die Mangelhaftigkeit einer Reiseleistung den Reisenden auch zu folgenden Möglichkeiten: Der Reisende kann gemäß § 651d BGB den Reisepreis mindern. Hierfür ist es zwingend erforderlich, dass der Reisende nach § 651d Abs. 2 BGB dem Reiseveranstalter den Mangel angezeigt.[140] Hintergrund der Mängelanzeige ist es, dass der Reiseveranstalter die Möglichkeit haben muss, den Mangel abzustellen. Aus diesem Grunde ist es auch wichtig, dass der Mangel beim Reiseveranstalter als Vertragspartner des Reisenden und nicht bei demjenigen, der nur die Leistung zu erbringen hat, angezeigt wird. Lediglich in Fällen, in welchen die Behebung des Mangels nicht möglich ist, ist auch die Anzeige des Mangels entbehrlich.

Eine andere Alternative, welche sich dem Reisenden bei einem Reisemangel bietet, ist ein Recht zur Kündigung aus § 651e BGB. In der Praxis bedeutet die Kündigung, dass als Rechtsfolge der Reiseveranstalter seinen Anspruch auf den Reisepreis verliert. Hat er den Geldbetrag bereits erhalten, so ist er dazu verpflichtet dem Reisenden diesen zurück zu geben. Im Rahmen dieser Rückgewähr kann es dazu kommen, dass gegebenenfalls Entschädigungszahlungen für bereits erbrachte Reiseleistungen vom Reisenden zu ersetzen sind, sofern diese Leistungen nicht infolge der Aufhebung des Vertrages nach § 651e Abs. 3 Satz 3 BGB für den Reisenden nicht von Interesse sind. Insofern muss bei der Kündigung von Reiseverträgen nicht nur ein Mangel vorliegen, welcher die Reise erheblich beeinträchtigt; hinzu kommen muss, dass es dem Reisenden aus einem wichtigen Grund nicht zumutbar ist diesen Mangel hinzunehmen und, dass dem Veranstalter der Reise dieses auch ersichtlich sein musste. Darüber hinaus ist es gewöhnlich ebenfalls erforderlich, dass der Reisende dem Reiseveranstalter vor seiner Kündigung eine angemessene Frist gesetzt hat, die der Reiseveranstalter hat verstreichen lassen, ohne Abhilfe zu schaffen. Ist der Reisemangel vom Veranstalter zu vertreten und hat der Reisende eine Mängelanzeige vorgenommen, so hat er außerdem die Möglichkeit, neben der Minderung bzw. neben der Kündigung auch einen Anspruch auf Schadensersatz wegen Nichterfüllung im Sinne des § 651f BGB gegen den Reiseveranstalter geltend zu machen.

4.11.2 Sicherungsschein

Erst wenn der Reiseveranstalter dem Reisenden einen so genannten Sicherungsschein einer Versicherung oder Bank übergibt, ist er nach § 651k Abs. 4 BGB berechtigt, vor

---

[140] Vgl. Lettmaier / Fischinger, Grundfälle zum Reisevertragsrecht, JuS 2010, S. 99 ff. (100).

Reiseende von dem Reisenden die Bezahlung des Reisevertrages zu fordern. Mit dieser Regelung möchte der Gesetzgeber sicherstellen, dass im Falle einer Insolvenz des Reiseveranstalters, die Reisenden den bereits gezahlten Reisepreis zurück erhalten können bzw. bei Antritt der Reise, die gegenüber den Reisenden zu erbringenden Leistungen, wie beispielsweise der Rücktransport vom Urlaubsort nach Hause, gewährleistet sind.

Da es sich, wie oben bereits dargelegt, bei dem Reisevertrag um einen gegenseitigen Vertrag handelt, sind, sofern die §§ 651a ff. BGB nichts anderes vorsehen, bei Leistungsstörungen auch die allgemeinen Vorschriften der §§ 275 ff. BGB sowie die §§ 320 ff. BGB anwendbar.

4.12 Mischformen und Verträge eigener Art

4.12.1 Gemischte Verträge

Nicht immer gibt es Verträge, die klar einem einzigen Vertragstyp zuzuordnen sind. Oftmals existieren Mischformen oder Verträge, die Regelungen treffen, welche nicht vom Gesetz vorgesehen sind. Bei den Mischformen spricht man auch von so genannten „gemischten Verträgen". Um bei derartigen Verträgen die richtigen Rechtsnormen im BGB auffinden zu können, ist es wichtig, auf den Gesamtcharakter des Vertrages abzustellen und sich zu fragen, welcher Vertragstyp den Schwerpunkt des gemischten Vertrages ausmacht. Ein solches Vorgehen fußt auf der so genannten Absorptionstheorie. Ein anderer, in der juristischen Literatur vertretene Ansatz zum Umgang mit gemischten Verträgen, findet sich in der so genannten Kombinationstheorie. Nach dieser Theorie wird der gemischte Vertrag gedanklich in seine einzelnen Vertragsbestandteile zerlegt, wobei dann jeweils die Rechtsnormen anzuwenden sind, welche zum jeweiligen Vertragsbestandteil gehören. Gemischte Verträge sind beispielsweise der Vertrag mit einem Hausmeister, welcher oftmals eine Mischung aus Miet- und Dienstvertrag darstellt oder Verträge über gebührenpflichtige, bewachte Parkplätze, welche bezüglich des Abstellplatzes eher mietvertragliche, bezüglich der Bewachung eher dienstleistungsrechtliche Elemente vereinen.

4.12.2 Verträge eigener Art

Wie oben bereits gesagt, können aber auch Regelungen getroffen werden, die überhaupt nicht im Gesetz vorgesehen sind; schließlich gilt in der Bundesrepublik Deutschland das Prinzip der Vertragsfreiheit. Dementsprechend gibt es auch keinen

„Numerus Clausus" der Vertragstypen. Verträge, die nicht zu den im BGB normierten Vertragstypen gehören, werden Verträge eigener Art oder synonym auch Verträge „sui generis" genannt. Auf diese Verträge werden auch die Regelungen des allgemeinen Schuldrechts angewandt. Ein Beispiel für Verträge eigener Art sind so genannte Factoring-Verträge[141], in welchen der Ankauf von Forderungen unter bestimmten Kostenabschlägen vereinbart wird. Weitere Beispiele sind Franchisingverträge[142], durch welche einem Franchise-Nehmer gestattet wird, das Unternehmenskonzept des Franchise-Gebers gegen Zahlung einer Gebühr zu übernehmen und seinen Markennamen dazu zu gebrauchen oder auch Leasingverträge, in welchen eine Gebrauchsüberlassung gegen Entgelt mit einer Kaufoption oder anderen rechtlichen Aspekten verknüpft wird.

4.13 Auftrag

Beispiel:

Unternehmer U ist krank und fordert seinen Angestellten A auf, ihm zu helfen. Beide kommen überein, dass A im laufenden Monat an bestimmten, im Rahmen des Gesprächs ausgehandelten Tagen, unentgeltlich zweimal die Woche nach Feierabend für U die privaten Einkäufe erledigt.

Der juristische Begriff des Auftrags darf nicht mit dem Umgangssprachlichen Begriff der Auftragserteilung verwechselt werden. Auftrag ist ein unvollkommen zweiseitiger Vertrag[143], bei welchem die eine Vertragspartei sich verpflichtet, für die andere Vertragspartei eine Tätigkeit unentgeltlich durchzuführen. Dies kann in einem einfachen Handeln oder sogar im Übernehmen eines Rechtsgeschäfts bestehen. Im Gesetzeswortlaut werden die Pflichten im Rahmen des Auftrags folgendermaßen formuliert:

§ 662 BGB Vertragstypische Pflichten beim Auftrag

Durch die Annahme eines Auftrags verpflichtet sich der Beauftragte, ein ihm von dem Auftraggeber übertragenes Geschäft für diesen unentgeltlich zu besorgen.

Der Gesetzeswortlaut macht bereits deutlich, dass im Rahmen eines Auftragsverhältnisses hauptsächlich der Beauftragte verpflichtet wird. Er hat sich entsprechend der Absprache mit dem Auftraggeber an die Vorgaben des Auftraggebers zu halten und darf nur entsprechend den Regelungen des § 665 BGB von den Weisungen des Auftraggebers abweichen.

---

[141] Vgl. hierzu vertiefend: Wien, Existenzgründung, München 2009, S. 46 ff.
[142] Vgl. hierzu vertiefend: Wien, Existenzgründung, München 2009, S. 53 f. und S. 106 f.
[143] Vgl. Musielak, Grundkurs BGB, 11. Auflage, München 2009, Rn. 688.

Besonderes Schuldrecht

Das Auftragsverhältnis ist – wegen seiner Nähe zu Gefälligkeitshandlungen – vom so genannten Gefälligkeitsverhältnis abzugrenzen. Zu Gefälligkeitsverhältnissen können Höflichkeitsakte wie eine Einladung zum Mittagessen ebenso gerechnet werden, wie beispielsweise das Versprechen, einen Arbeitskollegen mit dem Auto mitzunehmen. Bei derartigen Gefälligkeitsverhältnissen fehlt es an einem Rechtsbindungswillen des Versprechenden. In der Praxis führen derartige Gefälligkeitsverhältnisse deshalb dazu, dass hierbei die Haftung bzw. Schadensersatzansprüche regelmäßig ausgeschlossen werden. Sagt der Einladende das Mittagessen beispielsweise ab, so führt dies gewöhnlich nicht zu Schadensersatzansprüchen. Wesentliches Merkmal von Gefälligkeitsverhältnissen ist die schlichte moralische Verpflichtung bzw. der fehlende Rechtsbindungswille.

Im vorliegenden Beispielsfall stellt sich also zunächst die Frage, ob A mit Rechtsbindungswillen gehandelt hat. Wäre dies nicht der Fall, so läge lediglich eine Gefälligkeit vor und kein auf eine unentgeltliche Geschäftsbesorgung gerichteter Vertrag (Auftrag). Im vorliegenden Fall sprechen einige Indizien gegen ein Gefälligkeitsverhältnis und für einen Auftrag. So ist A beispielsweise mit dem Unternehmer U nicht befreundet, sondern lediglich bei ihm angestellt. Dies spricht gegen eine schlichte moralische Verpflichtung, für den U Einkäufe zu erledigen. Darüber hinaus machte der Sachverhalt deutlich, dass beide sowohl über das Einkaufen als auch über die entsprechenden Tage verhandelt haben. Auch dieses Vorgehen spricht eher für einen Vertragsschluss als für eine einseitige, aus Moralvorstellungen getragene Gefälligkeit. Insofern bedeutet dies für A, dass er verpflichtet ist, für U die Einkäufe zu tätigen. Er hat allerdings die Möglichkeit, finanzielle Aufwendungen, wie beispielsweise verauslagtes Geld für den Einkauf, die Kosten für die Busfahrt oder, sofern er mit dem eigenen Pkw fährt, Benzinkosten von U ersetzt zu bekommen. Hierfür steht ihm der § 670 BGB zur Seite.

§ 670 BGB Ersatz von Aufwendungen

Macht der Beauftragte zum Zwecke der Ausführung des Auftrags Aufwendungen, die er den Umständen nach für erforderlich halten darf, so ist der Auftraggeber zum Ersatz verpflichtet.

Nach § 664 BGB ist der Beauftragte im Zweifel nicht berechtigt, die Ausführung des Auftrags einem Dritten zu übertragen, sondern er hat seine einseitige Leistungspflicht im Zweifel selbst zu erbringen. Dabei ist er nach § 665 BGB lediglich dann berechtigt, von den Weisungen des Auftraggebers abzuweichen, wenn er den Umständen nach annehmen darf, dass der Auftraggeber bei Kenntnis der Sachlage die Abweichung gestatten würde. Der § 666 BGB verpflichtet den Beauftragten dem Auftraggeber gegenüber zu einer Auskunfts- und Rechenschaftspflicht. Darüber hinaus ist der Beauftragte nach § 667 BGB dazu verpflichtet, dem Auftraggeber alles, was er zur Ausführung des Auftrags erhält und was er aus der Geschäftsbesorgung erlangt, herauszugeben.

4.14 Verwahrung

4.14.1 Der Verwahrungsvertrag

Beispiel:

A besucht eine Theatervorstellung. An der Garderobe muss er seinen Mantel gegen Zahlung einer Gebühr von einem Euro abgeben. Als er nach der Vorstellung seinen Mantel an der Garderobe wieder abholen möchte, stellt sich heraus, dass dieser verschwunden ist. Vermutlich hat die Gardrobiere seinen Mantel versehentlich einem anderen Theaterbesucher mitgegeben. Welche Ansprüche hat A?

Ab § 688 BGB ist der so genannte Verwahrungsvertrag geregelt. In diesem Vertrag verpflichtet sich der so genannte Verwahrer, eine ihm von dem so genannten Hinterleger übergebene bewegliche Sache für diesen aufzubewahren. Diese Aufbewahrung kann entweder gegen ein Entgelt erfolgen oder unentgeltlich sein. Handelt es sich um einen entgeltlichen Verwahrungsvertrag, so stellt dieser einen gegenseitigen Vertrag dar, wohingegen eine unentgeltliche Verwahrung zu einem unvollkommen zweiseitigen Vertrag führt.[144] Der Verwahrungsvertrag kommt, wie andere Verträge auch, nach den allgemeinen Vorschriften der §§ 145 ff. BGB zustande und ist an keine Form gebunden.[145] Im Vordergrund des Verwahrungsvertrages steht das Interesse des Hinterlegeres, durch den Verwahrer von der Sorge, auf den beweglichen Gegenstand aufpassen zu müssen, entlastet zu werden. Der Verwahrer erlangt durch die Verwahrung des Gegenstands in der Regel unmittelbaren Fremdbesitz an der Sache; wohingegen der Hinterleger nach der Übergabe der Sache lediglich mittelbaren Besitz an ihr behält.

Ein Verwahrungsvertrag ist vom schlichten Gefälligkeitsverhältnis abzugrenzen. Ausschlaggebend hierfür ist, ob die Vertragsparteien mit Rechtsbindungswillen gehandelt haben. Um dieses feststellen zu können, ist auf die Umstände des Einzelfalls, insbesondere auf den Wert des Gegenstandes sowie auf die rechtliche Bedeutung der Angelegenheit für die Parteien abzustellen.[146]

Während der Verwahrung besteht die Hauptpflicht des Verwahrers darin, den zu verwahrenden Gegenstand so zu verwahren dass er weder Schaden nimmt, noch abhanden kommt. Darüber hinaus kommt es auch darauf an, was verwahrt wird. So ist beispielsweise zu erwarten, dass zur Verwahrung eines Tieres ebenfalls die Pflicht zur Fütterung des Tieres hinzukommt.[147] Gemäß § 691 Satz 1 BGB ist der Verwahrer im Zweifel nicht dazu berechtigt, die hinterlegte Sache einem Dritten zur Aufbewahrung zu geben. Hintergrund dieser Vorschrift ist, dass das Verwahrungsverhältnis von

---

[144] Vgl. Palandt / Sprau, Bürgerliches Gesetzbuch, 70. Auflage, München 2011, § 688 Rn. 1.
[145] Vgl. Palandt / Sprau, Bürgerliches Gesetzbuch, 70. Auflage, München 2011, § 688 Rn. 3.
[146] Vgl. BGH NJW 1995, S. 3389.
[147] Vgl. Palandt / Sprau, Bürgerliches Gesetzbuch, 70. Auflage, München 2011, § 688 Rn. 4.

einem besonderen Vertrauensverhältnis der Parteien geprägt ist, welches dazu führt, dass der Hinterleger davon ausgehen kann, dass der Verwahrer den Gegenstand selbst in seiner Obhut behält. Allerdings ist der Verwahrer nicht daran gehindert, sich bei der Erfüllung seiner Pflichten eines Gehilfen zu bedienen. Dieses ergibt sich bereits aus dem Wortlaut des § 691 Satz 3 BGB.

Als einseitige Verpflichtung aus dem Verwahrungsvertrag hat der Verwahrer die Pflicht zur unversehrten Rückgabe des verwahrten Gegenstandes. Die Pflicht ist nach § 697 BGB gewöhnlich keine Bringschuld, sondern eine Pflicht zur Rückgabe des Gegenstandes am Verwahrungsort. Verletzt der Verwahrer seine Pflichten aus dem Verwahrungsvertrag oder erfüllt er sie nicht vollständig, so kann er hierfür nach den allgemeinen Vorschriften der §§ 280 ff. BGB haftbar gemacht werden. Sofern sich der Verwahrer eines Gehilfen (Angestellten) bedient hat, wird ihm das Verhalten seines Angestellten nach den Regelungen über den Erfüllungsgehilfen gemäß § 278 BGB zugerechnet.

Im oben genannten Beispielfall hat A durch Abgabe seines Mantels und Zahlung des Betrages von einem Euro mit dem Theater einen Verwahrungsvertrag abgeschlossen. Das Theater bediente sich bei der Verwahrung einer Gardrobiere als Gehilfin. Insofern kann dem Theater das Verhalten der Gardrobiere über § 278 BGB zugerechnet werden. Weil die Gardrobiere einem anderen Theaterbesucher versehentlich den Mantel des A mitgegeben hat und nun die Rückgabepflicht der verwahrten Sache nicht erfüllen kann, hat A nunmehr gegen das Theater einen Anspruch auf Schadensersatz nach den Vorschriften der §§ 280, 691 Satz 3 BGB in Verbindung mit § 278 BGB.

4.14.2 Spezielle Regelungen für Gastwirte

Besondere Regelungen sieht das Bürgerliche Gesetzbuch für die Haftung des Gastwirtes vor. So haften Gastwirte, welche gewerbsmäßig Fremde zur Beherbergung aufnehmen, nach § 701 BGB für den Verlust bzw. die Beschädigung der vom Gast eingebrachten Sachen. Bereits aus dem Gesetzeswortlaut wird deutlich, dass von dieser Regelung lediglich die Betreiber von Pensionen und Hotels erfasst sind; nicht jedoch reine Schank- oder Speisewirtschaften, die keinen Beherbergungsbetrieb beinhalten. Hintergrund dieser Regelung ist es, der Schutzbedürftigkeit des beherbergten Gastes Rechnung zu tragen, dessen eingebrachte Sachen oftmals nicht ausreichend vor dem Zugriff des Personals oder dritter Personen geschützt werden können. Werden diese eingebrachten Sachen also zerstört, beschädigt oder gehen verloren, so haftet der Gastwirt unabhängig davon, wer den Schaden verursacht bzw. wer ihn wirklich zu verantworten hat. Allerdings kennt das bürgerliche Gesetzbuch nach § 701 Abs. 3 BGB von diesem Grundsatz Ausnahmen. Eine Haftung des Gastwirts tritt nicht ein, wenn der Gast selbst oder einer seiner Begleiter respektive eine von ihm aufgenommene Person den Verlust, die Zerstörung oder die Beschädigung verursacht hat. Darüber hinaus entfällt der Schadensersatz, wenn der Schaden allein durch die Beschaffenheit der Sache oder durch höhere Gewalt entstanden ist.

Sofern diese Haftungsausschlüsse nicht vorliegen und der Gastwirt den Schaden zu ersetzen hat, so haftet er nach § 702 Abs. 1 BGB bis zu einem Betrag, der dem hundertfachen des Bergungspreises für einen Tag entspricht, jedoch mindestens bis zu dem Betrage von 600 € und höchstens bis zu dem Betrag von 3500 €. Für Geld, Wertpapiere und Kostbarkeiten ist der Höchstbetrag geringer. Hier haftet der Gastwirt nur bis zu einem Betrag von 800 €. Allerdings ist die Haftung des Gastwirtes unbeschränkt, wenn der Verlust, die Zerstörung oder die Beschädigung von ihm oder seinen Leuten verursacht worden ist oder wenn es sich um eingebrachte Sachen handelt, die er zur Aufbewahrung übernommen oder deren Übernahme zur Aufbewahrung er abgelehnt hat.

4.15 Gesellschaft bürgerlichen Rechts

Die Gesellschaft bürgerlichen Rechts (GbR) wird als Zusammenschluss von mehreren Personen zur Förderung eines gemeinsamen Zwecks verstanden. Die GbR wird bisweilen auch als BGB-Gesellschaft bezeichnet, weil sie in den §§ 705 ff. BGB geregelt ist. Sie stellt den Grundtyp aller Personengesellschaften dar und entsteht, wenn sich mehrere Gesellschafter zusammenschließen, um einen gemeinsamen Zweck zu erreichen. Insofern sind mindestens zwei Gesellschafter erforderlich.[148] Die GbR kann entweder als Außengesellschaft oder auch als Innengesellschaft ausgestaltet sein. Kennzeichen einer Innengesellschaft ist es, dass diese nicht am Rechtsverkehr teilnimmt. Dementsprechend ist eine Innengesellschaft auch nicht in der Lage, die Gesellschaft treffenden Verbindlichkeiten zu begründen. Beispiel für eine klassische Innengesellschaft ist die so genannte Stille Gesellschaft im Sinne der §§ 230 ff. des Handelsgesetzbuchs (HGB).

Zur Gründung einer GbR bedarf es keines Mindestkapitals. Sie entsteht aufgrund eines Gesellschaftsvertrages, der formlos abgeschlossen werden kann und keines schriftlichen Gesellschaftsvertrages. Derartige Gesellschaften können in der Praxis bereits durch schlüssiges Verhalten zu Stande kommen, indem mehrere Personen, nämlich mindestens zwei, gemeinsam ein Ziel verfolgen. Tun sich also beispielsweise zwei Informatikstudenten zusammen, um gemeinsam Software zu entwickeln, akquirieren Kunden und bearbeiten deren Aufträge, so sind diese beiden Informatikstudenten, selbst wenn sie keine genauen Absprachen getroffen oder schriftlich formuliert haben, rechtlich als GbR anzusehen. Im Rahmen der GbR haften alle Beteiligten neben dem Gesellschaftsvermögen auch vollständig mit ihrem Privatvermögen. Es ist eine gesamtschuldnerische Haftung. Das bedeutet, der Gläubiger kann auch von einem einzelnen Gesellschafter die Zahlung der vollen Summe seiner Forderung verlangen. Der einzelne Gesellschafter kann dann, nachdem er die Forderung beglichen hat, von

---

[148] Vgl. Palandt / Sprau, Bürgerliches Gesetzbuch, 70. Auflage, München 2011, § 705 Rn. 1.

seinen Mitgesellschaftern verlangen, dass diese ihm - entsprechend ihrem Haftungsanteil - die von ihm bereits gezahlte Forderung anteilig an ihn zurückzahlen. Die Gesellschafter können bzw. müssen sich also im Rahmen einer Gesamtschuld nach der Zahlung durch einen einzelnen Gesellschafter im Innenverhältnis (untereinander) um Ausgleich bemühen.

In der Praxis ist die BGB Gesellschaft oftmals die Form der Zusammenschlüsse von Künstlern oder Angehörigen freier Berufe wie beispielsweise Ärzte, Steuerberater, Rechtsanwälte, Architekten oder beratende Ingenieure. Aber auch kleinere Handwerksbetriebe bzw. kleinere Gewerbetreibende, welche noch nicht die Kaufmannseigenschaft im Sinne des HGB besitzen, nutzen die GbR als Rechtsform.

Als Rechtsfigur ist die GbR bisweilen jedoch nicht nur im künstlerischen und freiberuflichen Bereich sondern auch im wirtschaftlichen Bereich interessant. Ein Beispiel liefert das Baugewerbe. Tun sich mehrere selbstständige Bauunternehmen für ein Großprojekt, wie beispielsweise den Bau einer großen Einkaufspassage, für eine bestimmte Zeitdauer zu einer Arbeitsgemeinschaft (ARGE) zusammen, so wird das zusammenwirken dieser Unternehmen juristisch als GbR gesehen.[149] Der Abschluss eines GbR-Vertrages ist grundsätzlich formfrei. Zur Gründung sind mindestens zwei Personen erforderlich; wobei es sich entweder um natürliche oder juristische Personen sowie rechtsfähige Personenvereinigungen handeln kann. Im Rahmen des Gesellschaftsvertrages wird zwischen dem Innenverhältnis und dem Außenverhältnis unterschieden. Der Begriff „Innenverhältnis" ist der Fachausdruck für die Rechtsverhältnisse der Gesellschafter untereinander; im Rahmen des „Außenverhältnisses" hingegen werden Regelungen darüber getroffen, wie die Gesellschaft nach außen vertreten wird bzw. wie Rechtsbeziehungen mit Dritten eingegangen werden. Ein Mindestkapital für die Gründung einer GbR ist im Gesetz nicht vorgesehen.

Die GbR verfolgt den Grundsatz der Selbstorganschaft.[150] Dies bedeutet, dass die Gesellschafter zur Geschäftsführung berufen sind und gewöhnlich keine Fremdgeschäftsführer angestellt werden. Zu den Pflichten eines jeden Gesellschafters gehören insbesondere die Beitragspflicht, die Pflicht zur Geschäftsführung, eine Treuepflicht den anderen Gesellschaftern gegenüber sowie das Einhalten eines Wettbewerbsverbotes. Anders als Kapitalgesellschaften wurde bis zu einem richtungsweisenden Urteil des Bundesgerichtshofs im Jahre 2001 die GbR als nicht rechtsfähig angesehen. Erst im Jahre 2001 hat der Bundesgerichtshof die Frage der Rechtsfähigkeit einer GbR mittlerweile bejaht. Durch diese Entscheidung wurde das Recht der Personengesellschaften grundlegend verändert. Sie führte allerdings auch dazu, dass es nunmehr keine einheitliche Sichtweise bezüglich der GbR gibt. Denn die Rechtsfähigkeit bezieht sich nur auf die BGB-Außengesellschaft. Innengesellschaften werden durch diese Rechtsprechung nicht betroffen.

---

[149] Vgl. Palandt / Sprau, Bürgerliches Gesetzbuch, 70. Auflage, München 2011, § 705 Rn. 37.
[150] Vgl. Palandt / Sprau, Bürgerliches Gesetzbuch, 70. Auflage, München 2011, § 708 Rn. 3a.

Das Recht der BGB Gesellschaft ist zu einem Großteil so genanntes dispositives, also abwandelbares Recht. Durch Gesellschaftsvertrag kann insbesondere im Innenverhältnis der Gesellschaft von nahezu allen gesetzlich geregelten Punkten abgewichen werden.[151] Lediglich die Haftung der Gesellschaft nach außen, nämlich die Haftung jedes Gesellschafters auch mit seinem Privatvermögen für Verbindlichkeiten der Gesellschaft einstehen zu müssen, ist nicht dispositiv und kann deshalb nicht durch Regelungen im Gesellschaftsvertrag abgeändert werden.

Es gibt unterschiedliche Aspekte, die zur Beendigung einer GbR führen können. So endet sie beispielsweise mit Ablauf der Zeit, für die die Gesellschaft eingegangen ist. Ein anderer Grund für das Ende einer GbR wäre gemäß § 726 BGB das Erreichen des Gesellschaftszwecks. Auch der Tod eines Gesellschafters kann nach § 727 BGB ein Ende der Gesellschaft bewirken. Allerdings kann dies durch eine Regelung im Gesellschaftsvertrag ausgeschlossen werden. Ein auf Auflösung der Gesellschaft gerichteter Gesellschafterbeschluss kann ebenso wie nach § 728 BGB die Eröffnung eines Insolvenzverfahrens über das Gesellschaftsvermögen zur Beendigung einer GbR führen.[152] Der § 730 BGB sieht vor, dass nach der Auflösung der Gesellschaft bezüglich des Gesellschaftsvermögens eine Auseinandersetzung unter den Gesellschaftern stattfindet.[153]

4.16 Gemeinschaft

Beispiel:

A, B und C sind Geschwister. Sie sind Erben eines Einfamilienhauses und sind jeweils zu 1/3 Eigentümer. Der Dachstuhl des Hauses ist völlig morsch, etliche Dachziegel sind beschädigt, Wasser dringt ein und der Schaden droht sich auszubreiten, wenn der Dachstuhl nicht erneuert und das Dach nicht vollständig neu mit Dachziegeln eingedeckt wird. A möchte das Dach reparieren lassen doch B und C sind dagegen. Sie vertreten die Ansicht, dass A damit überstimmt ist. Doch als B und C im Urlaub sind, lässt A von einem Dachdecker die notwendigen Arbeiten erledigen, bezahlt den Dachdecker von seinem Geld und verlangt von B und C nach deren Rückkehr aus dem Urlaub jeweils Erstattung von 1/3 der Rechnung.

Die Gemeinschaft ist in den §§ 741 ff. BGB geregelt. Hierbei handelt es sich um ein der Gesellschaft ähnliches Schuldverhältnis. Bei der Gemeinschaft handelt es sich um den

---

[151] Vgl. näher hierzu: Palandt / Sprau, Bürgerliches Gesetzbuch, 70. Auflage, München 2011, § 705 Rn. 2.
[152] Vgl. zur BGB-Gesellschaft in Liquidation vertiefend: BGH-Urteil vom 22.03.2011, II ZR 206/09, DB 2011, S. 1442 f.
[153] Vgl. zum Aufwendungsersatzanspruch des BGB-Gesellschafters vor Auflösung: BGH-Urteil vom 22.02.2011, II ZR 158/09, DB 2011, S. 932 f.

Fall, dass ein Recht mehreren Personen gemeinschaftlich zusteht. Eine Gemeinschaft kann sowohl durch ein Rechtsgeschäft als auch durch eine gesetzliche Regelung entstehen. Im Rahmen einer Gemeinschaft kann jeder der Teilhaber über seinen Anteil frei verfügen. Handelt es sich um einen gemeinschaftlichen Gegenstand, so ist es dem Teilhaber nicht gestattet, über den gemeinschaftlichen Gegenstand als Ganzes alleine zu verfügen; dieses können die Teilhaber gemäß § 747 BGB nur gemeinsam tun. Auch die Verwaltung des gemeinschaftlichen Gegenstandes steht den Teilhabern nach § 744 Abs. 1 BGB gemeinschaftlich zu. Doch ist nach Absatz 2 dieser Vorschrift jeder Teilhaber berechtigt, die zur Erhaltung des Gegenstandes notwendigen Maßregeln ohne Zustimmung der anderen Teilhaber zu treffen. Er kann sogar verlangen, dass die übrigen Teilhaber ihm ihre Einwilligung zu einer solchen Maßregel im Voraus erteilen. Im vorliegenden Beispielfall handelt es sich bei den Reparaturarbeiten am Dach um notwendige Erhaltungsmaßnahmen. Etwas anderes wäre es allerdings, wenn es sich um schlichte Verschönerungsarbeiten handelte. Wenn der A im vorliegenden Beispielfall also von B und C jeweils 1/3 der Kosten verlangt, so hat er nach § 748 BGB einen Anspruch darauf, weil die Vorschrift explizit folgendes anordnet:

> § 748 BGB Lasten- und Kostentragung
>
> *Jeder Teilhaber ist den anderen Teilhabern gegenüber verpflichtet, die Lasten des gemeinschaftlichen Gegenstandes sowie die Kosten der Erhaltung, der Verwaltung und einer gemeinschaftlichen Benutzung nach dem Verhältnis seines Anteils zu tragen.*

Nach § 749 BGB hat jeder Teilhaber die Möglichkeit jederzeit die Aufhebung der Gemeinschaft zu fordern. Grundsätzlich hat bei Auflösung der Gemeinschaft eine Teilung in Natur zu erfolgen. Sofern dies nicht möglich ist, kann die Auseinandersetzung auch durch Verkauf des gemeinschaftlichen Gegenstandes im Sinne der §§ 752 und 753 BGB vollzogen werden. Der Anspruch auf Aufhebung der Gemeinschaft unterliegt gemäß § 758 BGB nicht der Verjährung. Praxisbeispiele für die Gemeinschaft sind z.B. die Erbengemeinschaft im Sinne der §§ 2032 f. BGB oder die eheliche Gütergemeinschaft im Sinne des § 1419 BGB.

4.17 Geschäftsführung ohne Auftrag

Die Gesetzesstruktur der Geschäftsführung ohne Auftrag ist ursprünglich für Notfälle geschaffen worden.

> Beispiel:
>
> *A fährt von der Arbeit nach Hause. Auf einer einsamen Landstraße findet er den X besinnungslos und blutüberströmt an der Böschung liegen. Da A an diesem Tag kein Handy mitgenommen hatte, kann er keinen Rettungswagen verständigen und muss selbst handeln. A trägt X vorsichtig in seinen Wagen und fährt ihn in ein nahe gele-*

Geschäftsführung ohne Auftrag 4.17

genes Krankenhaus. Seine Kleidung und die Polster seines Wagens sind von dem Blut des X durchtränkt. Nachdem X im Krankenhaus wieder zu sich kommt und A ihn darum bittet, ihm die Reinigung der Wagenpolster und der Kleidung zu bezahlen, weigert sich dieser mit der Begründung, er habe den A weder um eine Rettung gebeten noch habe er mit ihm einen Vertrag abgeschlossen. Muss X die Reinigung bezahlen?

Die Geschäftsführung ohne Auftrag ist in den §§ 677 ff. BGB geregelt. Diese Rechtsstruktur ist für Fälle geschaffen worden, in welchen jemand eine Tätigkeit für einen anderen übernimmt, ohne von ihm dazu beauftragt oder sonst hierzu berechtigt zu sein.[154] Das Gesetz verwendet für denjenigen der handelt den Oberbegriff „Geschäftsführer" und denjenigen, dessen eigentlicher Rechts- und Interessenkreis durch die Handlung des anderen berührt wird, bezeichnet das Gesetz als den „Geschäftsherrn". Ziel der Regelungsstruktur der Geschäftsführung ohne Auftrag ist es, diejenigen Personen, die etwas im wirklichen oder mutmaßlichen Interesse des Geschäftsherrn tun, in die Lage zu versetzen, ihre Auslagen ersetzt zu bekommen. Diejenigen, die sich hingegen ungebeten in die Angelegenheiten anderer Personen einmischen, möchte der Gesetzgeber durch eine Pflicht zum Schadensersatz von ihrem Tun abhalten. Die Geschäftsführung ohne Auftrag differenziert also, übertrieben gesagt, zwischen „nützlichen Helfern" und „Weltbeglückern". In den Fällen, in denen Personen zum Wohle des Geschäftsherrn handeln, spricht man auch von der so genannten berechtigten Geschäftsführung ohne Auftrag. In derartigen Fällen hat der Geschäftsführer gegen den Geschäftsherrn gemäß § 683 BGB einen Anspruch auf Ersatz der entstandenen Aufwendungen. Diese Vorschrift lautet:

§ 683 BGB Ersatz von Aufwendungen

Entspricht die Übernahme der Geschäftsführung dem Interesse und dem wirklichen oder dem mutmaßlichen Willen des Geschäftsherrn, so kann der Geschäftsführer wie ein Beauftragter Ersatz seiner Aufwendungen verlangen. In den Fällen des § 679 steht dieser Anspruch dem Geschäftsführer zu, auch wenn die Übernahme der Geschäftsführung mit dem Willen des Geschäftsherrn im Widerspruch steht.

In den Fällen, in welchen jemand sich ein Handeln anmaßt, spricht man hingegen von unechter Geschäftsführung ohne Auftrag bzw. von einer unerlaubten Fremdgeschäftsführung.[155] In derartigen Fällen ist der Geschäftsführer dem Geschäftsherrn gegenüber nach § 678 BGB zum Schadensersatz verpflichtet. Diese Vorschrift lautet:

§ 678 BGB Geschäftsführung gegen den Willen des Geschäftsherrn

Steht die Übernahme der Geschäftsführung mit dem wirklichen oder dem mutmaßlichen Willen des Geschäftsherrn im Widerspruch und musste der Geschäftsführer dies erkennen, so ist er dem Geschäftsherrn zum Ersatze des aus der Geschäftsführung

---

154 Vgl. zur Vertiefung: Hey, Die Geschäftsführung ohne Auftrag, JuS 2009, S. 400.
155 Vgl. Steckler, Kompendium Wirtschaftsrecht, 7. Auflage, Ludwigshafen 2009, S. 186.

entstehenden Schadens auch dann verpflichtet, wenn ihm ein sonstiges Verschulden nicht zur Last fällt.

Im oben genannten Beispielsfall hatte der besinnungslose X den A zwar nicht um seine Hilfe gebeten, doch war das Verhalten des A objektiv betrachtet im mutmaßlichen Interesse des Geschäftsherrn. Insofern steht dem A für seine Rettungsaktion trotz fehlendem Auftrag des X nach § 683 BGB ein Anspruch auf Bezahlung der Reinigung von Polster und Kleidung zu.

Die Voraussetzungen, welche bei der Prüfung einer Geschäftsführung ohne Auftrag subsumiert werden müssen sind:

- Es muss ein „fremdes Geschäft" besorgt worden sein.
- Der Geschäftsführer muss mit Fremdgeschäftsführungswillen gehandelt haben.
- Dies muss ohne Auftrag oder sonstige Berechtigung geschehen sein.

Um von einem fremden Geschäft sprechen zu können, ist es erforderlich, dass die Tätigkeit, welche der Geschäftsführer für den Geschäftsherrn ausübt, in den Rechts- und Interessenkreis des Geschäftsherrn fällt. Dieses Geschäft sollte für ihn objektiv fremd sein. Es ist jedoch nach Ansicht der Rechtsprechung und der juristischen Literatur auch zulässig, dass es sich um ein so genanntes „auch fremdes Geschäft" handelt, also um ein Geschäft, welches sowohl im Interesse des Geschäftsherrn als auch in dem eigenen Interesse des Geschäftsführers liegt. Ein Beispiel hierfür ist der Anwalt, der einen Urheberrechtsverletzer dafür abmahnt, dass dieser eine urheberrechtlich geschützte CD anderen kostenlos auf einer Plattform im Internet zum Download anbietet. Hierbei handelt es sich einerseits um ein objektiv fremdes Geschäft, weil der Anwalt den Rechtsverletzer belehrt, obwohl es eigentlich seine eigene Aufgabe ist, sich darum zu kümmern kein Urheberrecht zu verletzen. Andererseits handelt der Anwalt als Geschäftsführer jedoch zugleich aufgrund eines Vertrages mit dem in seinem Urheberrecht verletzten Urheber bzw. CD-Produzenten, so dass man meinen könnte, der Anwalt sei auch in eigenem Interesse tätig. Diese Konstellation bezeichnet man als „auch fremdes Geschäft". Damit eine echte Geschäftsführung ohne Auftrag gegeben ist, muss der Geschäftsführer auch mit „Fremdgeschäftsführungswillen" gehandelt haben. Dieses bedeutet, dass dem Geschäftsführer - also dem Handelnden - bewusst war, dass es sich bei seiner Handlung um ein fremdes Geschäft handelt. In der Praxis kann es nämlich vorkommen, dass jemand etwas tut, weil er irrtümlich glaubt, es handle sich um seine eigene Angelegenheit. In derartigen Fällen wird die Struktur der Geschäftsführung ohne Auftrag gemäß § 687 Abs. 1 BGB nicht angewandt.

4.18 Ungerechtfertigte Bereicherung

Beispiel:

A möchte sich ohne den regulären Eintrittspreis von 15 € zu bezahlen in ein Popkonzert schmuggeln. Alle zahlenden Gäste, die ihren Eintrittspreis entrichtet haben, bekommen am Eingang einen Stempel auf das Handgelenk gedrückt. A, der sich durch einen Seiteneingang in die Konzerthalle geschlichen hatte, trägt keinen solchen Stempel auf dem Handgelenk. Als A erwischt wird, ist das Konzert gerade vorüber. Der Veranstalter V verlangt von A Zahlung der 15 €.

Die Regelungen der ungerechtfertigten Bereicherung sind in den §§ 812 ff. BGB im Gesetz geregelt.[156] Die Anspruchsgrundlage ist der Herausgabeanspruch des § 812 Abs. 1 BGB. Diese Vorschrift lautet:

§ 812 BGB Herausgabeanspruch

(1) Wer durch die Leistung eines anderen oder in sonstiger Weise auf dessen Kosten etwas ohne rechtlichen Grund erlangt, ist ihm zur Herausgabe verpflichtet. Diese Verpflichtung besteht auch dann, wenn der rechtliche Grund später wegfällt oder der mit einer Leistung nach dem Inhalte des Rechtsgeschäfts bezweckte Erfolg nicht eintritt.

(2) Als Leistung gilt auch die durch Vertrag erfolgte Anerkennung des Bestehens oder des Nichtbestehens eines Schuldverhältnisses.

Sinn des § 812 BGB ist es, bei jemandem, der unberechtigterweise einen Vermögensvorteil erlangt hat, den Vorteil abzuschöpfen und ihn demjenigen zurückzugeben, der hierdurch einen Vermögensnachteil erlitten hat. Aus diesem Grund können Bereicherungsansprüche aus § 812 BGB als Anspruchsgrundlage verwendet werden. Allerdings bietet diese Vorschrift keinen einheitlichen Bereicherungstatbestand sondern unterscheidet im Rahmen der ungerechtfertigten Bereicherung zwischen der so genannten Leistungskondiktion und der Nichtleistungskondiktion. Die Normen der ungerechtfertigten Bereicherung haben ihren Ursprung im römischen Recht. Dies erklärt auch, weshalb heute noch von Kondiktionen gesprochen wird.

4.18.1 Leistungskondiktion

Im Rahmen des Bereicherungsrechts gibt es eine Hierarchie. Die Leistungskondiktion hat immer Vorrang vor der Nichtleistungskondiktion. Bevor also geprüft werden kann, ob jemand in sonstiger Weise auf Kosten eines anderen eine Vermögensverschiebungen vorgenommen hat, ist immer zuerst zu prüfen, ob die Leistung durch jemanden bewusst und zielgerichtet erbracht wurde. Ist dies der Fall, so tritt die Nicht-

---

[156] Vgl. zur bereicherungsrechtlichen Rechtsprechungsentwicklung vertiefend: Omlor / Spies, „Schematische Lösungen" im Bereicherungsrecht, JR 2011, S. 139 ff.

leistungskondiktion hinter dem Tatbestand der Leistungskondiktion zurück und kann dementsprechend nicht mehr angewandt werden. Die Leistungskondiktion kommt beispielsweise dann zum Tragen, wenn im Rahmen eines Rechtsgeschäfts bereits Leistungen ausgetauscht worden sind und der Vertragspartner dann die Anfechtung erklärt. Aufgrund des Abstraktionsprinzips[157] – also der Trennung von Verpflichtungs- und Erfüllungsgeschäft – kommt es zu der Konstellation, dass durch die Anfechtung das zugrunde liegende Rechtsgeschäft von Anfang an nichtig wird. Da die Leistungen wie beispielsweise Geld und Kaufobjekt nun ohne rechtlichen Grund übereignet worden sind, kann der Leistende das vermögenswerte „Etwas" wieder herausverlangen. Wurde also im Vertrauen auf einen wirksamen Vertrag ein Gegenstand übereignet, so kann der Übereignende das Eigentum wieder herausverlangen.[158]

Im Rahmen der Leistungskondiktion sind drei Tatbestandsmerkmale zu prüfen:

- Etwas erlangt – Etwas ist jede vermögenswerte Rechtsposition.
- Durch Leistung - Leistung ist jede zielgerichtete Mehrung fremden Vermögens.
- Ohne rechtlichen Grund – Ein Rechtsgrund kann sich aus Gesetz oder Vertrag ergeben.[159]

Bei dem bereicherungsrechtlichen „Etwas" kann es sich um jede vermögenswerte Rechtsposition handeln. Zu den am häufigsten auftretenden vermögenswerten Rechtspositionen zählen Eigentum und Besitz. Diese Rechtsposition muss der Anspruchsgegner durch Leistung erhalten haben. Leistung wird definiert als jede zielgerichtete Mehrung fremden Vermögens. Als letztes setzt die Leistungskondiktion voraus, dass die Leistung ohne rechtlichen Grund erfolgt ist. Ein Rechtsgrund, welcher die Geltendmachung des Rechtsanspruchs ausschließt, kann sich aus Gesetz oder aus Vertrag ergeben.

4.18.2 Nichtleistungskondiktion

Die Nichtleistungskondiktion ist – wie oben bereits dargestellt – nur anwendbar, wenn keine bewusste zielgerichtete Mehrung fremden Vermögens vorliegt. Die Leistungskondiktion hat also Vorrang vor der Nichtleistungskondiktion. Die Nichtleistungskondiktion kann wiederum in verschiedene Tatbestände (Fallgruppen) unterteilt werden. Im Wesentlichen haben sich im Rahmen der Nichtleistungskondiktion als

---

[157] Vgl. vertiefend hierzu: Strack, Hintergründe des Abstraktionsprinzips, JURA 2011, S. 5 ff.
[158] Vgl. zur Vertiefung: Conrad, Die bereicherungsrechtliche Rückabwicklung nach Anfechtung wegen arglistiger Täuschung (§ 123 I Var. 1 BGB), JuS 2009, 397 ff.
[159] Vgl. zu den Voraussetzungen des Anspruchs auch: Leipold, BGB I, Einführung und Allgemeiner Teil, 6. Auflage, Tübingen 2010, S. 82 ff.

4.18 Ungerechtfertigte Bereicherung

Fallgruppen die Eingriffskondiktion, die Verwendungskondiktion und die Rückgriffskondiktion herausgebildet.

- Eine Eingriffskondiktion ist dadurch gekennzeichnet, dass sich der Bereicherungsschuldner durch eine eigene Handlung einen Vermögensvorteil verschafft hat, welcher ihm nicht zusteht. Ihre gesetzliche Regelung findet die Eingriffskondiktion in § 812 Abs. 1 Satz 1, 2. Fall BGB.

- Im Rahmen einer Verwendungskondiktion werden Werte vom Bereicherungsgegner zum Nutzen des Bereicherungsschuldners eingesetzt, ohne jedoch eine Leistungserbringung an den Bereicherungsschuldner zu beinhalten. Derartige Fallkonstruktionen spielen eine große Rolle bei rechtsgrundlosen Verwendungen wie beispielsweise Aufwendungen auf Sachen oder Einsatz von Arbeitskraft. Hat beispielsweise ein Winzer vom Hubschrauber aus nicht nur seinen eigenen Weinberg, sondern versehentlich auch den Weinberg des Nachbarn mit Schädlingsbekämpfungsmitteln besprüht, so hat er die Möglichkeit, geschützt auf die Verwendungskondiktion, seine Aufwendungen vom Nachbarn vergütet zu bekommen.[160] Die Verwendungskondiktion findet ihre gesetzliche Grundlage in § 812 Abs. 1 Satz 1, 2. Fall BGB.

- Im Rahmen der Rückgriffskondiktion zahlt der Bereicherungsgläubiger auf eine fremde Schuld. Auch hier findet allerdings eine Leistungserbringung an den Bereicherungsschuldner nicht statt. Bereits diese Fallgestaltung zeigt, dass für die Rückgriffskondiktion in der Praxis nur ein kleiner Anwendungsbereich verbleibt. Aus diesem Grund wird von einem Teil der Literatur die Rückgriffskondiktion als eigene Untergruppe der Nichtleistungskondiktion abgelehnt.

Die Nichtleistungskondiktion ist in § 812 Abs. 1 Satz 1, 2. Alternative BGB geregelt. Ein Anspruch aus der Nichtleistungskondiktion setzt das Vorliegen folgender Tatbestandsmerkmale voraus:

- Etwas erlangt
- In sonstiger Weise
- Auf Kosten eines Anderen
- Ohne Rechtsgrund

Im oben genannten Beispielsfall hat der A, welcher sich in das Popkonzert geschlichen hatte, „Etwas" im Sinne des § 812 BGB erlangt. Etwas ist jede vermögenswerte Rechtsposition. Hier hat der A die Teilnahme am Konzert erlangt. Diese Teilnahme stellt einen Vermögenswert dar; schließlich haben die anderen Besucher hierfür 15 € bezahlt. Die Teilnahme am Konzert hat A nicht durch Leistung erhalten. Schließlich hat der V ihn ja nicht bewusst in das Konzert gelassen. Aus diesem Grunde handelt es

---

[160] Beispiel entnommen aus: Brox / Walker, Besonderes Schuldrecht, 31. Auflage, München 2006, § 38 Rn. 12.

sich vorliegend nicht um eine Leistungskondiktion sondern um eine Nichtleistungskondiktion, bei welcher die Merkmale „in sonstiger Weise" und „auf Kosten eines Anderen" zu prüfen sind. In sonstiger Weise bedeutet, dass dies durch Eingriff in den Zuweisungsgehalt eines Rechts geschehen ist. Hier hat A in das Recht des V eingegriffen, Personen zu dem Konzert zuzulassen. Insofern hat A die Teilnahme am Konzert in sonstiger Weise auf Kosten des V erlangt. Dies muss auch ohne Rechtsgrund geschehen sein. Da A keinen Vertrag mit V abgeschlossen hatte, ist dies auch ohne rechtlichen Grund geschehen. Die Rechtsfolge der ungerechtfertigten Bereicherung ist die Herausgabe des Erlangten. Vorliegend hat A die Teilnahme an dem Konzert erlangt. Diese Teilnahme kann er allerdings, nachdem das Konzert beendet ist, nicht mehr herausgeben. Insofern hat er gemäß § 818 Abs. 2 BGB den Wert des Konzerts, also 15 €, zu ersetzen.[161]

4.18.3 Verfügung eines Nichtberechtigten

Eine weitere Anspruchsgrundlage im Rahmen des Bereicherungsrechts stellt die Verfügung eines Nichtberechtigten dar. Sie ist in § 816 BGB geregelt, welcher folgenden Wortlaut hat:

§ 816 BGB Verfügung eines Nichtberechtigten

(1) Trifft ein Nichtberechtigter über einen Gegenstand eine Verfügung, die dem Berechtigten gegenüber wirksam ist, so ist er dem Berechtigten zur Herausgabe des durch die Verfügung Erlangten verpflichtet. Erfolgt die Verfügung unentgeltlich, so trifft die gleiche Verpflichtung denjenigen, welche aufgrund der Verfügung unmittelbar einen rechtlichen Vorteil erlangt.

(2) Wird an einen Nichtberechtigten eine Leistung bewirkt, die dem Berechtigten gegenüber wirksam ist, so ist der Nichtberechtigte dem Berechtigten zur Herausgabe des Geleisteten verpflichtet.

Beispiel:

Bösewicht B leiht sich von A ein BGB Lehrbuch. Er trifft den gutgläubigen G und verkauft ihm das Lehrbuch für zehn Euro, ohne G darüber aufzuklären, dass ihm das Buch überhaupt nicht gehört. Kurz darauf sieht A sein Lehrbuch bei G.

Unter Verfügung kann jedes Rechtsgeschäft verstanden werden, durch welches ein Recht belastet, übertragen, begründet, aufgehoben oder inhaltlich geändert wird. Dementsprechend ist ein Nichtberechtigter eine Person, die weder Inhaber eines Rechtes ist, noch die Berechtigung besitzt, über das betreffende Recht zu verfügen. Wichtig für den Tatbestand des § 816 BGB ist, dass die Verfügung entgeltlich vorgenommen

---

[161] Vgl. zum Umfang von Bereicherungsansprüchen vertiefend: Looschelders, Schuldrecht, Besonderer Teil, 6. Auflage, München 2011, Rn. 1104.

wird. Denn für Fälle, bei denen eine unentgeltliche Verfügung vorgenommen wird, gilt der § 816 Abs. 1 Satz 2 BGB. Rechtsfolge des § 816 Abs. 1 Satz 1 BGB ist es, dass der Berechtigte vom Nichtberechtigten über diese Vorschrift einen Anspruch auf Herausgabe des Erlangten hat. Je nachdem welche Summe der Nichtberechtigte durch das unberechtigte Rechtsgeschäft bekommen hat, kann diese Anspruchsgrundlage für den Berechtigten durchaus interessant sein, weil sie ihm die Möglichkeit gibt, das Erlangte für sich zu fordern. Für den oben genannten Beispielsfall bedeutet dieses, dass A gegen den gutgläubigen G keinen Anspruch auf Herausgabe oder Wertersatz hat, da dieser gemäß § 929, 932 BGB das Buch gutgläubig erworben hat. Gegen den Bösewicht B hat A allerdings einen Anspruch auf Herausgabe des Erlangten gemäß § 816 Abs. 1 Satz 1 BGB, weil B als Nichtberechtigter durch den Verkauf des Buches eine Verfügung getroffen hat, die wegen des gutgläubigen Eigentumserwerbs durch G dem A gegenüber wirksam ist.

Eine andere Anspruchsgrundlage stellt die entgeltliche Verfügung des Nichtberechtigten im Sinne des § 816 Abs. 1 Satz 2 BGB dar. Diese Vorschrift befasst sich mit Fällen, in welchen der Nichtberechtigte für die Verfügung keine Gegenleistung erlangt hat. Insofern liefe auch der Anspruch aus § 816 Abs. 1 Satz 1 BGB ins Leere, denn es gebe nichts Erlangtes zum Herausgeben. Auch § 812 Abs. 1 Satz 1, 2. Alt. BGB wäre hier nicht anwendbar. Denn die Subsidiarität der Eingriffskondiktion würde dazu führen, dass dieser Anspruch nicht angewandt werden kann. Schließlich hat ja eine Leistung des Nichtberechtigten stattgefunden. Zum Schutz des Berechtigten sieht der § 816 Abs. 1 Satz 2 BGB deshalb vor, dass die gleiche Verpflichtung, nämlich Herausgabe des Erlangten, denjenigen trifft, der aufgrund der Verfügung unmittelbar einen rechtlichen Vorteil erlangt. Hätte also im oben genannten Beispielsfall der B dem G das Lehrbuch nicht verkauft sondern geschenkt, so hätte der A gegen den beschenkten G nach § 816 Abs. 1 Satz 2 BGB einen Anspruch auf Herausgabe des Buches bzw. sollte das Buch nicht mehr existieren hätte er einen Anspruch auf Wertersatz.

4.19 Unerlaubte Handlung

In der Bundesrepublik Deutschland wird Schadensersatz nach dem Recht der unerlaubten Handlung, welches auch als Deliktsrecht bezeichnet wird, geregelt. Die Regelungen des Deliktsrechts zielen hauptsächlich auf Schadensersatz. Schadensersatz müssen nach dem Deliktsrecht nur diejenigen Personen leisten, die einem anderen einen Schaden durch eine unerlaubte Handlung zugefügt haben.

4.19.1 Deliktsfähigkeit

Alle volljährigen natürlichen Personen sind deliktsfähig, sofern nicht durch § 827 BGB die Deliktsfähigkeit ausnahmsweise ausgeschlossen ist. Die Volljährigkeit bestimmt sich nach § 2 BGB und beginnt ab dem 18. Lebensjahr. Bei Personen im Alter unter 18 Jahren ist zu differenzieren. So sieht der § 828 BGB vor, dass Kinder bis zur Vollendung des siebenten Lebensjahres im Rahmen des Zivilrechts deliktsunfähig sind. Dementsprechend sind sie für Schäden die sie anderen Personen zufügen nicht verantwortlich und brauchen dementsprechend dem Geschädigten keinen Schadensersatz zu leisten. Diese Vorschrift lautet:

§ 828 BGB Minderjährige

(1) Wer nicht das siebente Lebensjahr vollendet hat, ist für einen Schaden, den er einem anderen zufügt, nicht verantwortlich.

(2) Wer das siebente, aber nicht das zehnte Lebensjahr vollendet hat, ist für den Schaden, den er bei einem Unfall mit einem Kraftfahrzeug, einer Schienenbahn oder eine Schwebebahn einem anderen zufügt, nicht verantwortlich. Dies gilt nicht, wenn er die Verletzung vorsätzlich herbeigeführt hat.

(3) Wer das 18. Lebensjahr noch nicht vollendet hat, ist, sofern seine Verantwortlichkeit nicht nach Absatz 1 oder 2 ausgeschlossen ist, für den Schaden, den er einem anderen zufügt, nicht verantwortlich, wenn er bei der Begehung der schädigenden Handlung nicht die zur Erkenntnis der Verantwortlichkeit erforderliche Einsicht hat.

4.19.2 Schadensersatz nach § 823 BGB

Die Hauptschadensersatzvorschrift im deutschen Rechtssystem ist der § 823 Abs. 1 BGB. Diese Vorschrift lautet:

§ 823 BGB Schadensersatzpflicht

(1) Wer vorsätzlich oder fahrlässig das Leben, den Körper, die Gesundheit, die Freiheit, das Eigentum oder ein sonstiges Recht eines anderen widerrechtlich verletzt, ist dem anderen zum Ersatze des daraus entstehenden Schadens verpflichtet.

(2) Die gleiche Verpflichtung trifft denjenigen, welcher gegen ein den Schutz eines anderen bezweckendes Gesetz verstößt. Ist nach dem Inhalt des Gesetzes ein Verstoß gegen dieses auch ohne Verschulden möglich, so tritt die Ersatzpflicht nur im Falle des Verschuldens ein.

Der § 823 BGB enthält zwei eigenständige Anspruchsgrundlagen. Zum einen den § 823 Abs. 1 BGB, welcher die Verletzung eines der dort genannten Rechtsgüter voraussetzt.[162] Zum anderen den § 823 Abs. 2 BGB, welcher unabhängig von den in § 823 Abs. 1 BGB genannten Rechtsgütern dem Geschädigten ein Anspruch auf Schadensersatz bietet. Juristen prüfen die Tatbestandsvoraussetzungen des § 823 Abs. 1 BGB in einer etwas anderen Reihenfolge, als sie im Gesetz genannt werden. Es ergibt sich dementsprechend folgendes Prüfungsschema:

- Rechtsgutsverletzung
- Verletzungshandlung
- Kausalität zwischen Verletzungshandlung und Rechtsgutsverletzung (so genannte haftungsbegründende Kausalität)
- Rechtswidrigkeit
- Verschulden
- Schaden[163]
- Kausalität zwischen Schaden und Rechtsgutsverletzung (so genannte haftungsausfüllende Kausalität)

4.19.2.1 Rechtsgutsverletzung

Rechtsgutsverletzung bedeutet, dass eines der in § 823 Abs. 1 BGB genannten Rechtsgüter verletzt sein muss. Die hier in Frage kommenden Rechtsgüter sind Leben, Körper, Gesundheit, Freiheit, Eigentum oder ein sonstiges Recht. Der Begriff „sonstiges Recht" bedeutet nicht, dass damit alle bisher noch nicht genannten Rechtsgüter erfasst werden sollen. Sonstiges Recht ist vielmehr ein Sammelbegriff für eine Vielzahl sehr unterschiedlicher Rechtsgüter, die jedoch eines gemein haben; sie sind – ähnlich wie das Eigentum - absolute Rechte. Hierzu gehören insbesondere das allgemeine Persönlichkeitsrecht[164] und Rechte, welche dem Eigentum gleichgestellt sind. Hierzu zählen beispielsweise Hypothek, Pfandrecht, Besitzrecht, Firmen- und Namensrecht, Urheberrecht und gewerbliche Schutzrechte. Zu den sonstigen Rechten im Sinne des § 823 Abs. 1 BGB gehören das Recht am eigenen Bild sowie Rechte, die dem Eigentum gleichgestellt sind, wie beispielsweise das Urheberrecht[165], das Patentrecht[166] sowie das Recht am eingerichteten und ausgeübten Geschäftsbetrieb.

---

[162] Vgl. hierzu vertiefend: Deutsch / Ahrens, Deliktsrecht, 5. Auflage, Köln 2009, Rn. 227 ff.
[163] Vgl. zu einem vorgeschädigten Opfer vertiefend: Dolff, Übungsklausur – Zivilrecht: Deliktsrecht – Die schockierte Ehefrau, JuS 2009, S. 1007 ff.
[164] Vgl. hierzu vertiefend: Ehmann, Das Allgemeine Persönlichkeitsrecht, JURA 2011, S. 437 ff.
[165] Vgl. hierzu vertiefend: Tonner / Reich, Gewerblicher Rechtsschutz und Urheberrecht – Gemeinsamkeiten und Unterschiede der einzelnen Teilgebiete, JURA 2011, S. 278 ff.
[166] Vgl. hierzu vertiefend: Tonner / Reich, Gewerblicher Rechtsschutz und Urheberrecht – Gemeinsamkeiten und Unterschiede der einzelnen Teilgebiete, JURA 2011, S. 278 ff. (283 f.)

4.19.2.2 Verletzungshandlung

Die Verletzungshandlung kann aus einem positiven Tun oder Unterlassen bestehen. Positives Tun bedeutet ein aktives Handeln. Ein Unterlassen hingegen kann nur dann eine Verletzungshandlung darstellen, wenn eine Pflicht zum Handeln besteht. Eine derartige Pflicht, die in der Praxis auch als Garantenpflicht bezeichnet wird, kann sich aus Gesetz, Vertrag, oder vorangegangenem gefährlichen Tun (so genannte Ingerenz) ergeben.

> *Beispiel:*
>
> *Der Autofahrer B fährt im Dunkeln mit seinem PKW einen Fußgänger an. Anstatt anzuhalten und dem Verletzten zu helfen, fährt B, nachdem er sich von seinem ersten Schrecken erholt hat weiter, ohne dem Verletzten zu helfen.*

In diesem Beispielfall haben wir es bei dem Anfahren des Fußgängers mit einem positiven Tun und bei dem Weiterfahren ohne zu helfen mit einem Unterlassen zu tun. Denn das Gesetz gebietet es, einem hilflosen Unfallopfer zu helfen. Das Strafgesetzbuch stellt die unterlassene Hilfeleistung in § 323c StGB sogar unter Strafe. Hat man es, wie in diesem Fall, sowohl mit einem positiven Tun als auch mit einem Unterlassen zu tun, so kann man es sich einfach machen und nur auf das positive Tun abstellen. Lediglich wenn kein positives Tun vorliegt, ist es erforderlich, sich über eine Pflicht zum Handeln - also über eine Garantenpflicht - Gedanken zu machen.

4.19.2.3 Haftungsbegründende Kausalität

Als haftungsbegründende Kausalität wird die Ursächlichkeit zwischen der Rechtsgutsverletzung und der Verletzungshandlung gesehen. Zur Ursächlichkeit gibt es in der juristischen Praxis mehrere Theorien. Die am weitesten gefasste Theorie ist die so genannte Äquivalenztheorie, die auch bisweilen als Conditio-sine-qua-non-Formel bezeichnet wird. Nach dieser Theorie ist eine Handlung immer dann kausal, wenn sie nicht hinweggedacht werden kann, ohne dass der Erfolg in seiner konkreten Gestalt entfiele. Sofern ein Unterlassen geprüft wird, ändert sich diese Formel insoweit, als sie nun lautet: Ein Unterlassen ist dann kausal, Wenn die unterlassene Handlung nicht hinzugedacht werden kann, ohne dass der Erfolg in seiner konkreten Gestalt entfiele. Da diese Formel viel zu weit gefasst ist, wird sie in der Praxis durch die so genannte Adäquanztheorie wieder eingeschränkt. Die Adäquanztheorie gilt insoweit als Korrektiv der zu weit geratenen Äquivalenzformel. Nach der Adäquanztheorie ist eine Ursächlichkeit immer dann nicht gegeben, wenn der Zusammenhang zwischen der Rechtsgutsverletzung und der Verletzungshandlung völlig außergewöhnlich bzw. unwahrscheinlich ist.

4.19.2.4 Rechtswidrigkeit

Die Rechtswidrigkeit ist im Rahmen des Deliktsrechts eher unproblematisch, da die Verletzung eines in § 823 Abs. 1 BGB genannten Rechtsguts grundsätzlich immer rechtswidrig ist. Die Rechtswidrigkeit kann allerdings ausnahmsweise ausgeschlossen sein, wenn ein anerkannter Rechtfertigungsgrund vorliegt. Derartige Rechtfertigungsgründe sind beispielsweise:

- Notwehr im Sinne des § 227 Abs. 1 BGB,
- Notstand im Sinne des § 228 BGB,
- Selbsthilferecht im Sinne des § 229 BGB,
- Angriffsnotstand im Sinne des § 904 BGB,
- Einwilligung des Verletzten in die Rechtsgutverletzung (nur bei disponiblen Rechtsgütern).

4.19.2.5 Verschulden

Die Verletzungshandlung muss auch schuldhaft geschehen sein. Insofern fragt man in diesem Prüfungspunkt nach der Verantwortlichkeit des Schädigers. Im Rahmen des Verschuldens kann nach Vorsatz und Fahrlässigkeit unterschieden werden. Oftmals muss dieser Prüfungspunkt allerdings nicht sehr ausführlich behandelt werden, da ähnlich wie bei der Rechtswidrigkeit die Rechtsgutverletzung eines der in § 823 Abs. 1 BGB genannten Rechtsgüter gewöhnlich schuldhaft ist. Ein Verschulden kommt immer dann nicht in Betracht, wenn sich aus dem Sachverhalt ein Entschuldigungsgrund aufdrängt.

4.19.2.6 Schaden

Es genügt nicht, im Rahmen des Deliktsrechts nur eine Rechtsgutverletzung ausfindig zu machen; vielmehr muss auch ein ersatzfähiger Schaden eingetreten sein. Ermittelt wird der Schaden gewöhnlich nach der von Mommsen begründeten Differenzhypothese. Hiernach liegt ein Vermögensschaden immer dann vor, wenn der derzeitige Wert des Vermögens niedriger ist als der Wert, welchen das Vermögen ohne das Ereignis haben würde, welches die Ersatzpflicht ausgelöst hat.[167]

---

[167] Vgl. hierzu vertiefend: Mohr, Berechnung des Schadens nach der Differenzhypothese, JURA 2010, S. 327 ff.

4.19.2.7 Haftungsausfüllende Kausalität

Nachdem oben bereits bei der haftungsbegründenden Kausalität nach der Ursächlichkeit zwischen Verletzungshandlung und Rechtsgutverletzung gefragt worden war, muss nunmehr bei der haftungsausfüllende Kausalität die Ursächlichkeit zwischen der Rechtsgutverletzung und dem Schaden geprüft werden. Um in diesem Lehrbuch Wiederholungen zu den Kausalitätstheorien zu vermeiden, wird auf die Ausführungen zu den Theorien im Prüfungspunkt der „haftungsbegründenden Kausalität" verwiesen.

> *Beispiel:*
>
> *Autofahrer A fährt mit seinem Pkw gegen die Heckstoßstange vom Pkw des B. Allerdings fährt B ein 17 Jahre altes, völlig verbeultes Auto, bei dem die Stoßstange bereits vor dem Unfall vollkommen zerkratzt und verbeult war.*

Wenn bei diesem Beispielfall im Rahmen der haftungsausfüllenden Kausalität nach der Ursächlichkeit zwischen Rechtsgutverletzung und Schaden gefragt wird, so kommt man zu dem Ergebnis, dass die Kosten für eine komplett neue Stoßstange zumindest nicht vollständig ursächlich auf die Rechtsgutverletzung – nämlich das Fahren gegen die Stoßstange - zurückzuführen sind. In derartigen Fällen wird dementsprechend nicht der volle Geldbetrag für eine neue Stoßstange ersetzt, sondern lediglich ein angemessener geringerer Betrag für die Beschädigung der stark vorgeschädigten Stoßstange.

4.19.3 Schadensersatz nach § 823 Abs. 2 BGB

Es ist wichtig zu wissen, dass das Vermögen selbst nicht zu den Rechten im Sinne des § 823 Abs. 1 BGB gehört; insbesondere zählt es nicht zu den sonstigen Rechten im Sinne des § 823 BGB. Zwar geht in der Praxis oftmals ein Vermögensschaden mit der Verletzung von den in § 823 Abs. 1 BGB genannten Rechtsgütern einher, doch gibt es auch Fälle, bei denen neben dem schlichten Vermögensschaden keines der in § 823 Abs. 1 BGB genannten Rechtsgüter verletzt worden ist.

Beispiel:

A möchte ein Popkonzert seiner Lieblings-Band besuchen. Allerdings ist er nicht gewillt, hierfür den Eintrittspreis von 25 € zu bezahlen. Aus diesem Grunde schmuggelt er sich in die Stadthalle, in welcher das Konzert stattfinden soll. Da alle zahlenden Gäste mittels eines Stempels gekennzeichnet worden sind, fällt der A beim Verlassen des Konzertes als nicht zahlender Gast auf. Der Veranstalter V fordert von A Schadensersatz.

Dieser Beispielfall bietet die Möglichkeit, Ansprüche aus unterschiedlichen Paragraphen des BGB geltend zu machen. Betrachtet man isoliert die Möglichkeit eines Schadensersatzanspruchs aus § 823 Abs. 1 BGB, so fällt auf, dass keines der dort aufgeführten Rechtsgüter verletzt worden ist. Weder das Rechtsgut „Leben", noch die übrigen Rechtsgüter Körper, Gesundheit, Freiheit, Eigentum oder sonstiges Recht des Veranstalters sind hier durch A widerrechtlich verletzt worden. Es ist dem V durch das Verhalten des A lediglich ein Vermögensschaden in Form des entgangenen Gewinns entstanden. Insofern wäre § 823 Abs. 1 BGB als Anspruchsgrundlage für einen Schadensersatzanspruch gegen A nicht anwendbar. In derartigen Fällen bietet es sich an, den Anspruch nicht auf § 823 Abs. 1 BGB sondern auf § 823 Abs. 2 BGB zu stützen; denn dieser Paragraph ist eine eigenständige Anspruchsgrundlage. Anknüpfungspunkt für den § 823 Abs. 2 BGB ist nicht wie in § 823 Abs. 1 BGB die Verletzung von bestimmten Rechtsgütern, sondern die Verletzung einer Rechtsnorm, welche dem Schutz des einzelnen Geschädigten dient. Nach § 823 Abs. 2 BGB trifft die Vorschrift zum Schadensersatz nämlich denjenigen, welcher gegen ein, den Schutz eines anderen bezweckendes Gesetz verstößt. Unter Schutzgesetz im Sinne dieses Paragraphen wird jede einzelne Rechtsnorm verstanden, die dem Einzelnen einen Schutz vor Verletzungen seiner Rechtsgüter oder seiner rechtlichen Interessen gewährleisten soll. Hierzu gehören beispielsweise viele Vorschriften des Strafgesetzbuchs (StGB), Teile des Arznei- und Lebensmittelrechts, der Bebauungsvorschriften, des Straßenverkehrsrechts, des Jugend- und Mutterschutzes, der polizeilichen Vorschriften, des Datenschutzes sowie des Wettbewerbs- und des Urheberrechts. Damit der Geschädigte einen Schadensersatzanspruch aus § 823 Abs. 2 BGB geltend machen kann, muss der Schädiger rechtswidrig und schuldhaft ein derartiges Schutzgesetz verletzt haben.

Im oben genannten Beispielfall hat A sich den Zutritt zu dem Popkonzert erschlichen. Er hat damit gegen den § 265a des Strafgesetzbuchs (StGB) verstoßen. Diese Vorschrift des Strafgesetzbuchs sieht nämlich vor, dass Personen, welche sich die Leistung eines Automaten oder eines öffentlichen Zwecken dienenden Telekommunikationsnetzes, die Beförderung durch ein Verkehrsmittel oder den Zutritt zu einer Veranstaltung oder einer Einrichtung in der Absicht erschleichen, das Entgelt nicht zu entrichten, mit Freiheitsstrafe bis zu einem Jahr oder mit Geldstrafe bestraft werden können, wenn die Tat nicht in anderen Vorschriften mit schwererer Strafe bedroht ist. Dieser Tatbestand des Strafgesetzbuchs, welcher das Erschleichen von Leistungen sanktioniert, ist zugleich auch ein Schutzgesetz im Sinne des BGB. Gegen dieses hat A verstoßen, indem er sich in die Veranstaltung geschmuggelt hat. Somit hat V gegen A einen Anspruch auf Schadensersatz aus § 823 Abs. 2 BGB in Verbindung mit § 265a StGB.

4.19.4 Weitere spezielle Haftungstatbestände

Neben den oben genannten Anspruchsgrundlagen existieren noch einige spezielle Haftungstatbestände, wie beispielsweise die Haftung des Aufsichtspflichtigen nach § 832 BGB, die Haftung des Tierhalters nach § 833 BGB[168], die Haftung des Tieraufse-

---

[168] Vgl. hierzu vertiefend: Deutsch / Ahrens, Deliktsrecht, 5. Auflage, Köln 2009, Rn. 533 ff.

hers nach § 834 BGB, die Haftung des Grundstücksbesitzers nach § 836 BGB, die Haftung des Gebäudebesitzers nach § 837 BGB, die Haftung von Beamten nach § 839 BGB.

4.19.4.1 Haftung des Aufsichtspflichtigen

Beispiel:

Das Kind K ist fast sechs Jahre alt und lernt gerade ohne Stützräder Fahrrad zu fahren. Die Mutter beaufsichtigt dies gerade, als das Telefon klingelt. Die Mutter geht für zwei Minuten ins Haus. Als sie wieder herauskommt, war das Kind mit der Lenkstange gerade am PKW des Nachbarn entlang geschrammt und hat dadurch den Lack des PKW erheblich zerkratzt. Das Kind hat selbst kein nennenswertes Vermögen und ist aufgrund des § 828 Abs. 1 BGB wegen seines geringen Alters ohnehin nicht zum Schadensersatz verpflichtet. Kann der Nachbar von der Mutter Schadensersatz verlangen? Hätte sich etwas am Ergebnis geändert, wenn die Mutter nicht ins Haus gegangen wäre und sich der Unfall trotzdem ereignet hätte?

Das Bürgerliche Gesetzbuch hat mit dem § 832 BGB Regelungen normiert, welche die Haftung von Aufsichtspflichtigen näher darstellen. Diese Vorschrift lautet:

§ 832 BGB Haftung des Aufsichtspflichtigen

(1) Wer kraft Gesetzes zur Führung der Aufsicht über eine Person verpflichtet ist, die wegen Minderjährigkeit oder wegen ihres geistigen oder körperlichen Zustands der Beaufsichtigung bedarf, ist zum Ersatz des Schadens verpflichtet, den diese Person einem Dritten widerrechtlich zufügt. Die Ersatzpflicht tritt nicht ein, wenn er seiner Aufsichtspflicht genügt oder wenn der Schaden auch bei gehöriger Aufsichtsführung entstanden sein würde.

(2) Die gleiche Verantwortlichkeit trifft denjenigen, welcher die Führung der Aufsicht durch Vertrag übernimmt.

Im vorliegenden Beispielfall kann der Nachbar von der Mutter Schadensersatz verlangen, weil sie das Kind allein gelassen hat und zum Telefonieren in das Haus gegangen ist. Das Verschulden der Mutter besteht also in einer Aufsichtspflichtverletzung. Vom Kind selbst kann der Nachbar nach § 823 BGB keinen Schadensersatz fordern, da das Kind noch nicht das siebente Lebensjahr vollendet hat und deshalb nach § 828 Abs. 1 BGB für Schäden, die es anderen zufügt noch nicht verantwortlich ist. Wäre – entsprechend der Fallabwandlung – die Mutter nicht ins Haus gegangen. sondern hätte das Kind beaufsichtigt und der Unfall wäre trotzdem geschehen, so läge keine Aufsichtspflichtverletzung vor und die Mutter müsste nicht haften.

4.19.4.2 Sittenwidrige vorsätzliche Schädigung

Eine weitere spezielle Anspruchsgrundlage im Rahmen des Deliktsrechts ist der § 826 BGB. Diese Vorschrift regelt die Ansprüche bei vorsätzlicher sittenwidriger Schädigung. Anders als in den beiden Anspruchsgrundlagen des § 823 BGB ist im Rahmen des § 826 BGB weder die Verletzung eines Rechtsguts noch der Verstoß gegen ein Schutzgesetz erforderlich. Stattdessen ist der Anknüpfungspunkt dieser Norm die vorsätzliche Schädigung eines anderen. Der Gesetzestext lautet:

> § 826 BGB Sittenwidrige vorsätzliche Schädigung
>
> Wer in einer gegen die guten Sitten verstoßenden Weise einem anderen vorsätzlich Schaden zufügt, ist dem anderen zum Ersatze des Schadens verpflichtet.

Die erste Tatbestandsvoraussetzung des § 826 BGB ist also das Zufügen eines Schadens. Zweite Voraussetzung des Anspruchs ist, dass gegen die guten Sitten verstoßen worden ist. Diese vom Gesetzgeber sehr offen gewählte Formulierung bringt es mit sich, dass der Begriff „gute Sitten" näher erörtert werden muss. Dieser Bewertungsmaßstab ist dem gesellschaftlichen Wandel unterworfen und ergibt sich gewöhnlich aus einer Wechselbeziehung, welche zwischen rechtlichen Grundsätzen und außerrechtlichen Wertentscheidungen liegt. Als dritte Tatbestandsvoraussetzung muss geprüft werden, ob der Täter mit dem Vorsatz gehandelt hat, einem anderen Menschen einen Nachteil zuzufügen. Die daraufhin eintretende Rechtsfolge dieser Vorschrift ist sehr weit gefasst. So werden im Rahmen des § 826 BGB - im Gegensatz zu § 823 Abs. 1 BGB - auch reine Vermögensschäden ersetzt. In der Praxis kommen Ansprüche aus vorsätzlicher sittenwidriger Schädigung insbesondere zur Anwendung bei Fällen der arglistigen Täuschung, bei der Verleitung zu Vertragsbrüchen, bei bewussten Falschauskünften und beim Missbrauch einer wirtschaftlichen Machtstellung.

Beispiel:

> Der Gebrauchtwagenhändler H hat dem A einen seltenen Oldtimer für 30.000 Euro verkauft. A möchte den Wagen eine Woche nach Vertragsschluss abholen und bezahlen. Der Mechanikermeister M, der als Selbständiger oftmals für H Reparaturen durchführt, erfährt von dem Vertrag zwischen A und H. Da M selbst bereits seit Jahren einen solchen Oldtimer sucht und sogar bereit ist einen höheren Geldbetrag dafür auszugeben, fordert er von H, ihm den Oldtimer für 33.000 Euro zu überlassen. Andernfalls droht er mit dem Abbruch der langjährigen Geschäftsbeziehungen. H hat zunächst Gewissensbisse, verkauft und übereignet dann jedoch unter dem Druck des M den Wagen an M; zumal dieser ja 3.000 Euro mehr als A zahlt. Als A von diesem Vorgehen erfährt ist er empört und fragt sich, welche rechtlichen Möglichkeiten er hat.

Sofern im vorliegenden Beispielfall dem A ein Schaden entstanden ist, kann er versuchen, diesen geltend zu machen. Ein solcher Schaden könnte beispielsweise darin bestehen, dass er nunmehr einen vergleichbaren Oldtimer derselben Marke anderswo zu einem höheren Preis kaufen muss. Dann bestünde sein Schaden in dem Differenzbetrag zwischen den 30.000 Euro und dem teureren Kaufpreis anderswo. Diesen Anspruch könnte er gegen M geltend machen, da dieser den H zu einem Vertragsbruch verleitet und den Oldtimer in vollem Bewusstsein, dass der H bereits mit A einen

Kaufvertrag geschlossen hatte, selbst gekauft hat. Der Vertragsschluss zwischen M und H für sich alleine betrachtet genügt jedoch noch nicht. Schließlich binden Verträge nur die betreffenden Vertragsparteien. Eine dritte Person – wie der M – müssten sich grundsätzlich nicht darum kümmern, ob der Verkäufer bereits mit anderen Personen einen Vertrag eingegangen ist. Doch im vorliegenden Beispielfall hat der M aktiv darauf hingewirkt, dass der H seinen Vertrag mit A bricht und ihm sogar mit Abbruch der langjährigen Geschäftsbeziehungen gedroht, sollte er ihm den Wagen nicht verkaufen. Insofern kann man daraus sowohl auf einen subjektiven Schädigungsvorsatz des M, als auch einen Vorsatz bezüglich sittenwidrigen Verhaltens schließen. Somit hat A gegen M einen Anspruch auf Schadensersatz gemäß § 826 BGB. Da in der Bundesrepublik Deutschland Schadensersatz grundsätzlich auf Naturalrestitution, also Wiederherstellung des Zustands vor dem schädigenden Verhalten, abzielt, kann A von M unter Umständen auch die Herausgabe des Oldtimers als Schadensersatz verlangen.

4.19.4.3 Haftung des Tierhalters

Die Haftung des Tierhalters ist in § 833 BGB normiert. Sie ist als eine Gefährdungshaftung ausgestaltet. Im Rahmen der Haftung kommt es hierbei also nicht auf ein Verschulden des Tierhalters an, sondern es wird auf die Gefährlichkeit des Tieres abgestellt. Der Begriff des Tierhalters ist hierbei sehr weit gefasst. Gemeint ist nicht nur der Eigentümer eines Tieres, sondern jeder, der ein Tier im eigenen Interesse hält oder sogar ein Tieraufseher. Die derart strenge Haftung des Tierhalters hat ihre Ursache in der Unberechenbarkeit des Verhaltens von Tieren und der damit verbundenen Gefahr.[169] Wird ein Tier jedoch nicht als Luxus- bzw. Prestigeobjekt, sondern zu Erwerbszwecken gehalten, so hat der Tierhalter nach § 833 Satz 2 BGB die Möglichkeit, von der Haftung befreit zu werden, wenn er bei der Führung der Aufsicht über das Tier, die im Verkehr erforderliche Sorgfalt beobachtet oder wenn der Schaden auch bei Anwendung dieser Sorgfalt entstanden sein würde.[170]

4.19.4.4 Haftung des Grundstücksbesitzers

Auch die Haftung des Grundstücksbesitzers bzw. des Gebäudebesitzers im Sinne der §§ 836 bis 838 BGB ist als Gefährdungshaftung ausgestaltet. Die genannten Vorschriften führen dazu, dass der Besitzer eines Grundstückes die Schäden, welche durch einen möglichen Einsturz des Gebäudes bzw. durch die Ablösung von Teilen des Gebäudes entstehen, zu ersetzen hat. Nach § 836 Abs. 1 Satz 2 BGB tritt die Ersatzpflicht nicht ein, wenn der Besitzer zum Zweck der Abwendung der Gefahr die im Verkehr erforderliche Sorgfalt beobachtet.

---

[169] Vgl. Palandt / Sprau, Bürgerliches Gesetzbuch, Kommentar, 70. Auflage, München 2011, § 833 Rn. 1.
[170] Vgl. zur Entlastungsmöglichkeit des Tierhalters vertiefend: BGH, Urt. Vom 21.12.2010, VI ZR 312/09 mit Anmerkungen von Haack, RÜ 2011, S. 211 ff.

4.19.4.5 Amtshaftung

Beispiel:

A geht in der Stadt spazieren. Zur selben Zeit verfolgt Polizist P einen flüchtenden Ladendieb, den er auf frischer Tat gestellt hat. Mitten in der Fußgängerzone voller Passanten schießt der Polizeibeamte P auf den Dieb. Er verfehlt ihn und trifft stattdessen mit dem Schuss den Arm des A. Hat A Anspruch auf Schadensersatz?

Der vorliegende Fall könnte nach den Regelungen der Amtshaftung zu beurteilen sein. Die Amtshaftung ist in § 839 BGB in Verbindung mit Art. 34 des Grundgesetzes (GG) geregelt. Der § 839 BGB stellt eine Spezialvorschrift zu den §§ 823 ff. BGB dar. Diese werden gewöhnlich von ihm verdrängt. Voraussetzung für diesen Anspruch ist, dass ein Beamter vorsätzlich oder fahrlässig die ihm einem Dritten gegenüber obliegende Amtspflicht verletzt hat. Der Dritte hat über die Anspruchsgrundlage des § 839 BGB die Möglichkeit, den ihm daraus entstehenden Schaden ersetzt zu verlangen. Anspruchsgegner des Geschädigten wird in der Praxis gewöhnlich der Staat sein. Denn Art. 34 GG führt zu einer Verlagerung der Haftung auf den Staat. Sinn dieser Haftungsverlagerung ist es, die Entscheidungsfreudigkeit der Beamten nicht dadurch zu blockieren, dass sie bei jedem Handeln befürchten müssen, in Haftung genommen zu werden. Aus diesem Grunde trägt gewöhnlich bei Fahrlässigkeitstaten der Staat die Haftung. Lediglich bei Vorsatztaten kann ein Rückgriff des Staates auf den Beamten genommen werden.

Im vorliegenden Fall hätte der Polizeibeamte P in der Fußgängerzone wegen der Verletzungsgefahr anderer Personen nicht schießen dürfen. Er hat somit eine Amtspflicht gegenüber dem A verletzt. Wegen des daraus entstehenden Schadens, hier also Behandlungskosten und gegebenenfalls Ersatz der beschädigten Kleidung des A, hat der geschädigte A gewöhnlich einen Anspruch gegen den Staat oder die Körperschaft, in deren Dienst der beamtete Schädiger steht. In Deutschland ist Polizei Ländersache. Dementsprechend wäre in diesem Beispielfall nach Art. 34 GG das Bundesland, in welchem der P seinen Polizeidienst versieht, als Anspruchsgegner des A anzusehen und hätte ihm den entstandenen Schaden zu ersetzen.

4.19.5 Schmerzensgeld

Das Bürgerlichen Gesetzbuch enthält mit § 253 BGB eine Vorschrift, die dem Schädiger sowohl im Falle einer unerlaubten Handlung im Sinne des § 823 BGB als auch in anderen „durch das Gesetz bestimmten Fällen" die Möglichkeit gibt, Ersatz für immateriellen Schaden zu verlangen. Unter dem Begriff „Ersatz für immateriellen Schaden" ist das so genannte Schmerzensgeld zu verstehen. Schmerzensgeld kann in der deutschen Rechtsordnung - wegen der Formulierung des § 253 BGB, welche immateriellen Schaden auch in anderen durch das Gesetz bestimmten Fällen zulässt - nicht nur bei Vorliegen einer unerlaubten Handlung verlangt werden, sondern auch dann, wenn aufgrund von Gefährdungstatbeständen - wie beispielsweise dem § 8 des Produkthaftungsgesetzes (ProdHaftG) oder dem § 11 des Straßenverkehrsgesetzes (StVG) - der Ersatz immateriellen Schadens vorgesehen ist. Die Höhe des Schmerzensgeldanspruchs kann anhand der ADAC-Schmerzensgeldtabelle annähernd ermittelt werden. Es handelt sich hierbei zwar nicht um eine verbindliche Tabelle, doch orientieren sich in der Praxis die meisten Gerichte an diesem Regelwerk. Die ADAC Schmerzensgeldtabelle ist eine Übersicht, über die gesammelten Schmerzensgeldurteile des vergangenen Jahres und kann dementsprechend als Anhaltspunkt für eigene Schmerzensgeldforderungen dienen. Gerade weil es schwer ist Schmerzensgeldansprüche genau zu beziffern, lässt das deutsche Prozessrecht bei Klagen auf Schmerzensgeld – anders als bei den übrigen Klagen, bei welchen die Klageforderungen genau zu beziffern sind – zu, dass der Geschädigte lediglich eine ungefähre Größenordnung des Schmerzensgeldes im Rahmen seiner Klageschrift angibt und die genaue Höhe in das Ermessen des Gerichtes stellt.

4.19.6 Produkthaftung / Produzentenhaftung

In Deutschland gibt es bei Schäden, die jemand durch ein fehlerhaftes Produkt erleidet, ein Nebeneinander von zwei Anspruchsvoraussetzungen. Man kann die Schäden entweder nach der Produzentenhaftung im Sinne des § 823 Abs. 1 BGB oder nach § 1 des Produkthaftungsgesetzes (ProdHaftG) ersetzt bekommen.

> Beispiel:
>
> A hat sich einen PKW gekauft. Bei seiner ersten Autobahnfahrt versagen die Bremsen. Der Wagen fährt gegen die Leitplanke und überschlägt sich. A überlebt schwer verletzt den Unfall und ist den Rest seines Lebens auf einen Rollstuhl angewiesen. Darüber hinaus befand sich ein Laptop im Wert von 1000 Euro im Auto, der durch den Unfall zerstört wurde.

4.19.6.1 Produzentenhaftung

Die Produzentenhaftung wird gewöhnlich gestützt auf § 823 Abs. 1 BGB und ist eine besondere Haftung wegen der Verletzung von Verkehrssicherungspflichten. Denn wer ein Produkt oder ein Teil eines Produktes herstellt, hat dies so vorzunehmen, dass der Verwender des Produktes im Rahmen seiner Nutzung nicht zu Schaden kommt.[171] Hat der Hersteller eines Produktes oder Teilproduktes vorsätzlich oder fahrlässig eine solche Verkehrssicherungspflicht verletzt, so ist er zum Schadensersatz verpflichtet.

---

[171] Vgl. zur Vertiefung: BGH-Urteil vom 16.12.2008 – VI ZR 170/07, mit Anmerkung von Faust, JuS 2009, S. 377 ff.

Typische Verkehrssicherungspflichten des Herstellers sind die Pflicht zur fehlerfreien Konstruktion, die Pflicht zur fehlerfreien Fabrikation, die Pflicht zur korrekten Instruktion und die Pflicht zur Produktbeobachtung. Gewöhnlich ist der Geschädigte bei Schadensersatzprozessen in einer schlechten Rechtsposition. Grundsätzlich muss der Geschädigte nämlich alle für seinen Anspruch erforderlichen Tatbestände beweisen. Die Produzentenhaftung macht es dem Geschädigten durch eine Umkehr der Beweislast leicht. Entgegen den allgemeinen Grundsätzen der Beweislastverteilung muss der Geschädigte nur beweisen, dass er durch ein Produkt geschädigt worden ist. Die Verkehrspflichtverletzung des Herstellers muss er nicht mehr beweisen. Hier greift eine Beweislastumkehr, die dazu führt, dass nun der Hersteller als Anspruchsgegner beweisen muss, dass er keine Verkehrssicherungspflicht verletzt hat und ihn deshalb kein Verschulden trifft. Kurz gesagt: Das Verschulden des Herstellers wird solange vermutet, bis er das Gegenteil beweisen kann. An diesen Gegenbeweis werden sehr hohe Anforderungen gestellt, so dass er in der Praxis dem Hersteller oftmals misslingt. Sofern der Hersteller allerdings nachweisen kann, dass ihn kein Verschulden trifft, so braucht er nicht zu haften und es wird bei dem schadensauslösenden Produkt von einem so genannten „Ausreißer" gesprochen.

4.19.6.2 Produkthaftungsgesetz

Eine andere Möglichkeit, Schäden die durch fehlerhafte Produkte verursacht werden ersetzt zu bekommen, bietet das Produkthaftungsgesetz. Es ist aufgrund einer europäischen Richtlinie in nationales Recht umgesetzt worden, so dass heutzutage in Europa ein nahezu ähnliches Schutzniveau im Rahmen von durch schadhafte Produkte verursachten Schäden gegeben ist. Anders als die Produzentenhaftung des § 823 Abs. 1 BGB ist die Haftung nach dem Produkthaftungsgesetz verschuldensunabhängig. Gerade wegen der Verschuldensunabhängigkeit des Anspruchs sieht das Gesetz etliche Haftungsausschlüsse bzw. Haftungsreduzierungen vor. Nach § 1 Abs. 1 des Produkthaftungsgesetzes (ProdHaftG) hat der Hersteller eines Produktes dem Geschädigten den entstehenden Schaden zu ersetzen, wenn durch den Fehler eines Produktes jemand getötet, sein Körper oder seine Gesundheit verletzt oder eine Sache beschädigt wird. Als Produkt im Sinne des Produkthaftungsgesetzes gilt nach § 2 ProdHaftG jede bewegliche Sache, auch wenn sie ein Teil einer anderen beweglichen Sache oder einer unbeweglichen Sache bildet, sowie Elektrizität. Das Produkthaftungsgesetz verfügt über einen breiten Fehlerbegriff sowie einen breiten Herstellerbegriff. Fehler im Sinne des Gesetzes ist nach § 3 Abs. 1 ProdHaftG, wenn das Produkt nicht die Sicherheit bietet, die unter Berücksichtigung aller Umstände erwartet werden kann. Derartige Umstände sind insbesondere die Darbietung des Produktes, der Gebrauchs mit dem üblicherweise gerechnet werden kann und der Zeitpunkt, in dem es in den wirtschaftlichen Verkehr gebracht wurde. Der § 4 des Produkthaftungsgesetzes sieht einen sehr weiten Herstellerbegriff vor. Diese Vorschrift lautet:

Besonderes Schuldrecht

> § 4 ProdHaftG Hersteller
>
> *(1) Hersteller im Sinne dieses Gesetzes ist, wer das Endprodukt, einen Grundstoff oder ein Teilprodukt hergestellt hat. Als Hersteller gilt auch jeder, der sich durch das Anbringen seines Namens, seiner Marke oder eines anderen unterscheidungskräftigen Kennzeichens als Hersteller ausgibt.*
>
> *(2) Als Hersteller gilt ferner, wer ein Produkt zum Zwecke des Verkaufs, der Vermietung, des Mietkaufs oder einer anderen Form des Vertriebs mit wirtschaftlichem Zweck im Rahmen seiner geschäftlichen Tätigkeit in den Geltungsbereich des Abkommens über den Europäischen Wirtschaftsraum einführt oder verbringt.*
>
> *(3) Kann der Hersteller des Produktes nicht festgestellt werden, so gilt jeder Lieferant als dessen Hersteller, es sei denn, dass er dem Geschädigten innerhalb eines Monats, nachdem ihm dessen diesbezügliche Aufforderung zugegangen ist, den Hersteller oder diejenige Person benennt, die ihm das Produkt geliefert hat. Dies gilt auch für ein eingeführtes Produkt, wenn sich bei diesem die in Absatz 2 genannte Person nicht feststellen lässt, selbst wenn der Name des Herstellers bekannt ist.*

Das Produkthaftungsgesetz kennt jedoch auch gravierende Einschränkung der Haftung. So findet sich die erste Einschränkung bereits in § 1 Abs. 1 Satz 2 ProdHaftG. Diese Vorschrift sieht vor, dass im Falle der Sachbeschädigung ein Schadensersatz nur zu zahlen ist, wenn eine andere Sache als das fehlerhafte Produkt beschädigt wird und diese andere Sache ihrer Art nach gewöhnlich für den privaten Gebrauch oder Verbrauch bestimmt und hierzu von dem Geschädigten hauptsächlich verwendet worden ist. Durch diesen Haftungsausschluss soll erreicht werden, dass die verschuldensunabhängige Haftung lediglich Endverbrauchern und keinen Unternehmern zugute kommt. Eine weitere Haftungsreduzierung findet sich in § 11 ProdHaftG. Diese Vorschrift sieht vor, dass im Falle einer Sachbeschädigung der Geschädigte einen Schaden bis zu einer Höhe von 500 € selbst zu tragen hat. Insgesamt wird der verschuldensunabhängige Schadensersatz durch § 10 ProdHaftG im Falle von Personenschäden durch ein Produkt oder gleiche Produkte mit demselben Fehler auf einen Höchstbetrag von 85 Millionen € beschränkt. Wird dieser Höchstbetrag bei mehreren Geschädigten überschritten, so verringern sich die einzelnen Entschädigungen in dem Verhältnis, in dem ihr Gesamtbetrag zu dem Höchstbetrag steht.

Nach § 12 ProdHaftG verjährt ein Schadensersatzanspruch nach dem Produkthaftungsgesetz in drei Jahren. Die Verjährungsfrist beginnt von dem Zeitpunkt an, in welchem der Ersatzberechtigte von dem Schaden, dem Fehler und von der Person des Ersatzpflichtigen Kenntnis erlangt hat. Sofern er keine Kenntnis hat, von dem Zeitpunkt an, an welchem er hätte Kenntnis erlangt haben müssen. Insgesamt erlischt der Anspruch zehn Jahre nach dem Zeitpunkt, in welchem der Hersteller das Produkt, welches den Schaden verursacht hat, in den wirtschaftlichen Verkehr gebracht hat. Anhängige Klagen bzw. Mahnverfahren sind allerdings in der Lage, den Ablauf dieser Frist zu hemmen. Sowohl die Produzentenhaftung als auch das Produkthaftungsgesetz stehen in Deutschland den Geschädigten nebeneinander zur Verfügung. Insofern ist in der Praxis oftmals festzustellen, dass die Anwälte der Geschädigten zunächst

4.19 Unerlaubte Handlung

versuchen, über das verschuldensunabhängige Produkthaftungsgesetz einen Großteil des Schadensersatzes zu erlangen. Die Kostenpositionen, welche beispielsweise durch die Haftungsausschlüsse nicht durch den verschuldensunabhängigen Anspruch realisiert werden können, können dann versucht werden über die Produzentenhaftung im Sinne des § 823 Abs. 1 BGB zu realisieren. Diese Anspruchsgrundlage setzt allerdings ein Verschulden des Herstellers voraus.

Im Rahmen des oben genannten Beispielfalles hat A gegenüber dem Hersteller des PKW aus dem Produkthaftungsgesetz nach § 1 Abs. 1 ProdHaftG in Verbindung mit §§ 8 und 9 ProdHaftG einen Anspruch auf Ersatz seiner Behandlungskosten sowie auf Ersatz des Nachteils, der ihm dadurch entsteht, dass infolge der Verletzung zeitweise oder dauernd seine Erwerbstätigkeit aufgehoben oder gemindert ist. Da er nach dem Unfall auf den Rollstuhl angewiesen ist, kann er darüber hinaus auch für die vermehrten Kosten bzw. Bedürfnisse die für einen behindertengerechten Umbau seiner Lebensumgebung notwendigen Kosten sowie für die erlittenen Schmerzen (Schaden, der nicht Vermögensschaden ist) eine angemessene Entschädigung in Geld verlangen. Der Schaden an dem fehlerhaften PKW selbst, wird – auch wenn es sich um einen privat genutzten Pkw handelt – wegen § 1 Abs. 1 Satz 2 ProdHaftG nicht ersetzt, da es sich bei dem Pkw um das fehlerhafte Produkt selbst handelt. Für den bei dem Unfall zerstörten Laptop erhält A nach dem Produkthaftungsgesetz lediglich 500 €, da er gemäß § 11 ProdHaftG bei Sachschäden einen Schaden bis zu einer Höhe von 500 € selbst zu tragen hat. Alle Schadenspositionen, welche A über das Produkthaftungsgesetz nicht erhalten konnte, kann er auf der Grundlage der Produzentenhaftung nach § 823 Abs. 1 BGB versuchen geltend zu machen. Der Erfolg dieses Anspruchs setzt allerdings voraus, dass dem Hersteller des Pkw ein Verschulden nachgewiesen werden kann.

5 Sachenrecht

Das Sachenrecht befindet sich im dritten Buch des BGB.[172] Doch auch wenn das Sachenrecht in seinen wesentlichen Grundzügen in den §§ 854 bis 1296 BGB festgelegt ist, so finden sich auch gesetzliche Regelungen zum Sachenrecht in den Vorschriften der übrigen Bücher des BGB, wie z.B. in den §§ 90 ff. BGB, sowie in anderen Gesetzen, wie beispielsweise dem Wohnungseigentumsgesetz (WEG). Regelungsgehalt des Sachenrechts sind die Beziehungen zwischen Personen und Sachen. Hierbei werden insbesondere die Pflichten bzw. Befugnisse der Personen dargestellt, sowie die Änderung von Rechten an Sachen normiert. Aus diesem Grund werden im Sachenrecht beispielsweise Themenbereiche wie Eigentum, Besitz, die Rechte an Grundstücken sowie Sicherungsmittel wie Hypothek und Grundschuld geregelt. Die für die Praxis des Sachenrechts wichtigsten Begriffe, sind die des Eigentums und des Besitzes. Sie zählen zu den dinglichen Rechten und damit zu den absoluten Rechten. Anders als im Schuldrecht oder auch im Schadensersatzrecht, wo das Bürgerliche Gesetzbuch gewöhnlich relative Rechte beschreibt, welche lediglich zwischen den Vertragsparteien bzw. zwischen dem Schädiger und dem Geschädigte bestehen, handelt es sich bei den sachenrechtlichen dinglichen Rechten um absolute Rechte, die ihre Wirkung automatisch gegenüber jedermann entfalten.

5.1 Grundlagen und Grundprinzipien

5.1.1 Prinzip des Typenzwangs

Anders als im Schuldrecht, in welchem Vertragsfreiheit vorherrscht, besteht im Sachenrecht ein so genannter Typenzwang.[173] Dies bedeutet, dass lediglich die im BGB genannten dinglichen Rechte zulässig sind.[174] Dementsprechend dürfen vertraglich keine anderen als die im Gesetz normierten dinglichen Rechte vereinbart werden. Unter einem dinglichen Recht versteht man das Recht einer Person, unmittelbare Herrschaft über eine Sache ausüben zu können. Zu den dinglichen Rechten gehören beispielsweise: Besitz, Eigentum, Anwartschaftsrecht, Hypothek, Grundschuld, Erb-

---

[172] Vgl. hierzu vertiefend: Schreiber, Die Grundprinzipien des Sachenrechts, JURA 2010, S. 272 ff.
[173] Vgl. Wilhelm, Sachenrecht, 4. Auflage, Berlin 2010, Rn. 13.
[174] Vgl. Schapp / Schur, Sachenrecht, 4. Auflage, München 2010, Rn. 6 f.

baurecht, Nießbrauch sowie das Pfandrecht. Wegen der abschließenden Gesetzesregelung, die zu einer Begrenzung der dinglichen Rechte führt, spricht man auch vom so genannten „numerus clausus" der Sachenrechte. Hand in Hand mit dem im Sachenrecht festgeschriebenen Typenzwang geht auch der Grundsatz, dass die dinglichen Rechte nur in der Form begründet und übertragen werden können, wie sie im Gesetz geregelt sind. Der Typenzwang führt also sowohl in der Einschränkung der Sachenrechtstypen als auch in der Möglichkeit ihrer Begründung und Übertragung zu einer Einschränkung der Vertragsfreiheit.

5.1.2 Publizitätsprinzip

Da es sich bei den im Sachenrecht normierten Rechten um so genannte dingliche Rechte handelt, welche automatisch gegenüber jedermann wirken sollen, muss für Außenstehende auch eine Erkennbarkeit dieser Rechte bestehen. Denn nur wenn Außenstehende die Möglichkeit haben, zu erkennen, dass ein Recht auf jemand anderen übergeht, kann der neue Rechtsinhaber davon ausgehen, dass das dingliche Recht nun von Dritten zu seinen Gunsten respektiert wird. Diese Erkennbarkeit versucht der Gesetzgeber dadurch zu erreichen, dass er die Übertragung dinglicher Rechte und deren Existenz an äußerlich erkennbare Kriterien knüpft. Bei beweglichen Gegenständen, welche nach § 929 BGB durch Einigung und Übergabe übertragen werden, ist es das äußerlich erkennbare Kriterium des Besitzes; bei Immobilien, welche durch Einigung und Eintragung übertragen werden, ist das äußerlich erkennbare Kriterium nach § 873 BGB die Eintragung in das Grundbuch. Diese Publizitätsmerkmale geben Außenstehenden die Möglichkeit festzustellen, wer Eigentümer bzw. Besitzer eines Gegenstandes ist. Denn nur so ist es ihnen möglich, diese dinglichen Rechte zu respektieren.

5.1.3 Abstraktionsprinzip

Das Abstraktionsprinzip stellt den Grundsatz auf, dass ein dingliches Recht in seiner Existenz grundsätzlich nicht davon abhängig ist, ob ihm ein Verpflichtungsgeschäft zugrunde liegt, bzw. ob dieses wirksam ist. Unter dem Abstraktionsprinzip[175] versteht man also die Trennung zwischen Verpflichtungs- und Erfüllungsgeschäft.[176] Ein Kaufvertrag ist dementsprechend ein Verpflichtungsgeschäft, denn hierin verpflichtet sich der Verkäufer zur Übereignung der Kaufsache und der Käufer verpflichtet sich zur Bezahlung der Kaufsache. Die tatsächliche Bezahlung bzw. die Übereignung der Kaufsache sind dementsprechend Erfüllungsgeschäfte, die von Juristen völlig getrennt betrachtet und juristisch bewertet werden. Mit dieser Trennung von Verpflichtungs- und Erfüllungsgeschäft, trägt der Gesetzgeber zu einer Verbesserung der Rechtssi-

---

[175] Vgl. hierzu vertiefend: Strack, Hintergründe des Abstraktionsprinzips, JURA 2011, S. 5 ff.
[176] Vgl. Schapp / Schur, Sachenrecht, 4. Auflage, München 2010, Rn. 8.

cherheit bei. In letzter Konsequenz führt das Abstraktionsprinzip mit seiner Trennung von Verpflichtungs- und Erfüllungsgeschäft nämlich dazu, dass etwaige Gründe, die zur Unwirksamkeit des Verpflichtungsgeschäfts führen, sich oftmals nicht auf die dingliche Rechtslage auswirken und somit keinen unmittelbaren Einfluss hierauf ausüben.

5.1.4 Begriffliche Trennung von Eigentum und Besitz

Die Begriffe Eigentum und Besitz haben unterschiedliche Bedeutung. Besitz ist nach § 854 Abs. 1 BGB die tatsächliche Herrschaft über eine Sache. Eigentum ist hingegen die rechtliche Herrschaft über eine Sache. Am besten kann man den Unterschied zwischen Eigentum und Besitz an einem Mietshaus erklären. Der Mieter hat einen Schlüssel zur Mietwohnung und bewohnt sie. Deshalb hat er die tatsächliche Herrschaft über die Wohnung. Er ist also Besitzer. Dem Vermieter gehört das Haus. Er hat die rechtliche Herrschaft über die Sache und deshalb ist er Eigentümer des Hauses.

Es gibt Rechte, die nur zwischen bestimmten Personen Geltung erlangen. Dies sind beispielsweise die Ansprüche aus Verträgen, welche nur zwischen den jeweiligen Vertragsparteien gelten oder auch bei Schadensersatzansprüchen, welche nur zwischen Schädiger und Geschädigtem Wirkung entfalten. Diese Rechte werden deshalb als „relative Rechte" bezeichnet. Anders als bei relativen Rechten hat das Eigentumsrecht automatisch eine Wirksamkeit gegenüber jedem Dritten. Aus diesem Grunde wird das Eigentum im Gegensatz zu den relativen Rechten als „absolutes Recht" bezeichnet.[177] Absolute Rechte entfalten ohne zugrunde liegendes sonstiges Rechtsverhältnis eine Wirkung gegenüber jedem Dritten. Weil das Eigentum ein derart starkes Recht darstellt, ist bei Eigentumsübertragung, neben dem „Einigsein", dass das Eigentum auf den Erwerber übergehen soll, zusätzlich auch ein so genanntes Publizitätsmerkmal erforderlich. Bei der Übertragung von beweglichem Eigentum ist das Publizitätsmerkmal die Übergabe der Sache; im Rahmen der Eigentumsübertragung an Immobilien ist es die Eintragung in das Grundbuch.[178]

5.2 Besitz

Die tatsächliche Herrschaft über eine Sache, also die Möglichkeit über eine Sache verfügen zu können, wird als Besitz bezeichnet. Der Besitzerwerb wird in § 854 BGB ge-

---

[177] Vgl. hierzu auch: Wilhelm, Sachenrecht, 4. Auflage, Berlin 2010, Rn. 75 ff.
[178] Vgl. zum Grundbuch vertiefend: Lüke, Sachenrecht, 2. Auflage, München 2010, Rn. 341 ff.; Böttcher, Die Entwicklung des Grundbuch- und Grundstücksrechts im Jahr 2010, NJW 2011, S. 822 ff.

5 Sachenrecht

regelt. Dementsprechend beginnt der Besitz in dem Moment, in welchem eine Person die tatsächliche Herrschaft über eine Sache erlangt. In der Rechtsanwendung werden mannigfaltige begriffliche Differenzierungen vorgenommen. So wird je nachdem, ob ein Gegenstand von jemandem alleine genutzt werden kann, oder ob dieses Recht mehreren gemeinschaftlich zusteht, nach § 866 BGB zwischen Alleinbesitz und Mitbesitz unterschieden.[179] Eine weitere Differenzierung, welcher im Sachenrecht eine erhebliche Bedeutung zukommt, ist die Unterscheidung in mittelbaren und unmittelbaren Besitz.[180] Diese Konstellation lässt sich am Besten mit dem Beispiel eines Mietverhältnisses beschreiben. Wenn jemand im Urlaub einen Mietwagen nimmt, so ist er für die Zeit, in welcher er die tatsächliche Sachherrschaft über das Auto ausübt unmittelbarer Besitzer. Die Autovermietung hingegen ist während der Mietzeit nur mittelbarer Besitzer, da sie zwar während des Mietverhältnisses keine unmittelbare Herrschaft über den Wagen ausübt, aber aufgrund des Besitzmittlungsverhältnisses „Mietvertrag" wenigstens als mittelbarer Besitzer anzusehen ist. Vorteil dieser in § 868 BGB normierten Betrachtungsweise ist, dass der Vermieter bezüglich des Wagens nicht nur Eigentumsrechte sondern auch Besitzschutzrechte geltend machen kann.

5.3 Eigentum

Eigentum ist eines der bedeutendsten Rechte in unserer Rechtsordnung. Eigentum kann als Zuordnung einer Sache zu einem Rechtssubjekt verstanden werden, so dass hieraus für den Eigentümer ein absolutes Recht an der Sache entsteht. Der Art. 14 des Grundgesetzes (GG) und auch die Landesverfassungen sehen und schützen das Eigentum in einer sehr weit reichenden Weise. Zielrichtung dieser Vorschriften ist es, dass der Bürger sich gegen staatliche Eingriffe in sein Privateigentum schützen und zur Wehr setzen kann. Nach den Vorschriften des Grundgesetzes und der Landesverfassungen werden alle vermögenswerten Rechtspositionen vom Begriff des Eigentums umfasst. Dementsprechend werden *im öffentlichen Recht* auch Forderungen sowie Urheber- und Patentrechte als Eigentum angesehen. Anders verhält es sich im Bürgerlichen Gesetzbuch. Hier findet sich zwar keine Legaldefinition des Eigentumsbegriffs, doch zeigt das Bürgerliche Gesetzbuch in den §§ 903 und 90 BGB deutlich, dass im Rahmen des BGB nur körperliche Gegenstände, nämlich bewegliche Sachen und Immobilien unter den Begriff des Eigentums fallen. Nicht umfasst sind deshalb beispielsweise Forderungen oder geistige Schöpfungen. Der Eigentumsbegriff des BGB ist damit viel enger gefasst als der Begriff des Grundgesetzes und der Landesverfassungen. Das Eigentum, so wie es das Bürgerliche Gesetzbuch versteht, gibt dem Eigentümer nach § 903 BGB das Recht, im Rahmen der geltenden Gesetze nach Belieben mit seinem Eigentum zu verfahren. Hierzu gehört beispielsweise das Recht, den Gegens-

---

[179] Vgl. Klunzinger, Einführung in das Bürgerliche Recht, 15. Auflage, München 2011, S. 532.
[180] Vgl. hierzu auch: Lüke, Sachenrecht, 2. Auflage, München 2010, Rn. 52 ff.

tand zu benutzen, zu verbrauchen und sogar ihn zu zerstören. Der Eigentümer darf andere Personen von jedweder Einwirkung auf sein Eigentum ausschließen.

5.4 Eigentumsübertragung

5.4.1 Übertragung beweglicher Gegenstände

Der Erwerb des Eigentums an beweglichen Sachen findet im Zivilrecht nach den Regelungen des § 929 BGB statt. Nach dieser Vorschrift ist es erforderlich, dass beide Beteiligten sich darüber einig sind, dass das Eigentum auf den Erwerber übergehen soll. Darüber hinaus ist als Publizitätsmerkmal die Übergabe der Sache erforderlich. Die gesetzliche Vorschrift lautet:

§ 929 BGB Einigung und Übergabe

> *Zur rechtsgeschäftlichen Übertragung des Eigentums an einer beweglichen Sache ist erforderlich, dass der Eigentümer die Sache dem Erwerber übergibt und beide darüber einig sind, dass das Eigentum übergehen soll. Ist der Erwerber im Besitz der Sache, so genügt die Einigung über den Übergang des Eigentums.*

Man braucht zum Erwerb des Eigentums an beweglichen Sachen also grundsätzlich Einigung und Übergabe. Die Übergabe als Publizitätsmerkmal stellt einen Realakt dar.[181] Wenn der Erwerber allerdings bereits im Besitz der Sache ist, wird nach § 929 Satz 2 BGB ausnahmsweise auf die Übergabe verzichtet. Ein weiteres Übergabesurrogat findet sich in § 930 BGB. Hiernach kann die Übergabe in Fällen, in welchen der veräußernde Eigentümer die Sache in Besitz hat, dadurch ersetzt werden, dass eine Vereinbarung darüber getroffen wird dass der Veräußerer weiterhin im Besitz der Sache bleibt (so genanntes Besitzkonstitut). Hierfür ist es erforderlich, dass zwischen dem Eigentümer und dem Erwerber ein Rechtsverhältnis vereinbart wird, durch das der Erwerber den mittelbaren Besitz erlangt.

Beispiel:

Der Landwirt L ist Eigentümer eines Traktors. Weil er dringend Geld benötigt, beschließt er, den Traktor an seinen Freund F zu verkaufen. Da der L den Traktor allerdings weiterhin für seinen landwirtschaftlichen Betrieb benötigt, einigen sie sich auf folgende Fallgestaltung: L und F sind sich einig, dass das Eigentum an dem Traktor an F übergehen soll. Zeitgleich schließen beide jedoch einen Mietvertrag über den Traktor, nach welchem L den Traktor weiterhin gegen Zahlung eines Mietzinses an F benutzen darf.

---

[181] Vgl. Lüke, Sachenrecht, 2. Auflage, München 2010, Rn. 173.

Sachenrecht

Diese Gestaltung entspricht dem in § 930 BGB normierten Besitzkonstitut. Hierbei ist die Übergabe der Sache (hier Traktor) durch die Vereinbarung eines Mietvertrages ersetzt worden, nach welchem der Veräußerer im Besitz der Sache bleiben kann.

5.4.2 Gutgläubiger Eigentumserwerb vom Nichtberechtigten

Beispiel:

A leiht B ein Buch. B verkauft dieses Buch an den gutgläubigen D, der nicht weiß, dass das Buch dem B nicht gehört. Später sieht A das Buch bei D und möchte es gerne wiederhaben. Aber D ist der Ansicht, er habe nun Eigentum an dem Buch erworben und muss es deshalb nicht herausgeben.

Nach deutschem Rechtsverständnis besteht die Möglichkeit auch Eigentümer an Sachen zu werden, die dem Veräußerer nicht gehören. Voraussetzung hierfür ist jedoch nach § 932 BGB, dass der Erwerber in dem Zeitpunkt, in welchem er das Eigentum erwerben würde in gutem Glauben ist. Dies bedeutet, dass ihm im Zeitpunkt des Eigentumserwerbs nicht bekannt ist, dass der Gegenstand dem Veräußerer nicht gehört. Aus diesem Grund spricht das Bürgerliche Gesetzbuch in diesem Zusammenhang auch vom gutgläubigen Eigentumserwerb.[182] In der Praxis wird – gestützt auf die Eigentumsvermutung des § 1006 BGB – der gute Glaube vermutet, so dass der Erwerber gewöhnlich nicht beweisen muss, dass er in gutem Glauben gehandelt hat. Darüber hinaus muss der gute Glaube nur im Zeitpunkt der Eigentumsübertragung bestehen. Eine nach der Eigentumsübertragung liegende Kenntnis von der Nichtberechtigung des Verkäufers ist dementsprechend unerheblich.

§ 932 BGB Gutgläubiger Erweb vom Nichtberechtigten

> *(1) Durch eine nach § 929 erfolgte Veräußerung wird der Erwerber auch dann Eigentümer, wenn die Sache nicht dem Veräußerer gehört, es sei denn, dass er zu der Zeit, zu der er nach diesen Vorschriften das Eigentum erwerben würde, nicht in gutem Glauben ist. In dem Falle des § 929 Satz 2 gilt dies jedoch nur dann, wenn der Erwerber den Besitz von dem Veräußerer erlangt hatte.*
>
> *(2) Der Erwerber ist nicht in gutem Glauben, wenn ihm bekannt oder infolge grober Fahrlässigkeit unbekannt ist, dass die Sache nicht dem Veräußerer gehört.*

Diese Regelung macht in der Praxis auch Sinn.[183] Kauft beispielsweise ein großer Supermarkt bei einem Großhändler Ware unter Eigentumsvorbehalt ein, so kann er

---

[182] Vgl. hierzu vertiefend: Lüke, Sachenrecht, 2. Auflage, München 2010, Rn. 197 ff.
[183] Gutgläubiger Eigentumserwerb kann auch bei Immobilien eine Rolle spielen, vgl. dazu zur Vertiefung: Schünemann / Bethge, Übungsklausur – Zivilrecht: Gutgläubiger Grundstückserwerb und dessen Folgen – der missratene Enkel, JuS 2009, S. 331 ff.

die Ware auch dann rechtswirksam an Kunden verkaufen, obwohl er selbst den Kaufpreis noch nicht völlig bezahlt hat und aus diesem Grund noch nicht Eigentümer der Ware geworden ist. Nicht erwünscht ist ein gutgläubiger Eigentumserwerb allerdings bei Sachen, die dem Eigentümer gestohlen worden sind oder die er verloren hat. Aus diesem Grunde hat der Gesetzgeber mit § 935 BGB eine Sperre für den gutgläubigen Eigentumserwerb geschaffen.[184] Hierdurch wird verhindert, dass ein gutgläubiger Erwerber Eigentümer von Sachen wird, welche dem Eigentümer gestohlen worden, verloren gegangen oder sonst abhanden gekommen sind. Ein Gegenstand gilt dann als abhanden gekommen, wenn der Eigentümer unfreiwillig, also gegen oder ohne seinen Willen den unmittelbaren Besitz verloren hat.[185] Nach § 935 Abs. 2 BGB findet die Regelung des gutgläubigen Eigentumserwerbs allerdings keine Anwendung auf Geld, Inhaberpapiere sowie auf Sachen, welche im Wege öffentlicher Versteigerung oder in einer Versteigerung nach § 979 Abs. 1a BGB veräußert worden sind. Um es also prägnant zu sagen: gutgläubiger Eigentumserwerb kann immer nur dann eintreten, wenn jemand bewusst einen Gegenstand einer anderen Person anvertraut; beispielsweise durch Leihe.

Für den oben aufgeführten Beispielfall bedeutet dies, dass A die Gefahr eines gutgläubigen Eigentumserwerbs geschaffen hat, indem er dem B das Buch geliehen hat. Der gutgläubige D konnte rechtswirksam Eigentümer des Buches werden, da Einigung und Übergabe im Sinne des § 929 BGB gegeben war und D nicht wusste, dass das Buch dem B nicht gehört. Die Sperre des gutgläubigen Eigentumserwerbs im Sinne des § 935 BGB kann insofern nicht eingreifen, weil das Buch dem A weder verloren gegangen, gestohlen worden oder sonst abhanden gekommen ist. D ist also rechtswirksam Eigentümer des Buches geworden. A hat deshalb gegen ihn keinen Anspruch auf Herausgabe des Buches. Etwaige Ansprüche auf Schadensersatz müsste A dann gegen B als sein Vertragspartner im Rahmen des Leihvertrages stellen.

5.4.3 Weitere Möglichkeiten des Eigentumserwerbs

Eigentum an beweglichen Gegenständen muss nicht zwingend auf der Grundlage eines Rechtsgeschäfts übertragen werden. Das Gesetz sieht neben den rechtsgeschäftlichen Tatbeständen auch die Möglichkeit des Eigentumserwerbs auf der Grundlage gesetzlicher Anordnung vor.

Gesetzliche Übertragungstatbestände sind:

- Ersteigerung,
- die Aneignung,

---

[184] Vgl. hierzu vertiefend auch: Bartels / Nißing, Zum gutgläubig lastenfreien Erwerb einer abhanden gekommenen Sache, JURA 2011, S. 252 ff.
[185] Vgl. Lüke, Sachenrecht, 2. Auflage, München 2010, Rn. 220.

- Ersitzung[186] nach § 937 BGB,
- Eigentumserwerb durch Verbindung im Sinne des § 946 BGB oder durch Vermischung, Vermengung, Verarbeitung im Sinne der § 948 ff. BGB.

5.4.3.1 Ersteigerung

Die Ersteigerung richtet sich nach § 90 des Zwangsversteigerungsgesetzes (ZVG). Diese Vorschrift sieht vor, dass im Rahmen einer Grundstückszwangsversteigerung durch den Zuschlag der Ersteher auch Eigentümer des Grundstücks wird. Zugleich wird er auch Eigentümer der Gegenstände des Grundstücks, auf welche sich die Versteigerung ebenfalls erstreckt. Bei dem Eigentumserwerb durch den Zuschlag im Rahmen der Zwangsversteigerung handelt es sich um einen so genannten originären Eigentumserwerb.

5.4.3.2 Aneignung

Eine weitere Möglichkeit der gesetzlichen Eigentumsübertragung an beweglichen Gegenständen ist die Aneignung im Sinne des § 958 BGB. Herrenlose Sachen können über diese Vorschrift angeeignet werden, sofern dies nicht ausnahmsweise durch gesetzliche Regelungen verboten ist oder dem Aneignungsrecht eines anderen zuwiderläuft. Im Rahmen der Aneignung ist jedoch zu bedenken, dass verloren gegangene Gegenstände nicht als herrenlos anzusehen sind. Das Gesetz sieht mit § 965 BGB hierfür explizit vor, dass der Finder eines Gegenstandes, sofern der Fundgegenstand einen Wert von über zehn Euro hat, diesen unverzüglich der zuständigen Behörde, nämlich dem Fundbüro der Stadt oder Gemeinde, anzuzeigen hat. Herrenlos sind beispielsweise bewegliche Gegenstände, welche der Eigentümer in der Absicht weggeworfen hat, auf das Eigentum zu verzichten. Ebenso herrenlos sind wilde Tiere, sofern sie sich in Freiheit befinden.

5.4.3.3 Ersitzung

> *Beispiel:*
>
> *Der Dieb D verkauft dem A einen gestohlenen Ring. A ist gutgläubig und weiß nicht, dass der Ring dem D nicht gehört. Nach dem Kauf behält A den Ring zehn Jahre lang in seinem Besitz, ohne in der Zwischenzeit zu erfahren, dass es sich um einen gestohlenen Ring handelt.*

---

[186] Vgl. hierzu vertiefend: Lüke, Sachenrecht, 2. Auflage, München 2010, Rn. 249 ff.

Eigentum an beweglichen Gegenständen kann auch durch Ersitzung erlangt werden. Diese ist in den §§ 937 bis 945 BGB normiert und hat das Ziel Rechtssicherheit zu schaffen, für Personen, welche sich fälschlicherweise für den Eigentümer einer Sache halten. Um also nach § 937 Abs. 1 BGB Eigentümer einer beweglichen Sache durch Ersitzung zu werden, ist es erforderlich, dass man den Gegenstand zehn Jahre im unmittelbaren oder mittelbaren Eigenbesitz hat und dass man gemäß § 937 Abs. 2 BGB diesbezüglich gutgläubig ist. Gutgläubigkeit bedeutet in diesem Zusammenhang, dass man tatsächlich denkt, der Eigentümer der zu ersitzenden Sache zu sein.

Im vorliegenden Beispielfall hätte A trotz seiner Gutgläubigkeit beim Kauf nicht Eigentümer des Ringes werden können, weil eigentlich der § 935 BGB eine Sperre des gutgläubigen Eigentumserwerbs für gestohlene Gegenstände vorschreibt. Da A den gestohlenen Ring jedoch über zehn Jahre lang gutgläubig im Eigenbesitz behalten hat, hat er nun aufgrund der Regelung über die Ersitzung nach § 937 BGB Eigentum an dem Ring erlangt.

Eine weitere Möglichkeit des Eigentumserwerbs durch gesetzliche Anordnung ist der Eigentumserwerb durch Verbindung, Vermischung, Vermengung oder Verarbeitung.[187] Diese Möglichkeiten sind in den §§ 946 ff. BGB geregelt.

5.4.3.4 Verbindung mit einem Grundstück

Wird eine bewegliche Sache mit einem Grundstück verbunden, so dass diese dadurch wesentlicher Bestandteil des Grundstücks wird, so erwirbt der Eigentümer des Grundstücks aufgrund gesetzlicher Anordnung automatisch das Eigentum an der Sache. Ob eine bewegliche Sache nach der Verbindung gemäß § 946 BGB zu einem Bestandteil des Grundstückes wird, richtet sich danach, inwieweit die Sache nach der Verkehrsanschauung als Teil des Grundstücks oder eines darauf stehenden Gebäudes angesehen wird.

5.4.3.5 Verbindung mit beweglichen Sachen

Anders als im eben genannten § 946 BGB, bei welchem die Verbindung beweglicher Sachen mit einem Grundstück geregelt wird, widmet sich der § 947 BGB der Verbindung mehrerer beweglicher Sachen untereinander. Werden also mehrere bewegliche Sachen miteinander verbunden, so dass hierdurch eine einheitliche Sache entsteht, so werden die vorherigen Eigentümer der beweglichen Sache nunmehr Miteigentümer der neuen einheitlichen Sache. Eine Ausnahme besteht nach § 947 Abs. 2 BGB lediglich dann, wenn eine der Sachen als Hauptsache anzusehen ist. In einem derartigen Fall erwirbt lediglich der Eigentümer der Hauptsache das Alleineigentum. Die Beweislast

---

[187] Vgl. hierzu vertiefend auch: Süß, Der gesetzliche Erwerb des Eigentums an Mobilien – Ein Überblick über gesetzliche Zuordnungswertungen, JURA 2011, S. 81 ff.

hat in der Praxis derjenige zu tragen, der sich auf den Erwerb des Eigentums nach § 947 BGB beruft.[188]

5.4.3.6 Vermischung

Die Vermischung bzw. Vermengung ist in § 948 BGB geregelt. Ziel dieser Vorschrift ist es, Konflikte, welche aus der wirtschaftlichen oder tatsächlichen Untrennbarkeit entstehen können zu unterbinden. Darüber hinaus versucht diese Vorschrift zu vermeiden, dass wirtschaftlich unsinnige Maßnahmen zur Erhaltung von Einzeleigentum getroffen werden. Werden also Sachen von unterschiedlichen Eigentümern wie beispielsweise Flüssigkeiten miteinander vermischt oder feste Stoffe derart miteinander vermengt, dass sie nach diesem Vorgang untrennbar miteinander verbunden sind bzw. sich derart untrennbar vermischt haben, dass sie nicht mehr getrennt oder unterschieden werden können bzw. dies nur unter unverhältnismäßig hohen Kosten möglich erscheint, so regelt die Vorschrift des § 948 BGB, dass dann die Regelungen des § 947 BGB entsprechende Anwendung finden.

5.4.3.7 Verarbeitung

Beispiel (für Verarbeitung):

A ist bei der Familie X für 5 Tage als Gast eingeladen. Er wird im Hause X im Gästezimmer untergebracht. In diesem Zimmer lagern auch mehrere Leinwände, Pinsel und Ölfarben. A, der ein begeisterter und begabter Maler ist, nimmt ohne zu fragen diese Gegenstände an sich und malt des Abends im Gästezimmer ein herrliches Ölgemälde. Als er abreist und das Bild mitnehmen möchte, steht die Familie X auf dem Standpunkt, dass das Ölgemälde ihnen gehöre, da es sich schließlich um ihre Leinwand und ihre Farbe handele. Wer ist Eigentümer des Bildes?

Die Vorschrift des § 950 BGB hat das Ziel, den Verlust im Rahmen der Verarbeitung zu regeln. Diese Gesetzesnorm lautet:

§ 950 BGB Verarbeitung

(1) Wer durch Verarbeitung oder Umbildung eines oder mehrerer Stoffe eine neue bewegliche Sache herstellt, erwirbt das Eigentum an der neuen Sache, sofern nicht der Wert der Verarbeitung oder der Umbildung erheblich geringer ist als der Wert des Stoffes. Als Verarbeitung gilt auch das Schreiben, Zeichnen, Malen, Drucken, Gravieren oder eine ähnliche Bearbeitung der Oberfläche.

(2) Mit dem Erwerbe des Eigentums an der neuen Sache erlöschen die an dem Stoffe bestehenden Rechte.

---

[188] Vgl. Palandt / Bassenge, Bürgerliches Gesetzbuch, Kommentar, 70. Auflage, München 2011, § 947 Rn. 1 f.

Eine Verarbeitung oder Umbildung ist immer dann gegeben, wenn mittels menschlicher Arbeitsleistung eine Einwirkung auf einen Stoff stattgefunden hat. Durch diesen Vorgang muss eine neue bewegliche Sache entstanden sein. In der Praxis sind Indizien für die Neuheit einer Sache, dass sie beispielsweise verglichen mit dem Ausgangsprodukt eine völlig andere wirtschaftliche Bedeutung besitzt oder auch dass sie unter einer anderen Bezeichnung in den Wirtschaftsverkehr gelangt. Für eine neue Sache spricht auch sehr viel, wenn die Sache durch die Verarbeitung eine andere Form erhält. Rechtsfolge einer Verarbeitung im Sinne des § 950 BGB ist es, dass der Umarbeitende Eigentümer der neuen Sache wird. Ein solcher Eigentumserwerb tritt jedoch nach § 950 Abs. 1 BGB in den Fällen nicht ein, in welchen der Wert der Verarbeitung bzw. der Umbildung erheblich geringer ist als der Wert des verarbeiteten Stoffes. Hierzu sei allerdings angemerkt, dass derjenige, welcher durch die Umarbeitung einen Rechtsverlust erleidet, gegen den Umarbeitenden - also gegen den neuen Eigentümer der Sache - nach § 951 BGB einen Anspruch auf Schadensersatz hat.

Für den vorliegenden Beispielfall bedeutet dies, dass der A durch gesetzliche Anordnung aufgrund der Verarbeitung von Leinwand und Farben zum Eigentümer des Bildes geworden ist. Mit der Verarbeitung hat die Familie X das Eigentumsrecht an dem Bild verloren. Da A durch das Malen erreicht hat, dass der Wert der Umarbeitung höher ist als der ursprüngliche Wert der Farben bzw. der Leinwand, ist die Vorschrift des § 950 BGB auf seinen Umarbeitungsprozess anzuwenden. Der Familie X steht vorliegend jedoch nach § 951 Abs. 1 BGB ein Anspruch auf Entschädigung für ihren Rechtsverlust zu. Nach dieser Vorschrift kann von demjenigen, zu dessen Gunsten die Rechtsänderung eintritt, eine Vergütung in Geld nach den Vorschriften über die Herausgabe einer ungerechtfertigten Bereicherung verlangt werden. Im vorliegenden Fall wird A nach Gesetzeslage Eigentümer des Bildes. Für den Wert der Leinwand und der Farben kann Familie X also von ihm nach § 951 Abs. 1 BGB in Verbindung mit § 812 Abs. 1 BGB eine Entschädigung in Geld verlangen.

5.4.4 Übertragung von Immobilien

Die Eigentumsübertragung von Immobilien ist in den §§ 873 ff. BGB geregelt. Anders als bei den beweglichen Sachen, die durch Einigung und Übergabe übereignet werden, werden Immobilien durch Einigung und Eintragung in das Grundbuch übereignet. Im Rahmen der Übereignung von Immobilien stellt die Grundbucheintragung also das Publizitätsmerkmal dar, welches Außenstehenden anzeigt, dass sich an der Eigentumslage etwas geändert hat. Da der Erwerb von Immobilien zumeist mit einem hohen finanziellen Aufwand verbunden ist und Immobilien für das wirtschaftliche Leben eine Zentrale Funktion innehaben, ist es nachzuvollziehen, weshalb der Gesetzgeber bei schuldrechtlichen Verträgen über Immobilien mit § 311b BGB und im Rahmen des Erfüllungsgeschäftes die Eintragung in das Grundbuch vorgeschrieben hat.

5.4.4.1 Grundbuch

Das Grundbuch gibt Auskunft über die wesentlichen privatrechtlichen Rechte, die an einem Grundstück bestehen. Es ist ein staatliches Register, welches bei den Amtsgerichten respektive beim Grundbuchamt in dem Gerichtsbezirk geführt wird, in welchem das Grundstück belegen ist. Regelungen, wie das Grundbuch geführt wird, finden sich in der Grundbuchordnung (GBO). So sieht der § 17 GBO vor, dass bei Eintragungen das Prioritätsprinzip zwingend einzuhalten ist. Dies bedeutet, dass sofern zum selben Grundbuchblatt mehrere Anträge gestellt werden, diese streng nach der Reihenfolge ihres Eingangs beim Grundbuchamt zu bearbeiten sind. Während das BGB das so genannte materielle Grundstücksrecht normiert, regelt die GBO das formelle Grundstücksrecht. Das BGB gibt also Auskunft darüber, inwiefern Ansprüche an Grundstücken entstanden oder erloschen sind; die GBO hingegen beschreibt den formellen Weg, wie diese Ansprüche durchgesetzt werden können. Jedes Grundstück ist auf einem Grundbuchblatt vermerkt, welches drei so genannte Abteilungen hat, in welche wichtige Informationen über das Grundstück vermerkt werden. In einem vorangestellten Bestandsverzeichnis werden im Grundbuch die laufende Nummer des Grundstücks, der Name des Eigentümers oder der Eigentümer des Grundstücks, sowie deren Adresse und eine Flurstücknummer genannt. Zu den Informationen gehören dementsprechend Kataster und Gemarkung, sowie die genaue Größe und die Lage und Nutzungsart des Grundstücks. Sinn des Bestandsverzeichnisses ist es also, das Grundstück und seine Lage so zu bezeichnen, dass auch seine wirtschaftliche Situation offenbar wird. Nach dem Bestandsverzeichnis finden sich im Grundbuch drei Abteilungen, in welchen nachzulesen ist, welche Rechte bezüglich des im Bestandsverzeichnis genannten Grundstücks bestanden bzw. noch bestehen. In Abteilung 1 des Grundbuchs werden der Eigentümer oder die Eigentümer des Grundstücks erneut aufgeführt. Diesmal allerdings mit dem Ausweis jeder Änderung der Eigentumslage. Darüber hinaus finden sich hier auch Informationen über das genaue Datum, an welchem die Auflassung erklärt worden ist und die Eintragung ins Grundbuch stattgefunden hat. In Abteilung 2 des Grundbuchs werden die Rechte am Grundstück eingetragen. Hierbei werden Lasten und Beschränkungen des Grundstücks - mit Ausnahme der Grundpfandrechte wie beispielsweise Hypothek und Grundschuld – genannt. In dieser Abteilung des Grundbuchs finden sich beispielsweise Dienstbarkeiten und Nießbrauchsrechte.

In Abteilung 3 werden die wichtigen Grundpfandrechte verzeichnet. Hier werden beispielsweise Hypothek, Grundschuld und Rentenschuld mit Angabe ihrer exakten Höhe, Nennung des Berechtigten sowie der Grundlage eingetragen.

Damit auch später noch nachvollzogen werden kann, wie die Änderung des Eigentums bzw. die Änderung von Rechten an einem Grundstück sich chronologisch entwickelt haben, werden die nicht mehr gültigen Informationen im Grundbuch nicht absolut gelöscht, sondern lediglich rot unterstrichen. Rot unterstrichene Informationen im Grundbuch bedeuten also, dass diese Informationen nicht mehr gültig sind. Wurde das Grundbuch früher noch in Papierform geführt, so hat nunmehr nach und nach eine Umstellung auf das so genannte elektronische Grundbuch stattgefunden. Hierbei werden moderne EDV Systeme und Datenbanken dazu eingesetzt, die entsprechenden Daten zu speichern.

5.4.4.2 Auflassung

Unter Auflassung versteht man die in § 925 BGB genannte, ohne Bedingung oder Befristung versehene Einigung über die Eigentumsübertragung an einem Grundstück. Wie oben bereits aufgeführt, findet die Übereignung von Immobilien in zwei Schritten statt. Zunächst bedarf die Übertragung des Eigentums an einem Grundstück einer so genannten Auflassung. Diese stellt die dingliche Einigung über den Eigentumswechsel dar und muss von einem Notar beurkundet werden. Zeitlich vor der so genannten Auflassungserklärung oder zumindest zeitgleich mit ihr, muss auch der schuldrechtliche Verpflichtungsvertrag (Kauf, Schenkung) über die Eigentumsübertragung am Grundstück vorliegen. Auch dieser Bedarf einer notariellen Beurkundung. Es darf nicht verwundern, wenn im Rahmen der Auflassungserklärung etwaige Häuser oder andere Bauwerke, die sich auf dem Grundstück befinden, nicht erwähnt werden. Juristisch gesehen ist dies auch nicht erforderlich, da Gebäude nach § 94 Abs. 1 BGB als wesentliche Bestandteile des Grundstücks angesehen werden und aus diesem Grunde automatisch bei der Grundstücksübertragung vom Begriff des „Grundstücks" mit eingeschlossen sind.

In einem zweiten Schritt muss zu der eben dargestellten Auflassung nach § 873 Abs. 1 BGB auch - auf einen Antrag hin - die Eintragung in das Grundbuch vorgenommen werden. Der Erwerber eines Grundstücks verwendet oftmals eine Auflassungsvormerkung im Sinne der §§ 883 ff. BGB, um sich im Rahmen eines Grundstückskaufes abzusichern. Die im Grundbuch eingetragene Auflassungsvormerkung dient dazu, dass in dem Zeitraum zwischen dem Abschluss des schuldrechtlichen Vertrages über die Eigentumsübertragung am Grundstück sowie dessen Erfüllung keine für den Erwerber nachteiligen anderweitigen Verfügungen über das Grundstück getroffen werden können. Zwar kann der ursprüngliche Grundstückseigentümer auch nach der Eintragung der Auflassungsvormerkung weiterhin ohne Beschränkung über das Grundstück verfügen, doch sind derartige Verfügungen gegenüber dem durch die Vormerkung Begünstigten unwirksam, so dass er trotz anderweitiger Verfügungen in die Lage versetzt wird, seinen Anspruch auf Eigentumsübertragung durchzusetzen.

5.5 Eigentums- und Besitzschutzansprüche

Das dritte Buch des bürgerlichen Gesetzbuchs enthält zum Schutz der Rechte des Eigentümers und des Besitzers Eigentums- und Besitzschutzansprüche. In vielen Hochschullehrveranstaltungen für Nichtjuristen spielen insbesondere die Eigentums-

Sachenrecht

schutzansprüche eine große Rolle. Die Besitzschutzansprüche werden hingegen oftmals nur in klassischen Jurastudiengängen tiefgründig behandelt.

5.5.1 Eigentumsschutzansprüche

Beispiel:

Der Tierfreund T findet eines Morgens vor seiner Haustür eine trächtige Katze, die dem X gehört. Er füttert das Tier und nimmt es bei sich auf. Als die Katze ihre Jungen bekommt, lässt T diese von einem Tierarzt impfen. Als X erfährt, wo sich seine Katze befindet, fordert er von T sowohl die Herausgabe der Katze als auch die Herausgabe des Katzennachwuchses. Zu Recht?

Das Bürgerlichen Gesetzbuch schützt den Eigentümer im Rahmen des Sachenrechts gegen den Entzug oder das Vorenthalten sowie gegen andere Beeinträchtigungen seines Besitzes.

5.5.1.1 Herausgabeanspruch im Sinne des § 985 BGB

Einer der wichtigsten Eigentumsschutzansprüche ist der Herausgabeanspruch im Sinne des § 985 BGB.[189] Obwohl er eine eigenständige Anspruchsgrundlage darstellt, muss er immer zusammen mit § 986 Abs. 1 Satz 1 BGB gelesen werden. Diese Vorschriften lauten:

§ 985 Herausgabeanspruch

> *Der Eigentümer kann vom Besitzer die Herausgabe der Sache verlangen.*

§ 986 Einwendungen des Besitzers

> *(1) Der Besitzer kann die Herausgabe der Sache verweigern, wenn er oder der mittelbare Besitzer, von dem er sein Recht zum Besitz ableitet, dem Eigentümer gegenüber zum Besitz berechtigt ist.*

Bei der Prüfung des Herausgabeanspruchs für eine bewegliche oder unbewegliche Sache sind dementsprechend folgende drei Voraussetzungen zu prüfen:

1. Der Anspruchsteller ist Eigentümer oder zumindest Miteigentümer der Sache;

2. Der Anspruchsgegner ist unmittelbarer oder mittelbarer Besitzer der Sache;

3. Der Anspruchsgegner hat als Besitzer kein Recht zum Besitz im Sinne des § 986 BGB.

---

[189] Vgl. hierzu vertiefend: Westermann, BGB – Sachenrecht, 11. Auflage, Heidelberg 2005, Rn. 20 ff.

Um die Herausgabe der Sache zu verweigern, kann der Besitzer also nach § 986 Abs. 1 BGB ein Recht zum Besitz entgegenhalten. Ein solches Recht kann sich aus einem vertraglichen oder gesetzlichen Schuldverhältnis ergeben. Hat der Besitzer beispielsweise einen Mietvertrag, einen Leihvertrag oder besteht beispielsweise ein Kaufvertrag mit Eigentumsvorbehalt, so kann der Besitzer die Herausgabe an den Eigentümer während der Laufzeit des Vertrages verweigern. Der Eigentümer hat im Rahmen des Herausgabeanspruchs nicht nur einen Anspruch auf Herausgabe seines Eigentums; er kann auch die daraus resultierenden Früchte im Sinne des § 99 BGB vom Besitzer herausverlangen.

Für den oben genannten Beispielfall bedeutet dieses, dass X gegen T einen Anspruch auf Herausgabe seiner Katze gemäß § 985 BGB hat. Denn X ist im Zeitpunkt der Anspruchstellung Eigentümer des Tieres. Tiere werden gemäß § 90a BGB wie Sachen behandelt, so dass der X die Katze nach den Vorschriften über die Herausgabe von Sachen von T herausverlangen kann. Der T hat nach dieser Vorschrift in Verbindung mit § 99 BGB auch die kleinen Kätzchen an X herauszugeben, kann sich aber gemäß § 102 BGB die Tierarztkosten für die Impfung von X erstatten lassen.

5.5.1.2 Beseitigungs- und Unterlassungsanspruch

Beispiel:

A und B sind Grundstücksnachbarn. B parkt öfters seinen Wagen auf der Straße genau vor der Garageneinfahrt des A, so dass dieser seinen PKW nicht auf sein Grundstück bzw. den Pkw nicht in die Garage fahren kann. A ist wütend und fragt sich, ob er nicht eine rechtliche Möglichkeit hat, seinem Nachbarn B dieses Verhalten zu untersagen.

Bei Beeinträchtigungen des Eigentums, hat der Eigentümer, sofern diese Beeinträchtigungen nicht bereits von den Regelungen der §§ 985 ff. BGB oder denen der §§ 907 ff. BGB erfasst sind, nach § 1004 BGB gegen den Störer einen Beseitigungs- und Unterlassungsanspruch. Diese Vorschrift lautet:

§1004 BGB Beseitigungs- und Unterlassungsanspruch

(1) Wird das Eigentum in anderer Weise als durch Entziehung oder Vorenthaltung des Besitzes beeinträchtigt, so kann der Eigentümer von dem Störer die Beseitigung der Beeinträchtigung verlangen. Sind weitere Beeinträchtigungen zu besorgen, so kann der Eigentümer auf Unterlassung klagen.

(2) Der Anspruch ist ausgeschlossen, wenn der Eigentümer zur Duldung verpflichtet ist.

Voraussetzung des Anspruchs ist es, dass der Anspruchsteller in seinem Eigentum beeinträchtigt wird. Hierbei ist es unerheblich, ob es sich bei dem Eigentum um eine bewegliche Sache oder um eine Immobilie handelt.[190] Eine Rechtswidrigkeit der Störung besteht nicht, wenn der Eigentümer zur Duldung verpflichtet ist, wenn die Einwirkung auf die Sache allein durch Naturkräfte erfolgt ist oder wenn ein Rechtfertigungsgrund diese ausschließt. Eine Rechtfertigung kann sich beispielsweise aus den §§ 227, 228 BGB oder sogar aus dem Einverständnis des Eigentümers ergeben. In der Praxis spielen auch die Duldungspflichten, welche sich aus den §§ 906 ff. BGB, aus dem Abwasserrecht, dem Denkmalschutzrecht oder dem Naturschutzrecht ergeben, eine große Rolle. Wenn eine Duldungspflicht nach § 1004 Abs. 2 BGB besteht, scheidet eine Rechtswidrigkeit der Störung ebenfalls aus. Eine wichtige Ausnahmeregelung stellt hierbei § 14 des Bundesimmissionsschutzgesetzes (BImSchG) dar. Hiernach ist es nicht möglich, die Einstellung eines Betriebes zu fordern, wenn für diesen eine behördliche Genehmigung besteht.

Die Rechtsfolge des § 1004 Abs. 1 BGB ist, dass der Eigentümer einen Anspruch darauf hat, dass der Störer die Kosten für die Beseitigung der Störung zu tragen hat. Darüber hinaus hat der Eigentümer nach § 1004 Abs. 1 Satz 2 BGB einen Anspruch auf Unterlassung, sofern weitere Beeinträchtigungen seines Eigentums zu besorgen sind. Der Gesetzgeber verwendet den etwas antiquierten Begriff „zu besorgen"; gemeint ist damit „zu befürchten". Im Falle einer Wiederholungsgefahr kann der Eigentümer also einen Anspruch auf Unterlassung geltend machen.[191] Hierbei ist es wichtig zu wissen, dass die Wiederholungsgefahr hier eine materielle Anspruchsvoraussetzung darstellt und ein etwaiger Anspruch bei Fortfall der Wiederholungsgefahr erlischt.[192]

5.5.2 Besitzschutzansprüche

In der Hochschulausbildung stehen oftmals insbesondere die im vorangehenden Abschnitt dargestellten Eigentumsschutzansprüche im Vordergrund. In der Praxis ist es jedoch manchmal nötig, dass auch ein Besitzer in der Lage ist, seine Rechte gegenüber einem Eigentümer oder gegenüber einem fremden Dritten durchzusetzen. Der Besitzer hat das Recht, sich gegen die so genannte verbotene Eigenmacht eines Dritten oder des Eigentümers zu wehren. Dieses darf er sogar nach § 859 Abs. 1 BGB im Rahmen der so genannten Selbsthilfe durch die Anwendung von Gewalt. Der § 858 Abs. 1 BGB nennt als Definition für „verbotene Eigenmacht" die Entziehung oder Störung des Besitzes, ohne den Willen des Besitzers bzw. ohne, dass das Gesetz die Entziehung oder Störung gestattet. Da in Deutschland das Gewaltmonopol beim Staate liegt und die Gewaltanwendung von Privatpersonen nur als letztes Mittel, also „ultima ratio"

---

[190] Vgl. vertiefend hierzu auch: BGH, Urt. vom 17.12.2010, V ZR 44/10 und V ZR 45/10, mit Anmerkungen von Veltmann, RÜ 2011, 217 ff.
[191] Vgl. zur Verjährung vertiefend: BGH, Urt. Vom 28.01.2011, V ZR 141/10, mit Anm. von Nissen, RÜ 2011, S. 283 ff.
[192] Vgl. Palandt / Bassenge, Bürgerliches Gesetzbuch, Kommentar, 70. Auflage, München 20011, § 1004 Rn. 32.

Eigentums- und Besitzschutzansprüche 5.5

eingesetzt werden soll, ist es kaum verwunderlich, dass Gewaltanwendung nur unter sehr engen Voraussetzungen zulässig ist. Die Besitzwehr im Sinne des § 859 Abs. 1 BGB stellt eine besondere Form der in § 227 BGB normierten Notwehr dar. Allerdings unterscheidet sich der § 859 BGB insofern vom Tatbestand der Notwehr bzw. der Selbsthilfe im Sinne des § 229 BGB, als der Tatbestand der Selbsthilfe nur dann zulässig ist, wenn Obrigkeitshilfe nicht rechtzeitig zu erlangen ist und ohne sofortiges Eingreifen die Gefahr besteht, dass die Verwirklichung des Anspruchs vereitelt oder wesentlich erschwert wird. Gerade diese Tatbestandsmerkmale sind im Rahmen der Besitzwehr im Sinne des § 859 Abs. 1 BGB nicht erforderlich. Stattdessen ist hier das Kriterium einer angemessenen Gewaltanwendung ausschlaggebend. Im Rahmen des § 859 Abs. 1 BGB ist lediglich zu prüfen, ob eine Besitzstörung oder ein Besitzentzug durch verbotene Eigenmacht im Sinne des § 858 BGB vorliegt und ob der Besitzer die zur Besitzwehr erforderliche Gewaltanwendung nicht überschritten hat. Inwiefern die Gewaltanwendung angemessen ist bzw. ob sie über das gebotene Maß hinausgeht, entscheidet sich in der Praxis nach der jeweiligen objektiven Sachlage.

Weitere Anspruchsmöglichkeiten bieten die Tatbestände des § 859 Abs. 2 BGB sowie des § 859 Abs. 3 BGB. Diese Vorschriften erlauben es dem Besitzer ebenfalls gegen verbotene Eigenmacht vorzugehen. So gestattet der § 859 Abs. 2 BGB dem Besitzer, einem Störer die bewegliche Sache mit Gewalt wieder abzunehmen, sofern dieser auf frischer Tat betroffen oder verfolgt worden ist. Der § 859 Abs. 3 BGB gestattet dieses auch bei Besitzentziehung eines Grundstücks. Wichtig ist allerdings zu wissen, dass der § 859 Abs. 3 BGB hierfür einen engen zeitlichen Rahmen vorgesehen hat. Der Besitzer muss „sofort", also so schnell wie möglich und ohne schuldhaftes Zögern, handeln. Darüber hinaus bietet die Anspruchsgrundlage des § 861 BGB dem Besitzer einen Schutz gegen Besitzentziehung und der § 862 BGB einen Schutz gegen Besitzstörung. Beide Ansprüche können durch Klageerhebung oder im dringenden und eiligen Fällen auch durch Beantragung einer so genannten einstweiligen Verfügung vor Gericht geltend gemacht werden. Ein weiterer Schutzmechanismus, der dem Besitzer zusteht, sind die in den §§ 994 ff. BGB geregelten Gegenansprüche des Besitzers, welche ein abgestuftes Verhältnis aufweisen, je nachdem ob der Besitzer sich selbst für einen Eigentümer halten konnte. Darüber hinaus wird der Besitz auch durch die Schadensersatzvorschrift des § 823 Abs. 1 BGB geschützt, in welchem ein zu Unrecht entzogener Besitz als so genanntes sonstiges Recht im Sinne des § 823 Abs. 1 BGB angesehen wird. Eine rechtswidrige schuldhafte Entziehung des Besitzes kann dementsprechend auch zu Schadensersatzansprüchen des Besitzers gegen den Entziehenden führen.

6 Kreditsicherung

Beispiel:

A benötigt einen Kredit zum Kauf eines Firmenwagens. Er geht zur B-Bank. Diese ist nur bereit, ihm das Darlehen zu geben, wenn er ihnen hierfür eine Sicherheit gibt. Welche Sicherungsmöglichkeiten gibt es?

Das deutsche Rechtssystem kennt mehrere unterschiedliche Sicherheiten. Es wird zwischen Personalsicherheiten und Realsicherheiten differenziert. Beispiele für Personalsicherheiten sind Bürgschaft, Schuldbeitritt, Patronatserklärung und Garantievertrag. Zu den Realsicherheiten gehören beispielsweise Hypothek, Grundschuld, die Pfandrechte, die Sicherungsübereignung und der Eigentumsvorbehalt.

6.1 Bürgschaft

Eine Bürgschaft hat den Zweck, den Gläubiger dagegen abzusichern, dass der Schuldner der Erfüllung seiner Pflicht nicht nachkommt. An einem Bürgschaftsvertrag sind drei Personen beteiligt: ein Gläubiger, dessen Schuldner, welcher im BGB auch als „Dritter" bezeichnet wird, und der Bürge. Nach § 765 Abs. 1 BGB verpflichtet sich der Bürge durch den Bürgschaftsvertrag gegenüber dem Gläubiger eines Dritten, für die Erfüllung der Verbindlichkeit des Dritten einzustehen. Insofern gehört die Bürgschaft zu den so genannten Personalsicherheiten.[193] Die zwei Voraussetzungen für das Vorliegen einer Bürgschaft sind also der Vertrag zwischen Sicherungsgeber und Sicherungsnehmer sowie das Bestehen einer zu sichernden Forderung. Hierbei ist es wichtig zu wissen, dass der zwischen dem Bürgen und dem Gläubiger abgeschlossene Bürgschaftsvertrag eine eigenständige Verpflichtung des Bürgen mit eigenem Gerichtsstand darstellt. Die Bürgschaftsschuld ist nämlich mit der Hauptschuld nicht identisch. Dennoch ist die Bürgschaft in ihrem Bestehen und sogar in ihrem Umfang von dem Bestehen der Hauptschuld abhängig. Sofern also die Hauptschuld beispielsweise aufgrund fehlender Geschäftsfähigkeit oder aufgrund einer Sittenwidrigkeit des Vertrages nicht entstanden oder aufgrund von Rücktritt oder Anfechtung des Vertrages nachträglich entfallen ist, führt dies grundsätzlich auch zur Nichtigkeit des Sicherungsmittels „Bürgschaft".

---

[193] Vgl. zur Vertiefung auch: Schmolke, Grundfälle zum Bürgschaftsrecht, JuS 2009, S. 585 ff.

6 Kreditsicherung

Beispiel:

N möchte sich ein Motorrad kaufen. Hierfür benötigt er ein Darlehen der B-Bank. Sein Onkel O gibt im Rahmen der Darlehensverhandlungen bei der B-Bank eine schriftliche Erklärung ab, in welcher er sich verpflichtet, für die Darlehenssumme seines Neffen zu bürgen. Einige Monate nach Auszahlung der Darlehenssumme durch die Bank stellt sich heraus, dass der Darlehensvertrag zwischen N und der B-Bank wegen Wuchers nichtig ist. N ist nunmehr nicht bereit die überhöhten Darlehenszinsen zu zahlen. Die B-Bank möchte daraufhin den O für die Darlehenszinsen und das Darlehen in Anspruch nehmen.

Wie oben bereits gesagt, ist die Bürgschaft an das Bestehen der zu sichernden Forderung gebunden. Juristen bezeichnen die Abhängigkeit eines Sicherungsmittels von der zu Grunde liegenden Forderung als so genannte Akzessorietät. Da im vorliegenden Fall die Bürgschaft akzessorisch mit der zu Grunde liegenden Darlehensforderung verbunden ist, ist das Sicherungsmittel „Bürgschaft" mit der, aus § 138 Abs. 2 BGB resultierenden Unwirksamkeit des Darlehensvertrages, ebenfalls untergegangen. O ist demnach nicht mehr verpflichtet, der B-Bank das Darlehen oder etwaige Darlehenszinsen des N zurückzuzahlen. Selbstverständlich steht der B-Bank gegenüber N aus § 812 Abs. 1 BGB ein Anspruch auf Rückzahlung der bereits ausgezahlten Darlehenssumme zu. Der Bürge jedoch, kann wegen des Untergangs der Bürgschaftsverpflichtung nicht bezüglich der Rückzahlung des Darlehens in Anspruch genommen werden. Der Anspruch aus § 812 Abs. 1 BGB kann von der B-Bank lediglich gegenüber N geltend gemacht werden. Auch formell werden an die Bürgschaft bestimmte Voraussetzungen geknüpft.

Beispiel:

Vater V möchte seinem Sohn S den Kauf eines gebrauchten Pkw ermöglichen. Als sein Sohn hierfür Geld bei der Bank B mittels eines Darlehens erhalten möchte, unterschreibt er der Bank ein, bereits von der Bank vorformuliertes Bürgschaftsformular, welches sein Sohn ihm vom Gesprächstermin mit nach Hause gebracht hatte und schickt es per Post zurück an die Bank. Ein Angestellter der Bank versieht das eingehende Formular mit einem Eingangsstempel und heftet es bei den Kreditunterlagen des Sohnes S ab. Ist der Bürgschaftsvertrag formell korrekt zu Stande gekommen?

Die Bürgschaftserklärung unterliegt nach § 766 Satz 1 BGB einem Schriftformerfordernis. Das bedeutet, dass der Bürge dem Gläubiger in einer schriftlichen Urkunde erklären muss, dass er bereit ist, für die Schuld eines Dritten einzustehen. Diese Urkunde muss dementsprechend sowohl den Gläubiger, den Schuldner als auch die Schuld, für die sich der Bürge in Anspruch nehmen lassen möchte, enthalten. Diese Erklärung hat der Bürge dem Gläubiger als eigenhändig unterschriebenes Originaldokument zu übergeben. Ein Fax bzw. eine Bürgschaftsurkunde in digitaler Form, selbst wenn sie mittels digitaler Signatur verschickt wird, sind gemäß § 766 Satz 2 BGB nicht möglich. Im vorliegenden Beispielfall ist der Bürgschaftsvertrag zwischen V und der Bank formell korrekt zustande gekommen. Der V hat die Urkunde handschriftlich unterschrieben und an die Bank zurückgesandt. In dem Abstempeln und Abheften des Formulars durch den Angestellten der Bank, ist eine konkludente Annahme des Bürgschaftsvertrages zu sehen. Diese Annahmeerklärung ist bei einer derartigen Gestaltung ausnahmsweise auch ohne Zugang beim V wirksam geworden, denn sie musste dem V entsprechend der Regelung des § 151 BGB nicht mehr zwingend zugehen.

Eine Ausnahme von dem Schriftformerfordernis findet sich in den §§ 350, 351 HGB. Nach diesen Ausnahmevorschriften bedürfen Erklärungen des Bürgen der Schriftform nicht, sofern die Bürgschaftserklärung von einem Kaufmann im Sinne des HGB im Rahmen seines Handels Gewerbes abgegeben wird. Liegen diese Voraussetzungen vor, so sind selbst mündlich abgegebene oder per E-Mail oder Fax versandte Bürgschaftserklärungen zulässig und wirksam. Hintergrund dieser Ausnahmevorschrift ist, dass der Gesetzgeber mit dem Schriftformerfordernis einen Schutz für den Bürgen schaffen wollte. Indem eine Bürgschaftszusage erst dann Wirksamkeit erlangt, wenn sie schriftlich, mit eigenhändiger Unterschrift, abgegeben wird, wird dem Bürgen Gelegenheit gegeben, über sein Verhalten noch einmal genau nachzudenken. Ein Kaufmann benötigt nach Ansicht des Gesetzgebers einen derartigen Schutz nicht. Es wird davon ausgegangen, dass er genau weiß was er tut, wenn er eine Bürgschaftserklärung abgibt. Das HGB verzichtet oftmals auf Formerfordernisse, um so den Handelsverkehr zu beschleunigen. Durch den Abschluss eines Bürgschaftsvertrages erhöht sich die Sicherheit des Gläubigers insofern, als er hierdurch zusätzlich zu dem eigentlichen Hauptschuldner nun auch den Bürgen als weiteren Schuldner in Anspruch nehmen kann. Dabei ist zu beachten, dass der Bürge durch den Bürgschaftsvertrag nicht unmittelbarer Schuldner der zu sichernden Forderung wird, sondern dass dieser grundsätzlich nur hilfsweise für die Schuld des eigentlichen Hauptschuldners aufzukommen hat. Denn gewöhnlich hat der Bürge, wenn er vom Gläubiger in Anspruch genommen wird, die Möglichkeit, sich auf die so genannte Einrede der Vorausklage nach § 771 BGB zu berufen. Diese Vorschrift lautet:

> *§ 771 BGB Einrede der Vorausklage*
>
> *Der Bürge kann die Befriedigung des Gläubigers verweigern, solange nicht der Gläubiger eine Zwangsvollstreckung gegen den Hauptschuldner ohne Erfolg versucht hat (Einrede der Vorausklage). Erhebt der Bürge die Einrede der Vorausklage, ist die Verjährung des Anspruchs des Gläubigers gegen den Bürgen gehemmt, bis der Gläubiger eine Zwangsvollstreckung gegen den Hauptschuldner ohne Erfolg versucht hat.*

In der Praxis versuchen diejenigen, die sich durch eine Bürgschaft absichern möchten, die Möglichkeit der Einrede der Vorausklage des Bürgen auszuschließen. Dies ist möglich, wenn einer der in § 773 Abs. 1 BGB genannten Gründe vorliegt.

§ 773 BGB Ausschluss der Einrede der Vorausklage

(1) *Die Einrede der Vorausklage ist ausgeschlossen:*

1. *wenn der Bürge auf die Einrede verzichtet, insbesondere wenn er sich als Selbstschuldner verbürgt hat,*

2. *wenn die Rechtsverfolgung gegen den Hauptschuldner infolge einer nach der Übernahme der Bürgschaft eingetretenen Änderung des Wohnsitzes, der gewerblichen Niederlassung oder des Aufenthaltsorts des Hauptschuldners wesentlich erschwert ist,*

3. *wenn über das Vermögen des Hauptschuldners das Insolvenzverfahren eröffnet ist,*

4. *wenn anzunehmen ist, dass die Zwangsvollstreckung in das Vermögen des Hauptschuldners nicht zur Befriedigung des Gläubigers führen wird.*

(2) *In den Fällen der Nummern 3, 4 ist die Einrede insoweit zulässig, als sich der Gläubiger aus einer beweglichen Sache des Hauptschuldners befriedigen kann, an der er ein Pfandrecht oder ein Zurückbehaltungsrecht hat; die Vorschrift des § 772 Abs. 2 Satz 2 findet Anwendung.*

Der Ausschluss kann in unterschiedlicher Art und Weise formuliert werden. So kann beispielsweise in der Urkunde stehen: „Es handelt sich um eine selbstschuldnerische Bürgschaft" bzw. „der Bürge verzichtet auf die Einrede der Vorausklage" oder es findet ein schlichter Verweis auf den § 771 BGB, mit der Formulierung „der § 771 BGB findet keine Anwendung" statt. Hat der Bürge auf die Einrede der Vorausklage verzichtet, so kann er von dem Gläubiger aus der Bürgschaft in Anspruch genommen werden, ohne dass dieser zuvor versucht haben muss, Befriedigung durch den Hauptschuldner zu erlangen. Für Kaufleute bestehen auch hier wieder besondere Regelungen. So sieht § 349 HGB beispielsweise vor, dass jedwede Bürgschaft, welche von einer Bank oder einem anderen Kaufmann im Sinne des HGB eingegangen wird, automatisch immer eine selbstschuldnerische Bürgschaft darstellt.

6.2 Schuldbeitritt

Schuldbeitritt bedeutet, dass neben den ursprünglichen Schuldner ein neuer Schuldner tritt, so dass nunmehr zwei Schuldner selbstständig nebeneinander haften. Dies führt zu einer Verbesserung der Position des Gläubigers. Denn nunmehr haften nach §§ 311 Abs. 1, 328 BGB sowohl der bisherige Schuldner als auch der neu hinzutretende Schuldner als so genannte Gesamtschuldner. Der Vorteil, welcher sich hierdurch für den Gläubiger ergibt, besteht darin, dass er nunmehr nach seiner Wahl die volle Summe oder einen Teil hiervon, entweder von dem alten Schuldner oder von dem hinzugetretenen neuen Schuldner verlangen kann. Gesetzliche Regelungen, die den Schuldbeitritt, dessen Ziel die Absicherung eines Kredites ist, explizit normieren, sind im BGB nicht vorhanden. Allerdings ist die Vereinbarung eines Schuldbeitritts aufgrund der Vertragsfreiheit in Deutschland zulässig. Der Schuldbeitritt ist an kein Formerfordernis gebunden. Darüber hinaus ist der Schuldbeitritt als Sicherungsmittel nicht von der zu Grunde liegenden Forderung abhängig. Es besteht also keine Akzessorietät. Lediglich im Zeitpunkt seiner Entstehung ist das Sicherungsmittel vom Be-

6.2 Schuldbeitritt

stand der zu sichernden Verbindlichkeit abhängig. Ist ein Schuldbeitritt erst einmal wirksam entstanden, so ist ihre Unabhängigkeit von der zu sichernden Forderung weitaus höher als die der Bürgschaft.

Beispiel:

Die B-Bank hat gegenüber F einen Anspruch auf 5000 €. Der X, welcher mit F befreundet ist, erklärt sich gegenüber der B Bank zu einem Schuldbeitritt bereit. Als jedoch die Forderung der B-Bank gegenüber F verjährt, versucht die B-Bank nunmehr den X bezüglich der Forderungssumme in Anspruch zu nehmen. Mit Erfolg?

Anders als bei einer Bürgschaft, bei welcher dem Bürgen die selben Einreden zustehen, die auch der Schuldner dem Gläubiger entgegensetzen kann, hat der Sicherungsgeber im Rahmen eine Schuldbeitritts nicht die Möglichkeit, dem Gläubiger gegenüber die selben Einreden geltend zu machen, die auch der Schuldner geltend machen könnte. Insofern kann sich der X im vorliegenden Beispielfall nicht darauf berufen, dass dem F gegenüber der B-Bank die Einrede der Verjährung zusteht.

Auch wenn der Schuldbeitritt viele Ähnlichkeiten zu selbstschuldnerischen Bürgschaft aufweist, so gibt es juristisch gesehen einige Unterschiede zwischen Bürgschaft und Schuldbeitritt. So ist ein Schuldbeitritt beispielsweise – anders als die Bürgschaft – nicht an die Schriftform gebunden. Der Vertrag über einen Schuldbeitritts kann also auch mündlich abgeschlossen werden. In der Praxis führt dies jedoch oftmals dazu, dass bei Vorliegen einer formwidrigen und damit nichtigen Bürgschaftserklärung bisweilen darum gestritten wird, ob nicht stattdessen ein wirksamer Schuldbeitritt gegeben ist.[194] Darüber hinaus haftet im Rahmen des Schuldbeitritts derjenige, welcher der Schuld eines Anderen beitritt für eine eigene Schuld, wohingegen der selbstschuldnerische Bürge im Rahmen der Bürgschaft für eine fremde Schuld einzustehen hat. Diese unterschiedliche Betrachtungsweise führt auch dazu, dass sich zwischen den Beteiligten auch Unterschiede im Rahmen der Ausgleichsansprüche ergeben. Wenn nämlich im Rahmen der Bürgschaft ein Bürge in Anspruch genommen worden ist, hat er gewöhnlich aus § 675 BGB und § 670 BGB gegen den eigentlichen Schuldner einen vertraglichen Anspruch auf Ersatz seiner Aufwendungen bzw. aus § 774 BGB gegen den eigentlichen Schuldner einen Anspruch auf Zahlung eines Geldbetrages in Höhe der von ihm an den Gläubiger gezahlten Summe. Dies ist beim Schuldbeitritt anders. Hier geht der Gesetzgeber in § 426 Abs. 1 BGB davon aus, dass Gesamtschuldner im Verhältnisse zueinander zu gleichen Anteilen verpflichtet sind, soweit keine andere Aufteilungsregelung besteht. Dies führt dazu, dass im Rahmen eines Schuldbeitritts der dem Schuldner Beitretende keinen gesetzlichen Anspruch darauf hat, vom ursprünglichen Schuldner die gesamte von ihm gezahlte Summe ausgeglichen zu bekommen.

---

[194] Vgl. Reinicke / Tiedke, Kreditsicherung, 5. Auflage, Neuwied 2006, Rn. 20.

6.3 Patronatserklärung

Im Rahmen einer Patronatserklärung gibt eine Person, die auch als „Patron" bezeichnet wird, dem Gläubiger eines Dritten gegenüber einer Erklärung ab, sich in einer bestimmten Art und Weise zu verhalten. Diese Erklärung hat den Zweck, die Kreditwürdigkeit des Schuldners zu verbessern. Hierbei ist allerdings zu beachten, dass der Begriff der Patronatserklärung eine Vielzahl von Erklärungsmöglichkeiten zulässt. Dies eröffnet den Erklärenden ein Spektrum an Aussagen, welches von unverbindlichen Erklärungen ohne jeden Sicherungswert bis hin zu einklagbaren Verpflichtungen reicht. Aus diesem Grunde wird in der juristischen Literatur zwischen so genannten „harten Patronatserklärungen" und „weichen Patronatserklärungen" unterschieden. In der Praxis werden Patronatserklärungen gewöhnlich von Mutter-Gesellschaften abgegeben, deren Tochtergesellschaften bei einem Kreditinstitut einen Kredit aufnehmen möchten, ohne in der Lage zu sein, die erforderlichen Sicherheiten zu stellen.

6.3.1 Harte Patronatserklärungen

Harte Patronatserklärungen werden in der Praxis als garantieähnliche Verpflichtungen angesehen.[195] Sie bieten dem Kreditgeber die Möglichkeit, Ansprüche gegen den Patron geltend zu machen. Denn dieser hat durch die Abgabe seiner Erklärung den Grundstein hierfür gelegt. Der Patron kann aufgrund der Abgabe seiner Erklärung dann gewöhnlich neben dem eigentlichen Schuldner in Anspruch genommen werden.[196] Dies hat zur Folge, dass - sollte der eigentliche Schuldner beispielsweise insolvent werden oder einfach nur seiner Verpflichtung nicht nachkommen - die gesamte Summe stattdessen auch unmittelbar und sofort vom Patron eingefordert werden kann. Ein Beispiel für eine harte Patronatserklärung ist die Formulierung: „Wir werden dafür Sorge tragen, dass unsere Tochtergesellschaft bis zur vollständigen Rückzahlung des Kredites in der Weise geleitet und finanziell ausgestattet wird, dass sie jederzeit in der Lage ist, ihren Verpflichtungen im Zusammenhang mit diesem Kredit zu erfüllen".[197] In der Praxis wird die harte Patronatserklärung oftmals anderen Absicherungsinstrumenten, wie beispielsweise Garantien oder Bürgschaften vorgezogen, weil damit die in § 251 des Handelsgesetzbuchs (HGB) vorgeschriebenen Angaben in der Bilanz bzw. im Geschäftsbericht vermieden werden können.

---

[195] Vgl. OLG Düsseldorf, NJW-RR 1989, S. 1116 f. (S. 1117).
[196] Vgl. BGHZ 117, S. 127.
[197] Vgl. hierzu Reinicke / Tiedtke, Kreditsicherung, 5. Auflage, Neuwied 2006, Rn. 604 m.w.N.

6.3.2 Weiche Patronatserklärungen

Weiche Patronatserklärungen sind eher unverbindlich formuliert und bieten dem Gläubiger keine ausreichende Absicherung. Eine weiche Patronatserklärung ist beispielsweise dann gegeben, wenn eine Muttergesellschaft dem Kreditgeber gegenüber erklärt, sie werde darüber wachen, dass die Tochtergesellschaft immer über genügend Kapital verfügt um den Kredit jederzeit zurückzahlen zu können. Ebenso verhält es sich mit der Erklärung: „Mit Rücksicht auf unser Ansehen haben wir Verbindlichkeiten unserer Tochtergesellschaft stets so betrachtet wie eigene Verbindlichkeiten".[198] Durch derartige weiche Patronatserklärungen wird keine rechtliche Verpflichtung begründet. Noch unverbindlicher formuliert wäre beispielsweise eine weiche Patronatserklärung mit dem Inhalte, dass die Muttergesellschaft die Kreditaufnahme ihrer Tochtergesellschaft zur Kenntnis genommen habe. Grundsätzlich können aus derartigen weichen Patronatserklärungen also keine Ansprüche des Kreditgebers gegen die Muttergesellschaft hergeleitet werden.

6.4 Garantievertrag

Der Garantievertrag stellt eine einseitige Verpflichtung gegenüber dem Gläubiger dar, für den Eintritt bzw. Nichteintritt eines bestimmten Erfolges einstehen zu wollen. Diese Einstandspflicht macht bereits deutlich dass es sich im Rahmen der Haftung primär nicht um eine Haftung auf Schadensersatz sondern um eine Haftung auf Erfüllung handelt. Tritt diese Erfüllung nicht ein, so kann diese primäre Erfüllungspflicht in einen Anspruch des Vertragspartners auf Schadensersatz umschlagen. Der Garantievertrag ist im BGB nicht explizit geregelt. Insofern ist es dann auch nicht verwunderlich, dass sich der Haftungsumfang nur aus dem Vertrag selbst ergibt. In der Praxis finden sich viele Anwendungsfälle, in welchen ein Garantievertrag den Vertragspartner absichern kann. Seien es nun Garantien dafür, dass bestimmte Erstellungskosten bei Bauvorhaben nicht überschritten werden, Garantien, die Kapitalanlegern bezüglich einer bestimmten Mindestausschüttung gegeben werden oder Mietgarantien, die den Erwerbern großer Immobilien oftmals zeitlich beschränkt die Angst vor Mietausfällen nehmen und die Finanzierung der Immobilie so für sie sicherer machen sollen.

---

[198] Vgl. hierzu Reinicke / Tiedtke, Kreditsicherung, 5. Auflage, Neuwied 2006, Rn. 602 m.w.N.

6.5 Hypothek und Grundschuld

6.5.1 Hypothek

Die Hypothek ist im BGB ab § 1113 BGB geregelt und stellt eine dingliche Belastung des Grundstücks des Sicherungsgebers dar. Sie gibt dem Gläubiger die Möglichkeit bei Fälligkeit der Hypothek ein Verwertungsrecht am Grundstück des Sicherungsgebers auszuüben.[199] Der Gläubiger hat durch die Hypothek nach § 1147 BGB die Möglichkeit das Grundstück im Wege einer Zwangsvollstreckung zu verwerten.[200] Unter einer Hypothek wird nach § 1113 Abs. 1 BGB nämlich eine Grundstücksbelastung verstanden, die so ausgestaltet ist, dass an denjenigen, zu dessen Gunsten die Belastung erfolgt, eine bestimmte Geldsumme zur Befriedigung wegen einer ihm zustehenden Forderung aus dem Grundstück zu zahlen ist. Ein wesentlicher Punkt ist die so genannte Akzessorietät der Hypothek. Eine Hypothek kann nicht ohne eine zu sichernde Forderung entstehen. Dieses ist explizit in § 1113 Abs. 2 BGB geregelt. Die Hypothek ist ein Sicherungsmittel, welches in ihrem Bestand von der zu sichernden Forderung abhängig ist. Die Hypothek ist also streng akzessorisch. Daraus folgt, dass der Hypothekengläubiger und der Gläubiger der Forderung zwingend dieselbe Person sein müssen. Auf der Seite des Sicherungsgebers muss diese Identität nicht vorliegen. So können Grundstückseigentümer und Schuldner der Forderung durchaus unterschiedliche Personen sein. Dies ergibt sich bereits aus dem Wortlaut des § 1143 Abs. 1 BGB, in welchem explizit zwischen Eigentümer und persönlichem Schuldner differenziert wird. Nach § 1113 Abs. 2 BGB ist es auch möglich, eine Hypothek für eine künftige oder unter eine Bedingung gestellte Forderung zu bestellen. Um eine Hypothek zu bestellen, bedarf es einer Einigung zwischen dem Gläubiger der zu sichernden Forderung und dem Grundstückseigentümer. Darüber hinaus muss die Hypothek gemäß § 873 BGB im Grundbuch eingetragen werden. Sofern auf das Sicherungsmittel der Hypothek zurückgegriffen werden muss, weil der Schuldner seinen Verpflichtungen nicht nachkommt, haftet das mit einer Hypothek belastete Grundstück in der Weise, dass der Eigentümer entsprechend dem § 1147 BGB gegebenenfalls sogar die Zwangsversteigerung oder Zwangsverwaltung des Grundstücks bzw. der Immobilie hinnehmen muss.

Es gibt mehrere Aspekte, die zum Erlöschen einer Hypothek führen können. Zum einen kann eine Hypothek dann erlöschen, wenn der Gläubiger dem Grundbuchamt gegenüber oder gegenüber dem Eigentümer die Erklärung abgibt, dass er die Hypothek aufgibt und diese daraufhin im Grundbuch gelöscht wird. Hierbei ist zu beachten, dass nach § 1183 BGB die Zustimmung des Eigentümers des Grundstücks erfor-

---

[199] Vgl. vertiefend hierzu: Reinicke / Tiedtke, Kreditsicherung, 5. Auflage, Neuwied 2006, Rn. 1055 ff.
[200] Vgl. vertiefend hierzu: Schapp / Schur, Sachenrecht, 4. Auflage, München 2010, Rn. 400 ff.

derlich ist. Denn durch die Löschung würde auch er tangiert sein. Er verlöre hierdurch nämlich sein Recht auf Erwerb der Hypothek.

6.5.2 Grundschuld

Die Grundschuld ist in den §§ 1191 ff. BGB geregelt. Hiernach kann ein Grundstück in der Weise belastet werden, dass an denjenigen, zu dessen Gunsten die Belastung erfolgt, eine bestimmte Geldsumme aus dem Grundstück zu zahlen ist. Hypothek und Grundschuld weisen erhebliche Ähnlichkeiten auf.[201] Dies liegt nicht zuletzt daran, dass über § 1192 Abs. 1 BGB für die Grundschuld in das Recht der Hypothek verwiesen wird. Diese Vorschrift lautet:

§ 1192 BGB Anwendbare Vorschriften

(1) Auf die Grundschuld finden die Vorschriften über die Hypothek entsprechende Anwendung, soweit sich nicht daraus ein anderes ergibt, dass die Grundschuld nicht eine Forderung voraussetzt.

(1a) Ist die Grundschuld zur Sicherung eines Anspruchs verschafft worden (Sicherungsgrundschuld), können Einreden, die dem Eigentümer aufgrund des Sicherungsvertrags mit dem bisherigen Gläubiger gegen die Grundschuld zustehen oder sich aus dem Sicherungsvertrag ergeben, auch jedem Erwerber der Grundschuld entgegengesetzt werden; § 1157 Satz 2 findet insoweit keine Anwendung. Im Übrigen bleibt § 1157 unberührt.

(2) Für Zinsen der Grundschuld gelten die Vorschriften über die Zinsen einer Hypothekenforderung.

Ein wesentlicher Unterschied zur Hypothek ist jedoch, dass die Grundschuld nicht an das Bestehen einer Forderung geknüpft ist und somit keine Akzessorietät aufweist. Eine Grundschuld gibt dem Gläubiger quasi aus sich selbst heraus ein Verwertungsrecht bezüglich des Grundstücks. Mittlerweile kann festgestellt werden, dass Kreditinstitute zur Absicherung von Darlehen in der Praxis lieber eine Grundschuld als eine Hypothek verwenden. Weil sie den Interessen der Beteiligten eher gerecht wird und wegen ihrer flexiblen Handhabung hat die Grundschuld die Hypothek nahezu verdrängt.

Beispiel:

A benötigt Geld. Er schließt mit der B-Bank einen Darlehensvertrag ab, in welchem auch ein Zinssatz von 4,7 % vereinbart wurde. Zur Absicherung dieses Darlehensvertrages wird eine Grundschuld bestellt, die allerdings 11 % Zinsen enthält. Darf dies so vereinbart werden?

---

[201] Vgl. zur Vertiefung: Weller, Die Sicherungsgrundschuld, JuS 2009, S. 969 ff.

6 Kreditsicherung

Das im Beispielfall gezeigte Vorgehen ist in der Praxis nicht unüblich. Da die Grundschuld nicht akzessorisch ist, ist sie also unabhängig von einer zu Grunde liegenden Forderung. Insofern ist es kein Problem, wenn im oben genannten Beispielfall die B-Bank und der Darlehensnehmer A eine Grundschuld mit einem höheren Zinssatz bestellen. Der Darlehensnehmer ist hierbei über die, mit der Bank vereinbarten Zweckerklärung[202] abgesichert, so dass er lediglich den im Darlehensvertrag vereinbarten Zinssatz zu zahlen hat. Doch für die Bank besteht der Vorteil bei der Grundschuld darin, dass sie wegen der fehlenden Akzessorietät der Grundschuld einen höheren Zinssatz vereinbaren und diesen auch ohne die vereinbarte Zweckerklärung in das Grundbuch eintragen lassen kann. Im Falle von steigenden Zinsen bietet die Grundschuld nämlich dann die Möglichkeit, dass auch höhere Zinsen durch das Sicherungsmittel der Grundschuld abgedeckt sind. Insofern bietet die Grundschuld für die Bank als Darlehensgeber eine größere Sicherheit als die streng akzessorische Hypothek. Soweit keine besonderen Vereinbarungen getroffen worden sind, wird das Kapital der Grundschuld erst nach vorangegangener Kündigung fällig. Nach § 1193 Abs. 1 BGB steht das Recht der Kündigung sowohl dem Eigentümer als auch dem Gläubiger zu, wobei die im Gesetz vorgesehene Kündigungsfrist sechs Monate beträgt.

6.5.3 Wesentliche Aspekte und Gemeinsamkeiten

Zusammenfassend kann man also sagen: Sowohl Hypothek als auch Grundschuld sind Sicherungsmittel, die in Abteilung 3 des Grundbuchs eingetragen werden können und gewöhnlich als Sicherheit dazu dienen, dass die Darlehen von den Darlehensnehmern zurückgezahlt werden. Diese Sicherungsmaßnahmen dienen dazu, dass der so abgesicherte Darlehensgeber die Möglichkeit hat, ein Grundstück der Zwangsversteigerung zuzuführen, um so zu dem ihm zustehenden Geldbetrag zu kommen.[203] Hypothek und Grundschuld unterscheiden sich dadurch, dass eine Hypothek an eine zugrunde liegende Forderung gebunden ist. Bei einer Grundschuld ist dies nicht der Fall. Die Hypothek ist also akzessorisch. Hypothek und Grundschuld können sowohl als Briefhypothek bzw. Briefgrundschuld als auch als Buchhypothek bzw. Buchgrundschuld ausgestaltet sein.[204] Die Briefhypothek bzw. die Briefgrundschuld wird vom Gesetzgeber gemäß § 1116 BGB als Regelfall angesehen. Um eine Buchhypothek bzw. Buchgrundschuld zu bestellen, ist es also erforderlich, dass eine Einigung darüber erzielt wird, dass ein Brief ausgeschlossen ist. Der Brief dient nämlich der schnellen

---

[202] Das Muster einer Grundschuldzweckerklärung ist abgedruckt bei: Muscheler / Schewe, BGB III: Kreditsicherungsrecht, Stuttgart 2011, S. 120.
[203] Vgl. zur Vertiefung der Materie: Koch, Zulässigkeit und Auswirkungen der Übertragung von Darlehensforderung und Grundschuld – Die Rechtslage nach den Änderungen im Schuld-, Sachen- und Zwangsvollstreckungsrecht, JURA 2010, S. 179 ff.
[204] Vgl. vertiefend hierzu: Reinicke / Tiedtke, Kreditsicherung, 5. Auflage, Neuwied 2006, Rn. 1074 f. und Rn. 1163.

Übertragbarkeit.[205] Ist ein Brief erst einmal bestellt, so genügt nach §§ 1153, 1154 BGB zur Übertragung lediglich die Übergabe des Briefes und das Vorliegen einer schriftlichen Abtretungserklärung. Die in der Praxis im Vergleich zur Hypothek zunehmende Beliebtheit der Grundschuld ist vermutlich darauf zurückzuführen, dass bei einer Grundschuld im Grundbuch der Sicherungszweck nicht eingetragen wird. So kann sie später auch zur Absicherung einer anderen Forderung desselben Gläubigers verwendet werden.

6.6 Pfandrecht

Das Pfandrecht gehört zu den Sicherungsrechten. Damit ein Pfandrecht überhaupt entstehen kann, ist es erforderlich, dass der verpfändete Gegenstand sich im Besitz des Pfandgläubigers befindet. Das Pfandrecht an beweglichen Sachen kann entweder aufgrund des Gesetzes oder durch ein Rechtsgeschäft entstehen.[206]

6.6.1 Gesetzliches Pfandrecht

Beispiele für gesetzliche Pfandrechte sind unter anderem: das sich aus dem Mietvertrag ergebende Vermieterpfandrecht im Sinne der §§ 562 ff. BGB, das Pfandrecht des Verpächters nach den §§ 585, 581, 562 ff. BGB, das Unternehmerpfandrecht im Sinne des § 647 BGB und das Pfandrecht des Gastwirtes im Sinne des § 704 BGB.

> *Beispiel:*
>
> *A ist Eigentümer einer alten goldenen Taschenuhr. Da diese bereits seit Jahren nicht mehr funktioniert, bringt er sie zum Uhrmacher. Der Uhrmacher baut ein neues Zahnrad in die Uhr ein und repariert sie. Als A zu ihm kommt und hört wie hoch die Rechnung für die Reparatur ist, weigert er sich diese zu bezahlen. Der Uhrmacher gibt die Uhr nicht heraus und möchte von seinem Unternehmerpfandrecht Gebrauch machen.*

Sinn des Unternehmerpfandrechts ist es, den Werkunternehmer, der nach Werkvertragsrecht vorleistungspflichtig ist, soweit abzusichern, dass er eine Möglichkeit hat, seine Werklohnforderung durchzusetzen. Hierbei erstreckt sich das Unternehmerpfandrecht jedoch nur auf Sachen des Bestellers, wenn sie bei der Herstellung oder zum Zwecke der Ausbesserung in seinen Besitz gelangt sind. Aus der vom Gesetzgeber getroffenen Wortwahl wird deutlich, dass Gegenstände die nicht dem Besteller,

---

[205] Muster für Hypothekenbriefe sind abgedruckt in: Muscheler / Schewe, BGB III: Kreditsicherungsrecht, Stuttgart 2011, S. 121 ff.
[206] Vgl. hierzu vertiefend: Schapp / Schur, Sachenrecht, 4. Auflage, München 2010, Rn. 510 ff.

sondern einem fremden Dritten gehören, nicht vom Unternehmerpfandrecht erfasst werden. Da sich im oben genannten Beispielfall die goldene Taschenuhr jedoch im Eigentum des Bestellers A befand, hat der Uhrmacher die Möglichkeit, für die Ansprüche die im Werkvertrag begründet sind, das Unternehmerpfandrecht gemäß § 647 BGB auszuüben.

6.6.2 Vertragliches Pfandrecht

Ein Pfandrecht kann an Sachen und an Rechten ausgeübt werden. Es ist in den §§ 1204 ff. BGB geregelt. Um ein Pfandrecht an einer beweglichen Sache entstehen zu lassen, ist es nach § 1205 Abs. 1 BGB erforderlich, dass der Eigentümer die bewegliche Sache dem Gläubiger der Forderung übergibt und sich beide darüber einig sind, dass dem Gläubiger das Pfandrecht zustehen soll. Der Gläubiger hat auf Grund des Pfandrechts die Möglichkeit, bei Nichtbegleichung der Forderung, den verpfändeten Gegenstand zu Geld zu machen und die Forderung dadurch zu begleichen. Durch Erlöschen der Hauptforderung erlischt das Pfandrecht, denn es ist ein akzessorisches dingliches Recht. Ein Pfandrecht erlischt nach § 1252 BGB mit dem Wegfall der Forderung oder nach § 1253 BGB wenn der Gegenstand an den Pfandgeber zurückgegeben wird. Darüber hinaus ist es auch nach § 1255 BGB möglich, ein Pfandrecht durch Rechtsgeschäft, bzw. durch die Erklärung des Pfandgläubigers gegenüber dem Verpfänder oder dem Eigentümer, dass er das Pfandrecht aufgebe, zum Erlöschen zu bringen.

Während sich die Regelungen für ein Pfandrecht an beweglichen Sachen in den §§ 1205 ff. BGB finden, sind die Pfandrechte an Rechten in den §§ 1273 ff. BGB normiert. Die Verpfändung eines Rechtes muss nach § 1280 BGB dem Schuldner gegenüber angezeigt werden. Der § 398 BGB, in welchem die Forderungsabtretung geregelt ist, kommt bei der Verpfändung von Forderungen ebenfalls zur Anwendung.

6.7 Sicherungsübereignung

Beispiel:

Der Unternehmer U möchte eine neue Fräsmaschine für sein Unternehmen anschaffen. Das Geld hierfür benötigt er von der B-Bank. Da er jedoch über keine Sicherheiten verfügt, bietet die B-Bank ihm an, die neu angeschaffte Maschine an die B-Bank zur Sicherung zu übereignen. Wie funktioniert dies?

Da, wie oben bereits dargestellt, ein Pfandrecht für den Gläubiger nur Nutzen hat, wenn sich das Sicherungsmittel, also der Gegenstand, in seinem Besitz befindet, ist es in der Praxis oftmals problematisch, ein Pfandrecht als Sicherheit zu akzeptieren. Aus diesem Grunde wendet man oftmals die Sicherungsübereignung als Sicherungsmittel an. Bei einer Sicherungsübereignung erhält der Sicherungsnehmer treuhänderisch das Eigentum an dem Sicherungsgegenstand. Der Gegenstand selbst verbleibt jedoch beim Sicherungsgeber.

Der Sicherungsgeber übereignet im Rahmen der Sicherungsübereignung den Gegenstand an den Sicherungsnehmer. Anders als beim Pfandrecht muss sich hierbei jedoch der Gegenstand nicht im Besitz des Sicherungsnehmers befinden. Vielmehr wird zur Übereignung lediglich ein Besitzmittlungsverhältnisses eingegangen. Unter einem Besitzmittlungsverhältnisses im Sinne des § 868 BGB ist ein Rechtsverhältnis zu verstehen, durch das der Besitzer dem Eigentümer gegenüber auf Zeit zum Besitz des Sicherungsguts berechtigt ist. Dies kann beispielsweise eine Leihe oder Miete sein. Vorteil der Ausgestaltung der Sicherungsübereignung ist es, dass der Sicherungsgeber, obwohl er vorübergehend nicht Eigentümer des Gegenstandes ist, diesen in seinem Betrieb als Produktionsmittel weiter nutzen kann. Anders also als ein Pfand, welches sich, damit es verwertet werden kann, beim Sicherungsnehmer befinden muss, bietet die Sicherungsübereignung den Beteiligten die Möglichkeit eine Sache zu verwerten, obwohl diese sich während der Sicherungsdauer beim Sicherungsgeber befindet.

Im Rahmen der Sicherungsübereignung wird zwischen dem Sicherungsgeber und dem Sicherungsnehmer eine Absprache getroffen, nach welcher der Sicherungsnehmer berechtigt ist, den ihm zur Sicherheit übereigneten Gegenstand bei Nichterfüllung der Vertragspflicht zu verwerten. Grundsätzlich ist die Sicherungsübereignung nicht an die zu Grunde liegende Forderung gebunden eine automatische Akzessorietät besteht also nicht. Eine Verknüpfung zwischen Sicherungseigentum und Forderung entsteht lediglich dadurch, dass im Sicherungsvertrag auch der Zweck der Absicherung festgelegt wird. Im Rahmen der Sicherungsübereignung ist es auch nicht zwingend erforderlich, dass der Sicherungsgeber und der Schuldner, dessen Verpflichtung durch die Sicherungsübereignung abgesichert werden soll, dieselbe Person sind. Theoretisch ist es also möglich, dass ein Sicherungsgeber eine Sicherungsübereignung vornimmt, um die Schuld eines Dritten beim Sicherungsnehmer abzusichern. Um das Sicherungsgut verwerten zu können, hat der Sicherungsnehmer die Möglichkeit, auf der Grundlage der Sicherungsabrede, das Sicherungsgut über § 985 BGB als Eigentümer die Sache herauszuverlangen. Sofern in der Sicherungsabrede nichts anderes vereinbart worden ist, kann der Sicherungsnehmer das Sicherungsgut über die Vorschriften des Pfandverkaufs nach § 1233 ff. BGB verwerten.

6.8 Eigentumsvorbehalt

Der Eigentumsvorbehalt[207] ist ein Sicherungsmittel. Er spielt in der Praxis oftmals dann eine große Rolle, wenn Ware geliefert wird und der Kunde sie erst später bezahlen möchte. Zur Absicherung des Verkäufers wird dann oft ein Eigentumsvorbehalt vereinbart. Derartige Vereinbarungen sehen vor, dass die Ware bis zur vollständigen Kaufpreiszahlung das Eigentum des Verkäufers bleibt. Diese schuldrechtliche Verpflichtung ist in § 449 BGB gesetzlich normiert. Auf der Erfüllungsebene ist der Eigentumsvorbehalt so ausgestaltet, dass der § 929 BGB, welcher Einigung und Übergabe als Voraussetzung der Eigentumsübertragung regelt, durch § 158 BGB, also durch eine aufschiebende Bedingung, ergänzt wird. Dies bedeutet, dass beim Eigentumsvorbehalt auf der Erfüllungsebene zwar eine Übergabe der Kaufsache stattfindet, aber die für die Eigentumsübertragung notwendige Einigung unter die aufschiebende Bedingung der Zahlung des gesamten Kaufpreises gestellt wird. Erst wenn diese Bedingung erfüllt wird, tritt auch die Eigentumsänderung zu Gunsten des Vorbehaltskäufers ein. Zwar rückt der Käufer mit jeder Rate mit der er die Ware abbezahlt etwas näher an die Position eines Eigentümers heran, doch bezeichnen Juristen die für ihn bis dahin entstehende Rechtsposition lediglich als Anwartschaftsrecht, was ein wesensgleiches Minus zum Vollrecht „Eigentum" darstellt. Es ist also für Außenstehende eine dem Eigentum ähnliche Position. Dem wirklichen Eigentümer gegenüber stellt das Anwartschaftsrecht jedoch eine schwächere Rechtsposition dar. Sinn des Eigentumsvorbehalts ist es, für den Verkäufer die Gefahr auszuschließen, dass jemand bereits Eigentümer der Ware geworden ist und zu einem Zeitpunkt vor ihrer Bezahlung insolvent wird. Allerdings ist der Eigentumsvorbehalt nicht geeignet, alle Gefahren des Eigentumsverlustes in jeder Situation auszuhebeln. So besteht beim reinen Eigentumsvorbehalt immer noch die Gefahr, dass der Vorbehaltsverkäufer sein Eigentum dadurch verliert, dass ein gutgläubiger Dritter die Ware vom Vorbehaltskäufer erwirbt und damit durch die gesetzliche Anordnung des § 932 BGB Eigentümer der Ware werden kann. Denn in dieser logischen Sekunde verliert der Vorbehaltsverkäufer als ursprünglicher Eigentümer seine Eigentumsposition. Um gegen einen solchen Eigentumsverlust abgesichert zu sein, wird in der Praxis der Eigentumsvorbehalt vertraglich durch den so genannten verlängerten Eigentumsvorbehalt ergänzt. Hierbei tritt der Vorbehaltskäufer dem Eigentumsvorbehaltsverkäufer seine etwaigen Kaufpreisansprüche aus dem Weiterverkauf im Vorfeld ab. Wird der Vorbehaltskäufer noch vor Bezahlung der Ware insolvent, so steht der Kaufpreisanspruch weiterverkaufter Ware aufgrund der Abtretung dem Eigentumsvorbehaltsverkäufer zu. Aber auch das Konstrukt des verlängerten Eigentumsvorbehalts ist nicht in der Lage, alle Problembereiche des Eigentumsvorbehalts abzusichern. So kennt das Gesetz mit den §§ 946 ff. BGB die Problematik, dass jemand durch Vermischung (§ 948 BGB), oder durch Verarbeitung (§950 BGB)

---

[207] Vgl. zum Eigentumsvorbehalt vertiefend: Looschelders, Schuldrecht Besonderer Teil, 6. Auflage, München 2011, Rn. 201 ff.; Lorenz, Grundwissen – Zivilrecht: Der Eigentumsvorbehalt, JuS 2011, S. 199 ff.

automatisch Eigentümer an einem Gegenstand werden kann. Liefert also der Vorbehaltsverkäufer beispielsweise unter Eigentumsvorbehalt Stoffballen an eine Schneiderwerkstatt, so wird der Schneider – trotz Eigentumsvorbehalt - automatisch bei einer Umbildung bzw. Verarbeitung der Stoffballen zu Anzügen Eigentümer an den gelieferten Stoffen. Zwar entsteht im selben Zeitpunkt, in welchem der Stofflieferant sein Eigentum verliert ein Anspruch gegen den Umarbeitenden aus § 951 BGB, doch wäre dieser – ebenso wie ein etwaiger Kaufpreisanspruch - im Falle einer Insolvenz[208] des Schneiders in der Regel nicht vollständig beizutreiben. Um auch hier eine geeignete Absicherung zu schaffen, wird in der Praxis oftmals der verlängerte Eigentumsvorbehalt um eine so genannte Verarbeitungsklausel erweitert. Diese besagt, dass, sollte der Käufer die gekaufte Ware umarbeiten, unterstellt wird, dass nicht der Käufer sondern der Vorbehaltsverkäufer die Ware umgearbeitet hat. Diese Fiktion führt dazu, dass der ursprüngliche Eigentümer sein Eigentum durch die Umarbeitung nicht verlieren kann, denn es wird so getan als habe nicht der Vorbehaltskäufer die Ware umgearbeitet sondern er selbst. D.h. er verliert durch die Umarbeitung zwar das Eigentum, erwirbt es aber als Umarbeitender sofort wieder selbst.

---

[208] Vgl. hierzu vertiefend: Schmidt, Kreditsicherungsrecht und Insolvenzrecht: Eigentumsvorbehalt in der Insolvenz, JuS 2011, S. 559 ff.

Literatur

Alexander, Christian: Anfängerklausur – Zivilrecht: Kaufrecht – Der defekte Kühlschrank, JuS 2010, 609 ff.

Alexander, Christian: Neuregelungen zum Schutz der Verbraucher bei unerlaubter Telefonwerbung, JuS 2009, S. 1070 ff.

Bartels, Florian / Nißing, Oliver: Zum gutgläubig lastenfreien Erwerb einer abhanden gekommenen Sache, JURA 2011, S. 252 ff.

Becker, Maximilian: Anfängerklausur – Zivilrecht: Anfechtung und Gewährleistungsrechte – Einkaufstour im Internet, JuS 2011, S. 329 ff.

Berger, Klaus Peter: Für eine Reform des AGB-Rechts im Unternehmerverkehr, NJW 2010, S. 465 ff.

Bernhard, Jochen: Holschuld, Schickschuld, Bringschuld – Auswirkungen auf Gerichtsstand, Konkretisierung und Gefahrübergang, JuS 2011, S. 9 ff.

Biehl, Björn: Grundsätze der Vertragsauslegung, JuS 2010, S. 195 ff.

Bitter, Georg / Rauhut, Tilman: Grundzüge zivilrechtlicher Methodik – Schlüssel zu einer gelungenen Fallbearbeitung, JuS 2009, S. 289 ff.

Blasche, Sebastian: Praxisfragen aus dem Gesellschaftsrecht zu § 181 BGB, JURA 2011, S. 359 ff.

Böttcher, Roland: Die Entwicklung des Grundbuch- und Grundstücksrechts im Jahr 2010, NJW 2011, S. 822 ff.

Braunschmidt, Florian / Vesper, Christine: Die Garantiebegriffe des Kaufrechts, JuS 2011, S. 393 ff.

Brox, Hans / Walker, Wolf-Dietrich: Allgemeiner Teil des BGB, 34. Auflage, München 2010.

Brox, Hans / Walker, Wolf-Dietrich: Besonderes Schuldrecht, 31. Auflage, München 2006.

Brudermüller, Gerd: Der reformierte Zugewinnausgleich – Erste Praxisprobleme, NJW 2010, S. 401 ff.

Büchler, Kai: Die Anfechtungsgründe des § 123 BGB, JuS 2009, S. 976 ff.

Conrad, Christian: Die bereicherungsrechtliche Rückabwicklung nach Anfechtung wegen arglistiger Täuschung (§ 123 I Var. 1 BGB), JuS 2009, 397 ff.

Literatur

Cziupka, Johannes: Die ergänzende Vertragsauslegung, JuS 2009, S. 103 ff.

Cziupka, Johannes: Die Irrtumsgründe des § 119 BGB, JuS 2009, S. 887 ff.

Deutsch, Erwin / Ahrens, Hans-Jürgen, Deliktsrecht, 5. Auflage, Köln 2009.

Dolff, Christian: Übungsklausur – Zivilrecht: Deliktsrecht – Die schockierte Ehefrau, JuS 2009, S. 1007 ff.

Ebnet, Peter: Widerruf und Widerrufsbelehrung, NJW 2011, S. 1029 ff.

Ehmann, Horst: Das Allgemeine Persönlichkeitsrecht, JURA 2011, S. 437 ff.

Eichelberger, Jan / Zentner, Laura Maria, Tiere im Kaufrecht, JuS 2009, 201 ff.

Faust, Florian: Anmerkung zum BGH-Urteil vom 16.12.2008 – VI ZR 170/07, JuS 2009, S. 377 ff.

Faust, Florian: Schuldrecht: Haftung des Vermieters gegenüber Arbeitnehmerin des Mieters, JuS 2011, S. 550 ff. (S. 551).

Fleck, Wolfgang / Arnold, Stefan: Übungsklausur – Zivilrecht: Aufhebungsvertrag und Rechtsscheinsvollmacht – Der verlorene Sohn, JuS 2009, S. 426 ff.

Fleck, Wolfgang / Arnold, Stefan: Übungsklausur – Zivilrecht: Schadensersatz im gesetzlichen Schuldverhältnis – Die Stoßstange, JuS 2009, S. 823 ff. (825 ff.).

Föhlisch, Carsten: Reichweite des Prüfungsrechts im Fernabsatz, NJW 2011, S. 30 ff.

Fritz, Jürgen: Die Entwicklung des Gewerberaummietrechts im Jahre 2010, NJW 2011, 1048 ff.

Graf von Westphalen, Friedrich (Hrsg.): Der Leasingvertrag, 6. Auflage, Köln 2008.

Grote, Hugo: Aushebelung der dreijährigen Verjährungsfrist bei Forderungen aus unerlaubter Handlung durch den BGH?, NJW 2011, S. 1121 ff.

Heinig, Jens: Neuregelungen bei den Vorschriften zum Widerrufs- und Rückgaberecht im BGB, JR 2010, S. 461 ff.

Herrlein, Jürgen: Die Rechtsprechung zur Wohnraummiete im zweiten Halbjahr 2010, NJW 2011, S. 1189 ff.

Hey, Felix Christopher, Die Geschäftsführung ohne Auftrag, JuS 2009, S. 400.

Hirsch, Christoph: Schadensersatz nach Verkehrsunfall – Reparaturkosten oder Wiederbeschaffungsaufwand?, JuS 2009, S. 299 ff.

Höpfner, Clemens: Nutzungsersatzpflicht beim Rücktritt vom Kaufvertrag, NJW 2010, 127 ff.

Huber, Michael: Forderungssicherungsgesetz – Neues aus der zivilrechtlichen Reformküche des Gesetzgebers, JuS 2009, S. 23 ff.

Jaensch, Michael: Übungsklausur – Zivilrecht: Gewährleistungsrecht – Ein- und Ausbaukosten mangelhafter Fliesen, JuS 2009, S. 131 ff.

Jauernig, Othmar (Hrsg.): Bürgerliches Gesetzbuch, Kommentar, 13. Auflage, München 2009.

Kalscheuer, Fiete: „Die Mittelüberlassung zur freien Verfügung – Zum 100-jährigen Jubiläum des Lotterielos-Falles (RGZ 74, 234 ff.)", JURA 2011, S. 44 ff.

Klees, Andreas: Die Ansprüche des Käufers auf Schadensersatz bei Lieferung einer mangelhaften Kaufsache zwischen Verschuldensprinzip und Garantiehaftung – zugleich eine Anmerkung zu der „Parkettstäbe-Entscheidung" des BGH, JURA 2010, S. 207 ff.

Kleinhenz, Holger: Anmerkung zu BGH, Urteil vom 09.03.2011, VIII ZR 266/09, NJW 2011, 1664 ff.

Kleinhenz, Michael / Junk, Oliver: Die Haftung des Verkäufers für Falschangaben beim Unternehmenskauf, JuS 2009, S. 787 ff.

Klunzinger, Eugen: Einführung in das Bürgerliche Recht, 15. Auflage, München 2011.

Koch, Raphael: Zulässigkeit und Auswirkungen der Übertragung von Darlehensforderung und Grundschuld – Die Rechtslage nach den Änderungen im Schuld-, Sachen- und Zwangsvollstreckungsrecht, JURA 2010, S. 179 ff.

Kollmann, Andreas: AGB: Nicht nur theoretische Probleme (in) der Praxis, NJW 2011, S. 1324 f.

Langenfeld, Gerrit: Grundlagen der Vertragsgestaltung, 2. Auflage, München 2010.

Leipold, Dieter: BGB I, Einführung und Allgemeiner Teil, 6. Auflage, Tübingen 2010, S. 180 ff.

Lettl, Tobias: Die wirksame Ausübung eines Widerrufsrechts nach §§ 312 ff. BGB und dessen Rechtsfolgen (§§ 355, 357 BGB), JA 2011, S. 9 ff.

Lettmaier, Saskia / Fischinger, Philipp S.: Grundfälle zum Reisevertragsrecht, JuS 2010, S. 99. ff.

Löhnig, Martin / Gietl: Andreas, Grundfälle zum Finanzierungsleasing, JuS 2009, 491 ff.

Löhning, Martin / Gietl: Andreas: Grundfälle zum Mietrecht, JuS 2011, S. 107 ff.

Looschelders, Dirk: Schuldrecht, Besonderer Teil, 6. Auflage, München 2011.

Looschelders, Dirk: „Unmöglichkeit" und Schadensersatz statt der Leistung, JuS 2010, 849 ff.

Lorenz, Stephan: Grundwissen – Zivilrecht: Abstrakte und kausale Rechtsgeschäfte, JuS 2009, S. 489 ff.

Literatur

Lorenz, Stephan: Grundwissen – Zivilrecht: Der Eigentumsvorbehalt, JuS 2011, S. 199 ff.

Lorenz, Stephan: Grundwissen – Zivilrecht: Die Vollmacht, JuS 2010, S. 771 ff.

Lorenz, Stephan, Grundwissen – Zivilrecht: Erfüllung (§ 362 BGB), JuS 2009, 109 ff.

Lorenz, Stephan: Grundwissen – Zivilrecht: Rechts- und Geschäftsfähigkeit, JuS 2010, S. 11 ff.

Lorenz, Stephan: Grundwissen – Zivilrecht: Stellvertretung, JuS 2010, S. 382 ff.

Ludwig, Thomas Claus: Zur Problematik des Widerrufs eines Vertragsangebots gegenüber einem beschränkt geschäftsfähigen Minderjährigen, JURA 2011, S. 9 ff.

Lüke, Wolfgang: Sachenrecht, 2. Auflage, München 2010, Rn. 52 ff.

Mankowski, Peter: Nachbesserung und Verbesserung beim Kauf, NJW 2011, S. 1025 ff.

Martens, Sebastian A.E.: Grundfälle zur Bedingung und Befristung, JuS 2010, S. 481 ff.

Metzler-Müller, Karin / Dörrschmidt, Harald: Wie löse ich einen Privatrechtsfall?, 4. Auflage, Stuttgart u.a. 2005, S. 107.

Meyer, André: Schadensersatz im Rückgewährschuldverhältnis gemäß § 346 Abs. 4 BGB, JURA 2011, S. 244.

Milger, Karin: Miete und Kaution in der Zwangsverwaltung, NJW 2011, S. 1249 ff.

Mohr, Jochen: Berechnung des Schadens nach der Differenzhypothese, JURA 2010, S. 327 ff.

Müssig, Peter: Wirtschaftsprivatrecht, 9. Auflage, Heidelberg 2006.

Muscheler, Karlheinz / Schewe, Anke: BGB III: Kreditsicherungsrecht, Stuttgart 2011.

Musielak, Hans-Joachim: Grundkurs BGB, 11. Auflage, München 2009.

Omlor, Sebastian: Leasingrecht im Dreieck von Gewährleistungs-, Verbraucherschutz- und Aufsichtsrecht, JuS 2011, S. 305 ff.

Omlor, Sebastian / Spies, Melanie: „Schematische Lösungen" im Bereicherungsrecht, JR 2011, S. 139 ff.

Palandt, Otto: Bürgerliches Gesetzbuch, Kommentar, 70. Auflage, München 2011.

Petersen, Jens: Bedingung und Befristung, JURA 2011, S. 275 ff.

Petersen, Jens: Das Offenkundigkeitsprinzip bei der Stellvertretung, JURA 2010, S. 187, ff.

Petersen, Jens: Der beiderseitige Irrtum zwischen Anfechtungsrecht und Geschäftsgrundlage, JURA 2011, S. 430 ff.

Petersen, Jens: Die Privatautonomie und ihre Grenzen, JURA 2011, S. 184 ff.

Pfeiffer, Thomas: Was kann ein Verbraucher?, NJW 2011, S. 1 ff.

Richter, Thorsten S.: Vertragsrecht, München 2009.

Reich, Dietmar O.: Einführung in das Bürgerliche Recht, 4. Auflage, Wiesbaden 2007.

Reichling, Tilmann: § 241a BGB und die Strafbarkeit aus Eigentumsdelikten, JuS 2009, S. 111 ff.

Reinicke, Dietrich / Tiedke, Klaus: Kreditsicherung, 5. Auflage, Neuwied 2006.

Schall, Alexander: Nochmals: Die Anwendbarkeit des Sachmangelrechts im Falle unbehebbarer Mängel der Kaufsache, NJW 2011, S. 343 ff.

Schapp, Jan / Schur: Wolfgang, Sachenrecht, 4. Auflage, München 2010, Rn. 510 ff.

Schmidt, Hubert: Einbeziehung von AGB im Verbraucherverkehr, NJW 2011, 1633 ff.

Schmidt, Karsten: Kreditsicherungsrecht und Insolvenzrecht: Eigentumsvorbehalt in der Insolvenz, JuS 2011, S. 559 ff.

Schmolke, Klaus Ulrich: Grundfälle zum Bürgschaftsrecht, JuS 2009, S. 585 ff.

Schmolke, Klaus Ulrich: Grundfälle zum Bürgschaftsrecht, JuS 2009, S. 679 ff.

Schmolke, Klaus Ulrich: Grundfälle zum Bürgschaftsrecht, JuS 2009, S. 784 ff.

Schnapp, Friedrich E.: Warum können juristische Laien Gesetze nicht „verstehen"?, JURA 2011, S. 422 ff.

Schrader, Paul T.: Schönheitsreparaturklauseln in Rechtsprechung und Examensklausuren, JURA 2010, S. 241 ff.

Schreiber, Klaus: Die Grundprinzipien des Sachenrechts, JURA 2010, S. 272 ff.

Schünemann, Wolfgang B. / Bethge, Maxie: Übungsklausur – Zivilrecht: Gutgläubiger Grundstückserwerb und dessen Folgen – der missratene Enkel, JuS 2009, S. 331 ff.

Schwab, Dieter / Löhnig, Martin: Einführung in das Zivilrecht, 18. Auflage, Heidelberg 2010.

Siebert, Holger: Die Entwicklung des Erbrechts im Jahr 2009, NJW 2010, S. 657 ff.

Siebert, Holger: Die Entwicklung des Erbrechts im Jahr 2010, NJW 2011, 897 ff.

Staake, Marco: Das Ziel der Auslegung, JURA 2011, S. 177 ff.

Steckler, Brunhilde: Kompendium Wirtschaftsrecht, 7. Auflage, Ludwigshafen 2009.

Strack, Astrid: Hintergründe des Abstraktionsprinzips, JURA 2011, S. 5 ff.

Stoffels, Markus: AGB-Recht, 2. Auflage, München 2009.

Literatur

Süß, Thorsten: Der gesetzliche Erwerb des Eigentums an Mobilien – Ein Überblick über gesetzliche Zuordnungswertungen, JURA 2011, S. 81 ff.

Tonner, Klaus / Reich, Anke: Gewerblicher Rechtsschutz und Urheberrecht – Gemeinsamkeiten und Unterschiede der einzelnen Teilgebiete, JURA 2011, S. 278 ff.

Wedemann, Frauke: Rückforderung wegen Verarmung des Schenkers versus Elternunterhalt, NJW 2011, 571 ff.

Weller, Marc-Philippe: Die Sicherungsgrundschuld, JuS 2009, S. 969 ff.

Wenzel, Henning: Fälle zum Bürgerlichen Recht I, 4. Auflage, Grasberg 2010.

Westermann, Harm Peter: BGB – Sachenrecht, 11. Auflage, Heidelberg 2005.

Wien, Andreas: Arbeitsrecht, Wiesbaden 2009.

Wien, Andreas: Existenzgründung, München 2009.

Wien, Andreas: Internetrecht, 2. Auflage, Wiesbaden 2009.

Wien, Andreas: Softwareerstellungsverträge – quo vadis? Hinweise zu einer neuen Rechtsansicht, WuM 2010, S. 66 ff.

Wiese, Volker / Hauser, Paul: Empfangene Leistungen i.S. des § 346 BGB und Gefahrübergang, JuS 2011, S. 301 ff.

Wilhelm, Jan: Sachenrecht, 4. Auflage, Berlin 2010.

Stichwortverzeichnis

Abgabe von Willenserklärungen 39

abgeänderte Annahme 41

Abnahme 134

absolute Rechte 32

Abstraktionsprinzip 190

Abtretung 121

Allgemeine Geschäftsbedingungen 83

Allgemeiner Teil 27

Allgemeines Schuldrecht 67

Amtshaftung 183

Analogie 26

Aneignung 196

Anfechtung 53

Anfechtung wegen arglistiger Täuschung 56

Anfechtungserklärung 53

Anfechtungsfrist 56

Anfechtungsgrund 53

Annahme an Erfüllungs statt 81

Anspruchsgrundlage 21

Anwendungsbereich des Werkvertragsrechts 137

Arbeitsweise 20

Aufbau 19

Aufhebungsvertrag 76

Auflassung 201

auflösende Bedingung 34

Aufrechnung 80

aufschiebende Bedingung 33

Auftrag 159

Auslegung 24

Auslegung von Willenserklärungen 43

Ausnahme vom Zugangserfordernis 42

Bedingung 33

Beendigung der Miete 145

Beendigung von Schuldverhältnissen 75

Befristung 34

Beseitigungs- und Unterlassungsanspruch 203

Besitz 191

Besitzschutzansprüche 204

Besonderes Schuldrecht 123

bewegliche Sachen 31

Bürgschaft 153, 207

Codex Maximilianeus Bavaricus 18

corpus juris 18

culpa in contrahendo 100

Darlehensvertrag 137

Deliktsfähigkeit 174

Dienstvertrag 130

Stichwortverzeichnis

digitale Signatur 60

Drohung 56

Eigentum 192

Eigentumsschutzansprüche 202

Eigentumsübertragung 193

Eigentumsvorbehalt 220

Einrede der Vorausklage 153

elektronische Form 60

entgangener Gewinn 106

Entstehung des BGB 18

Erfüllungsgehilfe 117

Erklärungsbewusstsein 36

Erlöschen von Schuldverhältnissen 80

Ersitzung 196

Ersteigerung 196

falsche Übermittlung 55

Fernabsatzgeschäfte 96

Folgen der Verjährung 64

Forderungserlass 83

Formerfordernisse 59

Garantie 129

Garantievertrag 213

Gefälligkeitsverhältnisse 38

Geheimer Vorbehalt 51

Gelddarlehen 138

Geldersatz 104

Gemeinschaft 165

Gemischte Verträge 158

geschäftsähnliche Handlung 38

Geschäftsführung ohne Auftrag 166

Geschäftswille 37

Gesellschaft bürgerlichen Rechts 163

gesetzliches Pfandrecht 217

Gesetzliches Verbot 49

Gläubigerverzug 113

Grammatikalische Auslegung 25

Grundbuch 200

Grundschuld 214

Gutachtenstil 22

gutgläubiger Eigentumserwerb 194

Haftung des Aufsichtspflichtigen 180

Haftung des Grundstücksbesitzers 182

Haftung des Tierhalters 182

haftungsausfüllende Kausalität 178

haftungsbegründende Kausalität 176

Handlungswille 35

Harte Patronatserklärungen 212

Haustürgeschäfte 95

Herausgabeanspruch 202

Historische Auslegung 25

Hypothek 214

Immaterialgüter 32

Inhalt von Schuldverhältnissen 73

Insichgeschäft 47

invitatio ad offerendum 38

Irrtum 54

juristische Personen 28

Stichwortverzeichnis

Kaufvertrag 123

Kreditsicherung 207

Kündigung 78

Leasing 147

Leihe 151

Leistungskondiktion 169

Lösung von Rechtsfällen 23

Maklervertrag 154

Mangel der Ernstlichkeit 52

Mängelgewährleistung 132, 156

Methode 20

Mietmangel 144

Mietminderung 144

Mietvertrag 142

Mitverschulden 106

Nacherfüllung 126

Namensrecht 29

Naturalrestitution 104

natürliche Personen 28

nicht vertretbare Sachen 31

Nichtleistungskondiktion 170

notarielle Beglaubigung 61

notarielle Beurkundung 60

objektive Pflichtverletzung 102

öffentliche Beglaubigung 61

Organe 29

Organhaftung 29

Pacht 146

Patronatserklärung 212

Pfandrecht 217

positive Vertragsverletzung 98

Prinzip des Typenzwangs 189

Produkthaftungsgesetz 185

Produzentenhaftung 184

Publizitätsprinzip 190

Realakte 37

Recht 17

Rechte 32

Rechte des Käufers bei Mängeln 126

Rechtsanwendung 24

Rechtsfähigkeit 28

Rechtsgutsverletzung 175

Rechtsobjekte 30

Rechtssubjekte 27

Rechtswidrigkeit 177

regelmäßige Verjährungsfrist 62

Reihenfolge der Anspruchsgrundlagen 21

Reisevertrag 155

relative Rechte 32

Rücktritt 76

Sachdarlehen 138

Sachen 31

Sachenrecht 189

Schaden 177

Schadensersatz nach § 823 Abs. 2 BGB 178

Schadensersatz nach § 823 BGB 174

Scheingeschäft 51

Stichwortverzeichnis

Schenkung 149

Schmerzensgeld 137

Schriftformerfordernis 59

Schuldbeitritt 210

Schuldnerverzug 110

Schuldverhältnisse 67

Sicherungsschein 157

Sicherungsübereignung 218

sittenwidrige Rechtsgeschäfte 50

sittenwidrige vorsätzliche Schädigung 180

Stellvertretung 45

Störung der Geschäftsgrundlage 115

Subsumtionsmethode 22

Systematische Auslegung 25

Teleologische Auslegung 25

Textform 60

Übertragung von Immobilien 199

Umfang des Schadensersatzes 103

Umtausch 129

unbestellte Leistungen 71

unbewegliche Sachen 31

Unerlaubte Handlung 173

Ungerechtfertigte Bereicherung 169

Unmöglichkeit 107

Unternehmer 30

unverhältnismäßige Aufwendungen 105

Verarbeitung 198

Verbindung mit beweglichen Sachen 197

Verbindung mit einem Grundstück 197

Verbraucher 30

Verbraucherdarlehen 140

Verbraucherschutz 94

Verfügung eines Nichtberechtigten 172

Verjährung 62

Verjährungshemmung 64

Verletzungshandlung 176

Vermieterpfandrecht 143

Vermischung 198

Verrichtungsgehilfe 117

verspätet eingehende Annahme 41

Vertrag mit Schutzwirkung zugunsten Dritter 120

Vertrag zugunsten Dritter 119

Verträge eigener Art 158

Verträge mit Minderjährigen 70

vertragliches Pfandrecht 218

Vertragsfreiheit 48

vertretbare Sachen 31

Vertreter ohne Vertretungsmacht 46

Verwahrung 161

Verzug 110

vorvertragliches Schuldverhältnis 102

Weiche Patronatserklärungen 213

Werkvertrag 133

wesentliche Bestandteile 31

Widerruf einer Willenserklärung 42

Willenserklärung 35

Wucher 50

Zubehör 32

Zugang von Willenserklärungen 39

Zustandekommen von Verträgen 68

Strategien für den Erfolg
↗

Von Spitzensportlern lernen und jede Prüfung erfolgreich bestehen

Am Beispiel der sieben Sportlegenden Muhammad Ali, Steffi Graf, Hermann Maier, Jürgen Klinsmann, Franziska van Almsick, Boris Becker und Michael Schumacher lernt der Leser sieben Strategien für die erfolgreiche Prüfung kennen. Sie sind einfach umsetzbar und stehen zugleich für hocheffizientes Herausforderungsmanagement. Das Buch besticht durch seine Kürze und Übersichtlichkeit. Mit zehn Arbeitsbögen und echten Praxisbeispielen. Wirkung garantiert!

Gaby Mortan / Florian Mortan
Bestanden wird im Kopf!
Von Spitzensportlern lernen und jede Prüfung erfolgreich bestehen
2009. 184 S.
Br. EUR 19,90
ISBN 978-3-8349-1579-5

Stark trotz Prüfungsstress und Lampenfieber

Für viele Menschen bedeuten Prüfungen, Vorträge oder wichtige Verhandlungen willkommene Karrierechancen, bei anderen lösen solche Bewährungsproben geradezu Panikattacken aus. Ein gesundes Maß an Aufregung ist hilfreich, weil es besondere Kräfte mobilisiert, übersteigerte Ängste verursachen jedoch Blockaden und machen langfristig krank. Die Autorin erläutert die psychischen Hintergründe von Angstreaktionen in Studium und Beruf

Elke Pohl
Keine Panik vor Blackouts
Wie Sie Bewährungsproben meistern
2010. 172 S.
Br. EUR 25,95
ISBN 978-3-8349-2339-4

Vom vagen Jobwunsch zum konkreten Karriereweg

„Karriere am Campus" bietet einen Überblick sowie umfassende Details über die Hierarchien und beruflichen Positionen an den Hochschulen und zeigt, wie interessierte Anwärter den sprichwörtlichen Fuß in die nicht immer weit geöffnete Tür zur Welt der Wissenschaftsberufe bekommen. Zahlreiche Selbsttests, Tipps, Checklisten und Interviews zeigen dem Leser, für welche Hochschultätigkeit er sich selbst am besten eignet. „Karriere am Campus" öffnet den Zugang zur Berufswelt an den Hochschulen und macht vage Berufsvisionen konkret erreichbar.

Regine Rompa
Karriere am Campus
Traumjobs an Uni und FH
2010. 200 S.
Br. EUR 27,95
ISBN 978-3-8349-2088-1

Änderungen vorbehalten. Stand: Februar 2011.
Erhältlich im Buchhandel oder beim Verlag

Gabler Verlag . Abraham-Lincoln-Str. 46 . 65189 Wiesbaden . www.gabler.de

Strategien für den Erfolg

Sympathien gewinnen und Imagewerte steigern

Zeitgemäßes Knigge-Know-how für Steuerberater, Wirtschaftsprüfer, Anwälte, Berater und Angestellte in Kanzleien.

Horst Hanisch
Kanzlei-Knigge
Taktvoll, sicher und gewandt im Umgang mit Partnern und Mandanten
2011. 220 S. Br. EUR 29,95
ISBN 978-3-8349-2340-0

Orientierung im europäischen Regelungs-Dschungel

Die Europäische Union hat erheblichen Einfluss auf unternehmerische Abläufe: Sie übt die maßgebliche Wettbewerbskontrolle aus, verschärft kontinuierlich den Verbraucher- und Umweltschutz und reguliert die Arbeitsmärkte. Wer sich gut informiert, kann vielfach Kosten sparen, zukunftsfähig planen und von EU-Förderprogrammen profitieren. Wer dagegen EU-Vorgaben ignoriert, riskiert nicht nur strategische Fehlentscheidungen, sondern schlimmstenfalls gerichtliche Auseinandersetzungen.

Britta Kuhn
EU-Leitfaden für Unternehmen
Die Vorgaben der Europäischen Union optimal nutzen
2010. 208 S. mit 21 Abb. und 20 Tab. Br.
EUR 29,95
ISBN 978-3-8349-2417-9

Prüfungsthemen aus Prüfungsprotokollen

Der Autor hat Prüfungen für Studierende der Wirtschaftswissenschaften und angehende Steuerberater der letzten Jahre ausgewertet und stellt damit erstmals ein Lehrbuch zur Verfügung, das die Grundlagen der BWL/VWL kompakt erläutert und zugleich Schwerpunkte auf die besonders prüfungsrelevanten Punkte legt. Die Zusammenfassungen der wichtigsten Prüfungsthemen eignen sich insbesondere als Vorlage für die mündlichen Kurzvorträge in BWL/VWL- und Steuerberaterprüfungen.

Frank Herrmann
Kurzvorträge BWL/VWL
Gezielt das lernen, was in den Prüfungen verlangt wird
2010. XII, 248 S. Br. EUR 34,95
ISBN 978-3-8349-2264-9

Änderungen vorbehalten. Stand: Februar 2011.
Erhältlich im Buchhandel oder beim Verlag
Gabler Verlag . Abraham-Lincoln-Str. 46 . 65189 Wiesbaden . www.gabler.de

Das Wissen der Experten

Die Fülle verlässlichen Wirtschaftswissens in 8 handlichen Kompaktbänden – wie ehedem: aktuell, kompetent, zuverlässig!

Zu Betriebswirtschaft, Volkswirtschaft, Wirtschaftsrecht, Recht und Steuern lässt das Gabler Wirtschaftslexikon keine Fragen offen. Denn mit mehr als 25.000 Stichwörtern offeriert es nicht nur quantitativ die größte Zusammenstellung relevanter Wirtschaftsbegriffe, auch in qualitativer Hinsicht bietet es substantielles Wissen kompetent und zuverlässig von über 150 Spezialisten auf Ihrem jeweiligen Fachgebiet. Zahlreiche Schwerpunktbeiträge ergänzen die Erläuterungen und geben einen Überblick über die aktuellen, aber auch über Basisthemen in der Wirtschaftswissenschaft und -praxis.

Die Autoren:

Dieses Standardwerk für die Wissenschaft und Praxis vereint das Wissen von mehr als 150 Autoren - ausgewiesenen Experten auf ihrem Fachgebiet.

Zielgruppe:

- Fach- und Führungskräfte in Unternehmen
- Präsenzbibliotheken
- Dozenten der Wirtschaftswissenschaften an Universitäten und Fachhochschulen
- Studenten der Wirtschaftswissenschaften an Universitäten und Fachhochschulen

Gabler Wirtschaftslexikon
Die ganze Welt der Wirtschaft: Betriebswirtschaft, Volkswirtschaft, Wirtschaftsrecht, Recht und Steuern
17., komplett akt. und erw. Aufl. 2010. 3.662 S. Br. 8 Bände im Schuber.
EUR 79,95
ISBN: 978-3-8349-0152-1

Änderungen vorbehalten. Stand: Februar 2011.
Erhältlich im Buchhandel oder beim Verlag

Gabler Verlag . Abraham-Lincoln-Str. 46 . 65189 Wiesbaden . www.gabler.de

If you have any concerns about our products,
you can contact us on
ProductSafety@springernature.com

In case Publisher is established outside the EU,
the EU authorized representative is:
**Springer Nature Customer Service Center GmbH
Europaplatz 3, 69115 Heidelberg, Germany**

Printed by Libri Plureos GmbH
in Hamburg, Germany